J. Asturs

Kohlhammer
Urban-
Taschenbücher
Reihe 80

Band 873

Gerhard Lehmbruch

Parteienwettbewerb im Bundesstaat

Verlag W. Kohlhammer
Stuttgart Berlin Köln Mainz

Theodor Eschenburg
gewidmet

Stuttgart Berlin Köln Mainz
Verlagsort: Stuttgart
Umschlag: hace
Gesamtherstellung: W. Kohlhammer GmbH
Grafischer Großbetrieb Stuttgart
Printed in Germany
ISBN 3-17-002798-0

Inhalt

1. Grenzen sozialliberaler Reformpolitik

Thema dieser Untersuchung ist die Krise, in welche die bundesstaatlichen Institutionen mit Beginn der siebziger Jahre geraten sind. Sie hat, wie man weiß, ihren Ursprung in dem verschärften Parteienkonflikt seit der Bildung der sozialliberalen Koalition. Es soll im folgenden gezeigt werden, daß hier ein entwicklungsgeschichtlich bedingter Strukturbruch im politischen System der Bundesrepublik Deutschland zutage tritt, der durch eigentümliche entwicklungsgeschichtliche Verwerfungen bedingt ist: Das Parteiensystem einerseits, das föderative System andererseits sind von tendenziell gegenläufigen Entscheidungsregeln bestimmt und drohen sich wechselseitig lahmzulegen. Das Festlaufen zahlreicher Reformvorhaben der Regierungskoalition in den bundesstaatlichen Institutionen ist ein Ausdruck dieser strukturellen Spannungen.

Sieben Jahre nach dem Regierungswechsel, der einen sozialdemokratischen Bundeskanzler brachte und die CDU im Bundestag in die Opposition verwies, ist die Feststellung, daß man in den Anfängen der sozialliberalen Koalition den Handlungsspielraum der neuen Mehrheit weithin überschätzt habe, zum Gemeinplatz geworden. Zunächst schien ein Programm der »inneren Reformen«, in dessen Rhetorik *John F. Kennedy*s Proklamation der »New Frontier« und *Lyndon B. Johnson*s »Great Society« anklangen, eine tiefgreifende innenpolitische Wende zu verheißen. Die Vieldeutigkeit und Unschärfe der »Reform«-Rhetorik erleichterte zwar die politische Mobilisierung, erschwerte aber auch eine klare Einschätzung von möglichen Zielen und Spielräumen der Veränderung. Zumal unter Sozialdemokraten, die nach fünfzehn Jahren der Opposition und drei Jahren einer zuletzt schwer ertragenen Juniorpartnerschaft in der Großen Koalition nun die Führung übernahmen, war das Hochgefühl verbreitet, es habe sich ein »Machtwechsel« vollzogen, der viele überfällige Veränderungen in den politischen, gesellschaftlichen und wirtschaftlichen Strukturen erlaube. Dem entsprach auf der Seite der konservativen Kräfte, gleichsam spiegelbildlich, die vage Furcht vor dem Heraufkommen »schwedischer Zustände«. Doch ein halbes Jahrzehnt später war hinreichend deutlich, daß dem bemerkenswerten Kurswechsel in der Außenpolitik keineswegs ähnlich tiefgreifende Veränderungen in der Innenpolitik entsprachen. Im Gegenteil, in einigen Bereichen – nicht zuletzt im Bildungswesen – bahnen sich neue, gravierende Krisen an.

Aus der Erfahrung dieser beiden Legislaturperioden heraus sind die

Schranken von »Reformpolitik« zu einem wichtigen Diskussionsthema sowohl bei den politischen Akteuren (insbesondere innerhalb der Sozialdemokratischen Partei) als auch in der Sozialwissenschaft geworden. Dabei zeigt sich wieder einmal, daß man klüger ist, wenn man vom Rathaus kommt: Ganz offensichtlich sind die möglichen Hindernisse für eine innovatorische Politik nur zum Teil vorhergesehen worden, und die Versuche, solche Hindernisse vorbeugend aus dem Wege zu räumen, haben sich vielfach als unzureichend erwiesen.

In der neueren sozialwissenschaftlichen Diskussion haben die ökonomischen Restriktionen der Reformpolitik zunehmende Aufmerksamkeit gefunden. Die neoliberale Wirtschaftstheorie, die bis in die sechziger Jahre die wirtschaftspolitische Szenerie beherrscht und die öffentliche Meinung großenteils für sich gewonnen hatte, war gegenüber der Effektivität von »Globalsteuerung« und keynesianisch inspiriertem Krisenmanagement skeptisch geblieben. Daß mit diesem Instrumentarium der »Stagflation« und der wirtschaftlichen Depression um die Mitte der siebziger Jahre nicht wirksam begegnet werden konnte, hat denn auch den Erwartungen, daß die Wirtschaftspolitik den Konjunkturzyklus weitgehend zu beherrschen gelernt habe, einen erheblichen Dämpfer aufgesetzt. Den neoliberalen Kritikern erwuchs hier allerdings Konkurrenz mit der Renaissance einer Kapitalismustheorie, die auf die *Marx*sche Kritik der politischen Ökonomie rekurriert. Beide konnten sich angesichts der Rückschläge sozialliberaler Konjunktur- und Strukturpolitik und angesichts einer sich zuspitzenden »Fiskalkrise des Staates« bestätigt fühlen: Muß nicht in einem Wirtschaftssystem, das auf privater Verfügung über Kapital beruht, auch staatliche Politik die Erfordernisse des Marktes oder der »Kapitalverwertung« respektieren? Wie immer man die zugrunde liegenden theoretischen Konstruktionen und ihre prognostische Brauchbarkeit beurteilen mag – zumindest im nachhinein fand das Scheitern wichtiger Reformvorhaben der SPD/FDP-Koalition eine plausible Erklärung mit der Annahme einer prinzipiellen Steuerungsschwäche des politischen Systems gegenüber den wirtschaftlichen Abläufen. Und daß ein guter Teil der Koalitionspolitiker, zumal innerhalb der Sozialdemokratie, in den Anfängen der Regierung *Brandt* und bis hin zum ersten »Orientierungsrahmen« der SPD derartige externe Restriktionen unterschätzt hat, scheint in der Tat offenkundig.

Die Theorie der politisch-ökonomischen Restriktionen steht in Konkurrenz zu den Versuchen, Bedingungen und Schranken einer »aktiven Politik« in der Struktur des politischen Systems selbst zu identifizieren. Die Fragestellung der vorliegenden Studie gehört in diesen zweiten Problemzusammenhang und geht davon aus, daß Behauptungen, die Restriktionsursachen seien nicht im Staatsapparat selbst zu suchen, sondern lediglich extern in der Produktionsweise, in ihrer Einseitigkeit weder plausibel noch empirisch überprüfbar sind. Richtig scheint uns vielmehr zu sein, daß die »internen« Erklärungsversuche in der Vergangenheit teils zu kurz gegriffen und vielfach ihrerseits monokausal waren und daß die von daher abgeleiteten Prognosen und Handlungsempfehlungen kein ausreichendes Komplexitätsniveau aufwiesen.

Die politischen Akteure in der sozialliberalen Koalition haben selbst in den Anfängen der 6. Legislaturperiode offensichtlich nur einen Teil der möglichen internen Restriktionen vorhergesehen. In den Augen einiger führender Koalitionspolitiker kam dem Problem der Regierungs- und Verwaltungsstruktur besonderes Gewicht zu. Die Überlegung, daß eine Reform dieses Apparates die unerläßliche Vorbedingung für »innere Reformen« sei, reicht schon in die Zeit vor der Großen Koalition zurück. Im ersten Kabinett *Brandt* hat dann vor allem *Horst Ehmke* als Kanzleramtsminister den Aufbau eines Planungssystems in Angriff genommen, das die Rationalisierungsansätze der Großen Koalition (vor allem die mittelfristige Finanzplanung) fortführen und vollenden sollte. Der Versuch hat nur in begrenztem Maße gehalten, was er versprochen hatte, und nach der Bundestagswahl von 1972 wurde vieles davon aufgegeben. Wenn man nach den Ursachen des Scheiterns fragt, wird man unter anderem auf die unterschätzte Problematik der politischen Konsensbildung hinweisen müssen.

Die führenden sozialdemokratischen Politiker hatten indes ein Konsensproblem offensichtlich genau gesehen und von vornherein als mögliche Hürde einer Reformpolitik einkalkuliert, nämlich das Koalitionsproblem. In einer geschickten Politik der Rücksichtnahme auf den kleineren, liberalen Partner konnten aber mögliche Friktionen jahrelang vermieden werden. Es ist hier nicht der Ort, die oft behauptete »Bremserrolle« der FDP innerhalb der Koalition zu untersuchen. Mitunter ist sie für manche führenden Sozialdemokraten wohl ein nicht unwillkommenes Alibi gegenüber Kritikern in den eigenen Reihen gewesen. Und in der Bilanz der »Reformpolitik« steht der Zurückhaltung der FDP in einer Materie wie der Mitbestimmung das Engagement der Liberalen beispielsweise in wichtigen Fragen der Rechtspolitik gegenüber. So ist denn bemerkenswerterweise die mit der Koalitionsproblematik verbundene Auseinandersetzung über die Wahlreform in der politischen Publizistik weitgehend eingeschlafen. Man kann zwar nicht ausschließen, daß sie eines Tages neue Aktualität gewinnt. Doch unter den Faktoren, welche

den Handlungsspielraum der Regierungen *Willy Brandt* und *Helmut Schmidt* eingeengt haben, war die Zusammensetzung der Regierungsmehrheit lange Zeit sicher nicht der gewichtigste.
Im Unterschied zur Koalitionsproblematik ist aber ein anderes Konsensproblem in den Anfängen ganz offensichtlich kaum einkalkuliert worden, nämlich das bundesstaatliche. Dabei ist keineswegs nur an die Blockierung der Regierungspolitik durch die CDU-Mehrheit des Bundesrats zu denken, die man unter Koalitionspolitikern mitunter eher als einen lästigen Zufall zu betrachten scheint. Die Leidensgeschichte des Bildungsgesamtplans hat frühzeitig deutlich gemacht, daß auch die Mehrheit, über die der Bund mit den sozialdemokratisch geführten Landesregierungen in der Bund-Länder-Kommission für Bildungsplanung verfügte, für sich nicht ausreichte, um eine Bildungspolitik im Sinne der Reformprogrammatik durchzusetzen. Die Kompromißzwänge des »kooperativen Föderalismus« waren durch den Regierungswechsel keineswegs gemildert worden, und schon daran zeigt sich, daß von einem »Machtwechsel« doch nur sehr eingeschränkt die Rede sein konnte.
Im folgenden soll also der Frage nachgegangen werden, die *Wilhelm Hennis* unlängst als »ein Kernproblem der westdeutschen Verfassungsstruktur« bezeichnet hat: der »Vereinbarkeit eines parlamentarischen Regierungssystems mit Alternierungschance einerseits, einer starken Länderstruktur und föderativ orientierten Parteien andererseits« (*Hennis* 1974, Anm. 29). Dabei soll gezeigt werden, daß verfassungspolitische Überlegungen, die sich etwa auf die Frage richten, ob die CDU ihre Mehrheitsposition im Bundesrat mißbrauche, solange vordergründig bleiben müssen, als sie nicht die funktionalen Zusammenhänge zwischen Parteiensystem und bundesstaatlicher Struktur in den Blick nehmen. Zwar soll die Frage von *Hennis* nach der Vereinbarkeit von alternierender Parteiregierung und Föderalismus hier nicht kurzerhand negativ beantwortet werden. Die Dinge liegen verwickelter; doch es wird zu zeigen sein, daß die bundesstaatliche Konstruktion insbesondere das Steuerungspotential des Parteienwettbewerbs empfindlich begrenzt. Daher wird die Möglichkeit, daß aus jenem Strukturbruch Funktionsstörungen resultieren, auch für die Zukunft in Betracht gezogen werden müssen.

2. Eine Typologie innenpolitischer Konfliktregelung

Der »Strukturbruch« innerhalb des politischen Systems, von dem hier die Rede ist, besteht darin, daß sich die eigentümlichen »Spielregeln« der Konfliktaustragung, wie sie im Parteiensystem einerseits, im bundesstaatlichen Beziehungsgeflecht andererseits vorherrschen, auseinanderentwickelt haben. In den früheren Entwicklungsabschnitten des deutschen Nationalstaates (solange es Parteienkonkurrenz und Föderalismus überhaupt gegeben hat) waren die Spielregeln des Parteiensystems und des Bundesstaates einander bemerkenswert ähnlich geworden und stützten sich daher auch in starkem Maße gegenseitig ab. Nach dem Zweiten Weltkrieg aber werden sie zunehmend gegenläufig, und zwar so sehr, daß die Frage gestellt werden muß, ob dies nicht das Funktionieren des politischen Systems insgesamt zu blockieren droht.

Die Spielregeln, von denen hier die Rede ist, liegen in einem Bereich, den staatsrechtliche Normierungen nicht abdecken. Sie sind zwar nicht unabhängig von verfassungsmäßigen Kompetenzzuweisungen und von institutionalisierten Prozeduren, also etwa von den Vorschriften über die parlamentarische Verantwortlichkeit der Regierung oder von der Geschäftsordnung des Parlaments; aber sie haben ihr Eigengewicht und beeinflussen die praktische Handhabung der Kompetenz- und Verfahrensnormen. Der schweizerische Staatsrechtler *Dietrich Schindler* hatte dafür seinerzeit den (in dieser Bedeutung schwer übersetzbaren) französischen Terminus »Ambiance« eingeführt; auch der Begriff des »politischen Stils« deckt einiges von dem ab, was gemeint ist. Die neuere Politikwissenschaft subsumiert das unter den weiteren Begriff der »politischen Kultur«, durch die sich national politische Systeme voneinander unterscheiden. Spielregeln der politischen Konfliktaustragung sind im wesentlichen nicht kodifiziert, sie werden oft genug als Spielregeln von den Handelnden nur bruchstückhaft bewußt gemacht und noch weniger etwa schriftlich niedergelegt, sondern sie sind in einem funktionierenden Gemeinwesen Bestandteil eines gelebten Einverständnisses, das den gegenseitigen Beziehungen der politischen Akteure zugrunde liegt – vergleichbar etwa den »Spielregeln«, die sich aus der Rollenverteilung in einer Familie ergeben.

Es ist nun charakteristisch für politische Systeme, daß die möglichen Spielregeln, nach denen hier Konflikte und Interessengegensätze ausgetragen werden, eine erhebliche Variationsbreite aufweisen. Das läßt sich entwicklungsgeschichtlich bis zu jenem Zeitabschnitt zurückverfolgen, seit im modernen Territorialstaat friedliche Austragung von Konflikten überhaupt legitim geworden ist, seit es also eine »Innenpolitik« gibt: in den Anfängen bis zu den Religionsfriedensschlüssen und voll seit dem Aufstieg der Parlamente im 18. und 19. Jahrhundert. Innerhalb dieser Variationsbreite nun lassen sich, wie es scheint, drei besonders wichtig gewordene »Modelle« oder, wenn man will, »Stile« der Konfliktregelung unterscheiden: (1) das hierarchisch-autoritäre Modell mit seinen eigentümlichen Spielregeln; (2) das Modell des Parteienwettbewerbs um zeitlich befristete Machtausübung mit dem Mehrheitsprinzip als fundamentaler Spielregel; (3) das Modell des »Aushandelns«. Um diese Typologie zu erläutern, müssen wir hier ein wenig ausholen.

Das erste, das hierarchisch-autoritäre Modell, entstammt entwicklungsgeschichtlich vor allem dem aufgeklärten Absolutismus und spielt in den Ländern eine besonders große Rolle, die jener Epoche die Tradition einer politisch und gesellschaftlich einflußreichen bürokratischen Staatsverwaltung verdanken. Sein Grundprinzip können wir in der politischen Ideengeschichte bis zu den französischen »politiques« und zu *Jean Bodin* zurückverfolgen, die in den Religionskriegen des 16. Jahrhunderts den Begriff des souveränen Staates entwickeln, der den inneren Frieden herstellen soll. Staatliche Autorität wird nach dieser Vorstellung zum Konfliktschlichter, und sie bedient sich dafür jenes hierarchisch aufgebauten Herrschaftsapparates, der sich in der Folgezeit in Frankreich und anderen kontinentaleuropäischen Ländern ausgebildet hat. Man kann den Grundgedanken bei dem Hegelianer *Lorenz von Stein* wiederfinden, der 1850 in seiner »Geschichte der sozialen Bewegung in Frankreich« das Programm des »Königtums der sozialen Reform« entwickelt, das als Repräsentant der Selbständigkeit des Staates über einer durch Klassengegensätze charakterisierten Gesellschaft »für die Hebung der niederen, bisher gesellschaftlich und staatlich unterworfenen Klasse auftreten« und so die gesellschaftlichen Interessengegensätze ausgleichen soll. Derlei Vorstellungen, an die insbesondere die sozialpolitischen Vorstellungen der »Kathedersozialisten« zur Bismarckzeit anknüpften, haben ohne Zweifel für das Selbstverständnis der preußisch-deutschen Bürokratie eine nicht geringe Rolle gespielt. Verwandte Gedanken finden sich in gewissen Strömungen der politischen Ideengeschichte in Frankreich, insbesondere im »Bonapartismus« und bis hin zu der gaullistischen Konzeption eines Staatspräsidenten, der als oberster Schlichter der politischen Konflikte den letztinstanzlichen Schiedsspruch (»arbitrage«) fällt. Die eigentümlichen Merkmale dieses Stils autoritärer Konfliktregelung findet man denn auch in dem »französischen Modell des bürokratischen Systems« wieder, wie es der Pariser Soziologe *Michel Crozier* analysiert hat: Weil die Beziehungen zwischen Individuen und Gruppen überwiegend durch Mißtrauen, Distanz und gegenseitige Abkapselung charakterisiert seien, könnten diese ihre Konflikte nicht im direkten Umgang miteinander in geregelter Weise austragen; vielmehr erwarteten sie dies von einer übergeordneten Autorität, insbesondere von der hierarchisch aufgebauten Verwaltungsorganisation; von dieser erwarteten sie aber auch, daß sie die Forderungen der Individuen nach Gleichbehandlung (die Kehrseite des gegenseitigen Mißtrauens) und nach Autonomie in einer Privatsphäre respektiert; daher spielten z. B. im ganzen staatlich reglementierten Bereich von Ausbildung und Prüfungen unpersönliche Regeln eine so wichtige Rolle, während das Vertrauen in institutionelle Gleichgewichtsmechanismen und Gegengewichte nicht sehr ausgeprägt sei. *Crozier* hält das für ein spezifisch »französisches kulturelles Phänomen«, das alle gesellschaftlichen Bereiche präge. Aber schon *Max Weber* sah darin überhaupt ein Merkmal der »rationalen Bureaukratie«: »Formalismus, gefordert von allen an Sicherung persönlicher Lebenschancen gleichviel welcher Art Interessierten – weil sonst Willkür die Folge wäre und der Formalismus die Linie des kleinsten Kraftmaßes ist.« (*M. Weber*, S. 166.) Autoritäre und zugleich formalistische Konfliktschlichtung wird man daher in anderen kontinentaleuropäischen Ländern mit vergleichbarer bürokratischer Tradition wiederfinden können, nicht zuletzt im preußisch-deutschen Beamtenstaat, dem jener autoritäre Stil der Konfliktaustragung die Bezeichnung »Obrigkeitsstaat« eingebracht hat.

Es kommt in diesem Zusammenhang nicht so sehr darauf an, ob das proklamierte Selbstverständnis der bürokratischen Eliten, dem gerechten Ausgleich konfligierender gesellschaftlicher Interessen zu dienen, etwa eine ideologische Verhüllung für in Wahrheit einseitige Interessenwahrnehmung darstellt. Seine gesellschaftliche und politische Effektivität hängt davon ab, ob die Herrschaftsunterworfenen sich auf jenes Selbstverständnis einlassen und von dem System einen Interessenausgleich erwarten, der »jedem das Seine« (»suum cuique«, die dieses Selbstverständnis symbolisierende Devise des preußischen Ordens vom Schwarzen Adler) gibt.

Die bürgerliche Öffentlichkeit des bismarckischen Deutschland war jedenfalls so sehr im Banne dieses »politischen Stils«, daß ihr das historisch so wichtig gewordene Gegenmodell überwiegend als fremdartig erschienen ist: die Konfliktaustragung im Wege des Parteienwettbewerbs, gesteuert mit Hilfe des Mehrheitsprinzips. Bekanntlich ist dies ein Produkt des englischen Parlamentarismus seit dem 18. Jahrhundert. Das bloße Faktum freilich, daß Parteien in Wahlen um Parlamentssitze konkurrieren, macht aus dem Parteienwettbewerb noch kein fundamentales Modell der Konfliktaustragung. Dies ist vielmehr erst dann der Fall, wenn die Parteien dabei zugleich um den verfassungsmäßig befristeten Erwerb der Regierungsmacht konkurrieren und wenn vom Wahlsieg einer Partei die Richtlinien der Regierungspolitik abhängen, also im System der »Parteiregierung«. (Übrigens kann es sich dabei auch um eine Parteien*koalition* handeln, solange diese hinreichend dauerhaft ist, um ein System des Wettbewerbs um Regierungsmacht zu tragen; das englische Zweiparteiensystem ist also nicht die einzig mögliche Version dieses Modells.) Dabei hat die jeweilige Mehrheit nicht etwa die substantielle Rationalität für sich – in dem Sinne, daß die »maior pars« zugleich die »sanior pars« wäre –, vielmehr ist das Mehrheitsprinzip eine Konvention, die geregelte Konfliktaustragung ermöglichen soll – eine »Friedensregel« also. Der Ausgleich konfligierender Interessen kann nach der Logik des Parteienwettbewerbs nur bei ausreichender Intensität des Wettbewerbs zustande kommen, wenn also die Chancen für Machterwerb und Machtverlust halbwegs gleichmäßig verteilt sind, wenn ferner das Streben nach Behauptung der Regierungsmacht die jeweilige Mehrheit zwingt, den Interessen von Minderheiten mit Rechnung zu tragen, und wenn im äußersten Fall ein Wahlsieg der bisherigen Opposition eine Korrektur des Regierungskurses ermöglicht. Auch hier kommt es für die Effektivität dieses Modells vor allem darauf an, daß derlei Erwartungen hinreichend verbreitet sind, um ein dauerhaftes Einverständnis über die Spielregeln zu tragen.

Weil aber Parteienwettbewerb in diesem Sinne nur unter bestimmten institutionellen und gesellschaftlichen Bedingungen funktioniert, hat sich in liberaldemokratischen politischen Systemen vielfach ein drittes Modell durchgesetzt, das insbesondere solche Konflikte regelt, die nicht mit Hilfe des Mehrheitsprinzips ausgetragen werden können. Interessenkonflikte zwischen ethnischen Gruppen oder zwischen Konfessionen, die innerhalb eines Staatswesens zusammenleben, können nicht durch Wettbewerb dieser Gruppen um die Regierungsmacht ausgeglichen werden, weil die Minderheiten normalerweise keine Chance haben, in Wahlen zur Mehrheit zu werden. Sobald der Interessenkonflikt als legitim anerkannt wird, sobald also Unterdrückung oder Assimilation der Minderheiten nicht mehr in Frage kommt, bleibt nur noch der ausgehandelte Kompromiß als Grundelement des Verfahrens. Das wird noch ergänzt und abgesichert durch die Repartierung von politischen Einflußchancen, insbesondere durch Ämterpatronage nach den Regeln von Parität oder Proporz. Am reinsten wird dieses System in einem

Land wie der Schweiz angetroffen, wo man dafür den sehr prägnanten Begriff der »Konkordanzdemokratie« eingeführt hat. Aber wir können zu diesem Modell auch andere Formen der »Verhandlungsdemokratie« rechnen, die zwar in begrenztem Maße mit Parteienwettbewerb und Mehrheitsprinzip arbeiten, in denen dies aber an Bedeutung zurücktritt gegenüber der Entscheidungsfindung durch »bargaining«: z. B. »große« Koalitionen, denen keine Opposition mit ernsthaften Chancen des Machterwerbs gegenübersteht, oder instabile Bündnisse, die sich ad hoc bilden und wieder auflösen. Aushandeln wird ja schon überall da erforderlich, wo im Parteiensystem keine dauerhaften und handlungsfähigen Parlamentsmehrheiten zustande kommen, insbesondere dann, wenn die Verfassungsordnung der das Parlament beherrschenden Partei nicht zugleich die Verfügung über die Regierungsmacht ermöglicht. So spielt insbesondere in den Beziehungen zwischen dem Präsidenten der Vereinigten Staaten und dem Kongreß »bargaining« eine große Rolle. Schließlich wird auch dort, wo die Wirtschaftspolitik der Regierung in ständigem Verhandeln mit organisierten Interessengruppen formuliert wird, das Mehrheitsprinzip offensichtlich ausgeschaltet; an seine Stelle tritt »konzertierte Aktion«.
Die eben skizzierten Modelle schließen einander in der politischen Wirklichkeit natürlich nicht aus. Eine Typologie dieser Art hat zunächst die analytische Funktion, pointiert diejenigen Aspekte der Realität herauszuarbeiten, die für die Analyse der Strukturen besonders bedeutsam erscheinen. Offensichtlich spielen in allen liberalen Demokratien der Gegenwart hierarchisch-autoritäre Konfliktregelung durch Bürokratien, Parteienwettbewerb sowie Aushandeln und Repartierung von Einfluß eine Rolle. Hier wird aber behauptet, daß diese Demokratien sich voneinander nicht zuletzt nach dem jeweiligen Gewicht unterscheiden, welches dem einen und anderen dieser Typen in der Gesamtheit der Konfliktregelungsprozesse zukommt. In Großbritannien hat offenkundig Parteienwettbewerb eine größere Bedeutung als in der Schweiz oder in den Niederlanden, wo Wahlergebnisse schon infolge des relativ stabilen Kräftegleichgewichts im Vielparteiensystem keinen nennenswerten Einfluß auf die Richtlinien der Regierungspolitik haben können. In den »Konkordanzdemokratien« dominiert vielmehr, so wird man sagen können, das Modell des Aushandelns von Kompromißlösungen. Andererseits spielt in Frankreich auch nach de Gaulle hierarchisch-autoritäre Konfliktregelung und das Machtwort des Präsidenten der Republik noch eine größere Rolle als anderwärts, wenngleich dieses Modell heute nicht mehr so dominant ist wie in den ersten Jahren der V. Republik.

Das bismarckisch-wilhelminische Deutschland nimmt in dieser Perspektive nun eine eigentümliche Zwischenstellung ein. In den Augen der liberalen Öffentlichkeit des In- und Auslandes war es, wie schon gesagt, überwiegend durch autoritäre Konfliktaustragung charakterisiert, und in der Selbstdarstellung durch seine Repräsentanten, nicht zuletzt durch Wilhelm II., hat es sich gern so gegeben. Aber in den letzten Jahrzehnten des Kaiserreichs vollzieht sich – das wird weiter unten im einzelnen gezeigt werden – eine Transformation derart, daß hinter der hierarchisch-autoritären Fassade Konfliktregelung durch Aushandeln zunehmend an Bedeutung gewinnt. Und zwar gilt das für die verschiedenen funktionellen Teilbereiche des Systems, die in den politischen Entscheidungsprozessen von Bedeutung sind: Es gilt für die Beziehungen des Regierungsapparates zu den gesellschaftlichen Gruppen und zum Parlament, für das Parlament selbst und das Parteiensystem, schließlich auch für das bundesstaatliche System. Man kann daher von einer deutlichen *Kongruenz* der Konfliktregelungsmodelle in diesen Teilbereichen oder – im Jargon der Systemanalyse – diesen Subsystemen des politischen Systems sprechen. Die Entwicklung der Bundesrepublik aber – so läßt sich die dieser Untersuchung zugrunde liegende Hypothese umschreiben – ist durch zunehmende *Inkongruenz* zweier Subsysteme, also einen Strukturbruch, charakterisiert: Im Parteiensystem setzt sich ein Modell der Konfliktregelung durch, das gegenläufig zu den hergebrachten Regeln der Konfliktaustragung im Bundesstaat ist. Darin zeigt sich eine *partielle Diskontinuität* der politischen Strukturen: Der Föderalismus der Bundesrepublik Deutschland verdankt der bismarckischen Staatsgründung nicht nur wichtige Elemente der institutionellen Konstruktion, sondern hat auch charakteristische Regeln der Konfliktaustragung von daher übernommen. In starkem Gegensatz zu dieser ausgeprägten Kontinuität steht die Entwicklung des Parteiensystems. Hier haben sich nach 1945 erhebliche strukturelle Wandlungen vollzogen, und als Folge dieser Wandlungen haben sich neue Strategien der Konfliktregelung durchgesetzt, die dem Parteiensystem des Kaiserreichs und der Weimarer Republik ziemlich fremd waren. Diese neuen Strategien aber konkurrieren nun mit den überkommenen Regeln bundesstaatlicher Entscheidungsprozesse. Das soll im folgenden näher dargestellt werden.

3. Konfliktregelung durch Aushandeln im Vielparteiensystem

Wenn hier die Behauptung aufgestellt wird, daß sich im bismarckisch-wilhelminischen Deutschland zunehmend Prozesse des Aushandelns (»bargaining«) als das dominante Modell von Konfliktregelung durchgesetzt haben, so widerspricht das – jedenfalls auf den ersten Blick – verbreiteten Vorstellungen von der Eigenart der politischen und gesellschaftlichen Beziehungen im Kaiserreich als »Obrigkeitsstaat«: Das Bürgertum habe politisch abgedankt, indem es die Entscheidungspositionen einer autoritär-monarchistischen Machtelite »feudaler« Herkunft und ihrer »allmächtigen Bürokratie« *(Arthur Rosenberg)* überließ und sich mit »rechtsstaatlicher« Sicherung seiner (unpolitischen) Privatautonomie begnügte, d. h. in erster Linie mit der Freiheit erwerbswirtschaftlicher Betätigung. Darüber hinaus habe dieses Bürgertum auch noch die politisch-gesellschaftlichen Normen und Wertvorstellungen jener vorindustriellen Machtelite übernommen – ein als »Feudalisierung« des Bürgertums bezeichneter, in der sozialen Funktion des Reserveoffiziers symbolisierter Vorgang *(Eckart Kehr)*. Die Figur des »Untertanen« *(Heinrich Mann)* beherrscht die bürgerliche Szenerie. Oppositionelle Gruppen, insbesondere die Arbeiterschaft und ihre Organisationen, seien – nach dem Fehlschlag repressiver Methoden – durch »negative Integration« *(Guenther Roth)*, also durch Tolerierung ihres organisatorischen Eigenlebens bei Ausschließung von der politischen Mitsprache im Staat, politisch neutralisiert worden. Auch der politische Katholizismus sei aus dem »Ghetto« oder, mit einem anderen Bilde, aus dem »Turm« nicht herausgekommen.

Gewiß besteht weithin Übereinstimmung darüber, daß Bismarcks Verfassungswerk Kompromißcharakter trug, mit Zugeständnissen an Demokratie (allgemeines Wahlrecht im Reich) und Parlamentarismus. Diese seien aber kompensiert, ja überkompensiert worden durch die bundesstaatliche Konstruktion (mit dem Bundesrat als unangreifbarem Bollwerk der Dynastien und der Bürokratie) und durch die »cäsaristische« Vorherrschaft des Kanzlers oder – mit dem »persönlichen Regiment« Wilhelms II. – des Kaisers. Daher sei die autoritäre Form der Konfliktregelung (wo nicht gar: Konfliktunterdrückung) das dominante Merkmal des Systems gewesen.

Insbesondere bei manchen jüngeren Historikern findet man in den letzten Jahren diese Auffassung zugespitzt zur These von einer fortschreitenden Entwicklung hin zu einem plebiszitären Autoritarismus. Beginnend in den letzten Jahrzehnten der Monarchie suche angesichts des sich verschärfenden industriellen Konflikts das kapitalistische Bürgertum Anlehnung nicht so sehr bei den Kräften eines feudalen Ancien Régime, sondern vielmehr bei dem demagogisch-bonapartischen Massenführer – eine Entwicklungstendenz, die folgerichtig in der nationalsozialistischen Diktatur kulminiere. Die schon vor der Studentenbewegung der sechziger Jahre besonders im Umkreis der Frankfurter Schule vertretene Auffassung, daß die »autoritäre Leistungsgesellschaft« *(Oskar Negt)* der Bundesrepublik zwar offene Repression und Terror durch subtilere Techniken der »Formierung« ersetzt habe, daß der Parteienwettbewerb aber letztlich nur die »plurale Fassung der Einheitspartei« (*Johannes Agnoli* im Anschluß an *Lelio Basso*) darstelle, daß, mit anderen Worten, die bürgerliche Nachkriegsdemokratie gegenüber der terroristischen Diktatur im Hinblick auf die gesellschaftlichen Funktionen als ein letztlich äquivalenter Mechanismus anzusehen sei – diese Kontinuitätsthese erscheint bei jener neuesten Schule der Historiographie nach rückwärts verlängert.

Hier soll demgegenüber eine anders akzentuierte Entwicklungshypothese zugrunde gelegt werden. Zwar ist nicht zu bestreiten, daß in Bismarcks Staatsgründung das autoritäre, »obrigkeitsstaatliche« Modell der Konfliktregelung zunächst eindeutig dominiert, daß es die politische Kultur des deutschen Bürgertums noch weit über den Sturz der Monarchie hinaus beeinflußt und daher in der nationalsozialistischen Herrschaftsordnung einen neuen Höhepunkt erreichen kann. Aber vor dieser regressiven, krisenhaften Zuspitzung ist nach der hier vertretenen Auffassung das autoritär-hierarchische Modell schon im Laufe der Entwicklung des wilhelminischen Deutschland zunehmend überlagert worden durch das Modell des Aushandelns. Mit dem Begriff der »Demokratisierung« ist dieser Vorgang nicht korrekt, mit dem der »Parlamentarisierung« nur sehr unzulänglich zu erfassen. Offenbar bahnte sich hier ein Entwicklungstrend an, der – ohne außenpolitisch bedingte Krisen – vermutlich eher in eine Mischung aus »Konkordanzdemokratie« und »liberalem Korporatismus« ausgemündet wäre.

Die auslösenden Bedingungen sind sowohl sozialstruktureller als auch institutioneller Natur und lassen sich etwas vereinfacht auf die Formel bringen, daß das ungemein komplexe institutionelle Gefüge des bismarckschen Staates in Verbindung mit einer gleichfalls sehr komplexen Überlagerung gesellschaftlicher Konflikte ein System des »segmentierten Pluralismus« schafft, das nur durch ständige Aushandlungsprozesse zwischen einer Vielzahl von Akteuren funktionsfähig gehalten werden kann. Hier soll zunächst vom Vielparteiensystem die Rede sein, jenem Bereich also, der dann – im Unterschied zu anderen Subsystemen des politischen Gesamtsystems – in neuerer Vergangenheit einem auffallenden Kontinuitätsbruch unterworfen war.

Auffallend ist dieser Bruch im Vergleich zur bemerkenswert starken Kontinuität der Parteiensysteme in den meisten liberalen Demokratien der »westlichen« Welt. Beispielsweise ist das niederländische oder das schweizerische Vielparteiensystem, wie es sich bis zum Ersten Weltkrieg ausgebildet hatte, seither ebenso in seinen Grundzügen erhalten geblieben wie etwa in Kanada die Dominanz zweier Großparteien gegenüber kleineren Regionalparteien oder in Schweden der – in der Zwischenkriegszeit ausgebaute – Vorsprung der Sozialdemokratie vor den untereinander höchst uneinigen »bürgerlichen« Parteien. Bis zur Endphase der Weimarer Republik blieb auch die Konfiguration des deutschen Parteiensystems, die schon zu Ende des 19. Jahrhunderts deutlich in Erscheinung getreten war, in den Grundzügen erhalten. Wenngleich die Geschichte der Parteiorganisationen teilweise ein auf den ersten Blick verwickelteres Bild bietet (insbesondere die Sezessionen und Fusionen im Liberalismus), lassen sich doch fünf grundlegende Gruppierungen unterscheiden: Konservatismus (insbesondere die Deutschkonservativen, später die Deutschnationale Volkspartei), Rechtsliberalismus (Nationalliberale, später Deutsche Volkspartei), Linksliberalismus (Fortschrittspartei, Freisinn, Süddeutsche Volkspartei, später Deutsche Demokratische Partei), politischer Katholizismus (Zentrumspartei, nach 1919 auch Bayerische Volkspartei) und Sozialdemokratie. In Frankreich würde man (mit dem von *Albert Thibaudet* in »La République des professeurs«, dieser geistreichen Analyse der III. Republik, geprägten Ausdruck) von »familles spirituelles« sprechen. Der Aufstieg extremer Parteien auf dem rechten Flügel (Antisemiten, Völkische, Nationalsozialisten) und auf der Linken (KPD) erschüttert diese Konstellation bis 1930 nicht, sondern bereichert sie nur um zusätzliche Nuancen. Und auch die Existenz kleiner ethnischer und regionaler Sonderparteien (Welfen, Polen, Elsässer, Bayerischer Bauernbund u. dgl.), fügt sich in jene Parteien-Pentarchie ein. Wie dies bei den europäischen Vielparteiensystemen auch sonst die Regel ist, haben sich hier verschiedene, im historischen Ablauf einander folgende Konfliktlinien überlagert und sind gleichsam »eingefroren« *(Lipset/Rokkan)*. Denn dank der Stabilität, mit welcher politische Organisationen sich in der Wählerschaft zu verankern vermögen, werden auch solche gesellschaftlichen Konfliktlagen konserviert, die entwicklungsgeschichtlich im Grunde überständig geworden waren. *Otto Kirchheimer* hat es so formuliert:

»Die kontinentaleuropäischen Parteien sind die Überbleibsel der weltanschaulichen Bewegungen des 19. Jahrhunderts. Sie sind denn auch an dem Punkt steckengeblieben, wo die verebbende Energie dieser Bewegungen sie gerade abgesetzt hatte. Die gewaltigen und gewaltsameren Eruptionen des 20. Jahrhunderts sind weiter vorgedrungen; aber im Prozesse ihres Zurückfließens haben sie mehr zur Versteinerung als zur Belebung der bestehenden Parteiensysteme beigetragen. Rationalisierungsversuche in der Nachkriegszeit haben zwar einige neue Variationen hervorgebracht, ohne aber die grundlegende Erbmasse dieser auf sozialen Klassen, Ständen und religiösen oder antireligiösen Interessen beruhenden Parteien zu verändern.« Durch die Überlagerung der solcherart erstarrten Fronten entstand in Deutschland ein besonders kompliziertes Tableau: Im Parteiensystem spiegelten sich die Gegensätze zwischen dem traditionell agrarisch-vorindustriellen und dem industriekapitalistischen Sektor und die untereinander konkurrierenden Interessenlagen innerhalb des Bürgertums wider. Der konfessionelle Konflikt wurde in der politischen Separierung des katholischen Bevölkerungsteils verewigt. Der Gegensatz von »Kapital« und industrieller »Lohnarbeit« schließlich fand seinen Niederschlag in der politischen und gesellschaftlichen Isolierung der Arbeiterschaft.
Zwar vermochte angesichts der Fragmentierung des bürgerlichen Lagers, die nicht zuletzt zu den Spaltungen des Liberalismus beitrug, die sozial vor allem im aristokratisch-großagrarischen Ostdeutschland verwurzelte konservative Machtelite ihre Prädominanz in bemerkenswertem Maße zu behaupten. Doch das kostete seinen Preis: Auch ihr Bündnis mit der protektionistischen Schwerindustrie enthob sie nicht der Notwendigkeit, sich von Fall zu Fall mit anderen sozialen Lagern und Gruppen zu verständigen. Dies vor allem unter den institutionellen Bedingungen einer – wenngleich auf Budgetrecht und Gesetzgebung beschränkten – parlamentarischen Mitwirkung am Entscheidungsprozeß. Das allgemeine Wahlrecht im Reiche – von Bismarck ursprünglich eher als Waffe gegen den Liberalismus eingeschätzt – entfaltete eine unvorhergesehene Eigendynamik; dies belegen nicht zuletzt eben jene von *Bismarck* bis *Wilhelm II.* wiederholt erörterten Staatsstreichpläne, die neuerdings wieder so gern als Belege für den autoritären Charakter des wilhelminischen Systems angeführt werden. (Daß sie in der Monarchie eben *nicht* in die Tat umgesetzt wurden, ist ein zusätzlicher Hinweis auf die politischen Potenzen, die mit der Demokratisierung des Wahlrechts freigesetzt worden waren.) Insbesondere die katholische Zentrumspartei rückte daher nach dem Scheitern des Kulturkampfes zunehmend in eine Schlüsselstellung als kaum zu entbehrender

Bündnispartner. Dabei wuchs ihr Bewegungsspielraum in dem Maße, als innerhalb des politischen Katholizismus das Führungsmonopol aristokratischer, großbürgerlicher und klerikaler Eliten zunehmend durch den Aufstieg plebejischer Elemente und der christlichen Gewerkschaften in Frage gestellt wurde.
Die Sozialdemokratie wurde zwar bis zum Vorabend des Ersten Weltkrieges von den Entscheidungsprozessen ferngehalten. Aber durch ihre Existenz, ihre zunehmende Stärke und ihr Eindringen in kleinbürgerliche Wählerschichten trug sie dazu bei, die Struktur des Parteiensystems, auch die Beziehungen der »bürgerlichen« Parteien untereinander, noch komplexer zu gestalten. Und als in dem 1912 neugewählten Reichstag *August Bebel* – als der Führer der nunmehr stärksten Fraktion – bei seiner Kandidatur für das Amt des Reichstagspräsidenten die Stimmen selbst eines Teiles der Nationalliberalen erhielt und dem konservativ gestimmten Zentrumspolitiker *Spahn* nur knapp unterlag, war dies ein Indiz dafür, daß selbst die Sozialdemokraten allmählich in die »Proporzkultur« integriert wurden, die sich im deutschen Parlamentarismus zunehmend ausgebildet hatte.
Die selbstverständlich gewordene Anerkennung des Parteienproporzes als Grundelement der innerparlamentarischen Spielregeln ist ja, wie der internationale Vergleich zeigt, keineswegs ein notwendiger Bestandteil eines demokratischen Parlamentarismus; genausogut könnte man das Präsidium und den Vorsitz in den Ausschüssen als ein natürliches Privileg der jeweiligen Mehrheit ansehen. In Deutschland freilich sind die Proporzregeln schon seit Weimar so fest verankert, daß der Reichstag der ausgehenden Weimarer Republik die perverse Konsequenz in Kauf nahm, den in die SA-Uniform gewandeten Hermann Göring im Präsidentenstuhl Platz nehmen zu lassen, nachdem die NSDAP stärkste Fraktion geworden war. Erklärlich ist das nur aus der politischen Kultur eines Vielparteiensystems, in dem das Mehrheitsprinzip als Konfliktaustragungsmodell zurücktrat hinter dem Modell des Aushandelns mit Repartierung von politischen Einflußanteilen.
Der Begriff des »segmentierten Pluralismus« erscheint besonders geeignet, um die Konfliktstruktur des kaiserlichen Deutschland zu bezeichnen: »Er ist pluralistisch mit seiner [wenn auch widerwilligen, G. L.] Anerkennung der Verschiedenartigkeit religiöser, sozioökonomischer und politischer Affiliationen; er ist ›segmentiert‹ mit seiner Institutionalisierung der meisten anderen Vereinigungsformen entlang den politisch-religiösen Konfliktlinien« (*Val Lorwin,* bei *McRae,* S. 33). Das entspricht in etwa dem aus dem niederländischen Sprachgebrauch eingedeutschten Wort »Ver-

säulung«. Im segmentierten Pluralismus sind die Parteien unfähig zu organisatorischer Konzentration, die sich an Erfordernissen des Wettbewerbs um die Führungspositionen orientiert. Sie streben mehr nach Sicherung einer angemessenen Einflußsphäre, wie sie eben im Modell des Aushandelns mit dem geringsten Risiko zu erreichen ist.

Daß dieses Modell so dominant werden konnte, ist zweifellos weitgehend den institutionellen Bedingungen zu verdanken, unter denen der deutsche Vielparteienparlamentarismus seine Spielregeln ausbildete. Beschränkt auf die Mitwirkung an Gesetzgebung und Haushaltspolitik, ferngehalten von den Regierungsämtern, fehlte ihm der Antrieb, sich vor allem an der Konkurrenz um den Gewinn von Regierungsmacht zu orientieren. Daher war kein Anreiz für die Bildung breiter, mehrheitsfähiger und dauerhafter Bündnisse gegeben. Vielmehr lag das Interesse der Parteien eher in der punktuellen Beeinflussung der Regierungspolitik. Dazu trug auch der Umstand bei, daß sie zum Teil in enger Symbiose mit organisierten Interessengruppen standen (so die Deutschkonservativen mit dem Bund der Landwirte, das Zentrum mit dem Verbandskatholizismus, die SPD mit den Freien Gewerkschaften). Die ideologische und interessenpolitische Segmentierung in Verbindung mit dem organisatorischen Partikularismus mußte eine »do ut des«-Mentalität fördern, die in den Proporzregeln des Parlaments ihre natürliche Entsprechung fand.

Die parlamentarische Taktik der kaiserlichen Beamtenregierungen wirkte zunehmend in dieselbe Richtung. Wollten sie nicht den Weg zur parlamentarischen Regierung beschreiten, die ihre politische Unterstützung vor allem dem Umstand verdankt hätte, daß sie aus der Mehrheit hervorging, so blieben sie angesichts der komplexer werdenden Mehrheitsverhältnisse darauf angewiesen, von Fall zu Fall mit den Fraktionsführungen zu verhandeln und gegebenenfalls deren Zustimmung durch Gegenleistungen zu erkaufen. Die Zentrumspartei verdankte ihr politisches Gewicht vor allem der Virtuosität, mit der sie dabei ihre Schlüsselstellung ausnutzte; ihre parlamentarische Unterstützung ließ sie sich nicht zuletzt durch Zugeständnisse bei der Ämterpatronage der Regierung honorieren. Der späte deutsche Konstitutionalismus verfuhr da ganz ähnlich wie sein österreichisches Gegenstück: Auch dort beruhte das Regiment der monarchischen Bürokratie gegen Ende zunehmend auf Aushandeln mit den Parteien des cisleithanischen Parlaments. Unter den Bedingungen eines demokratischen Wahlrechts lag eben die einzige Möglichkeit, die institutionelle Unabhängigkeit der Regierung vom Parlament zu wahren und die volle Parlamentarisierung zu verhindern,

in einer Politik der wechselnden Allianzen, der temporären Gesetzgebungsmehrheiten.
Der wachsende Einfluß des Reichstags führte daher nicht zur Ausbildung potentieller Regierungsparteien oder -koalitionen, die einander womöglich im Sinne einer alternierenden parlamentarischen Parteiregierung an der Macht hätten ablösen können. Dies zeigte sich deutlich 1909 beim Auseinanderfallen des »Bülowblocks«. Das englische Modell parlamentarischer Regierungsweise blieb umstritten. Je klarer in England das Zweiparteiensystem hervortrat, um so mehr setzte sich im liberalen Bürgertum Deutschlands (das ja am ehesten ein Interesse an der Parlamentarisierung hätte haben müssen) die Überzeugung durch, daß die alternierende Parteiregierung unter den Bedingungen des in weltanschaulich-politischen Subkulturen segmentierten Pluralismus nicht funktionieren könne. Dahinter steckte nicht zuletzt die Sorge, daß von einem solchen System auf Kosten der liberalen Mitte insbesondere die Blöcke des politischen Katholizismus und der Sozialdemokratie profitieren würden. Denn diese hätten am ehesten die Chance gehabt, einander in der Führung abzulösen. Dem Zentrum seinerseits konnte daran aber deshalb nicht besonders liegen, weil es ja bei der Politik wechselnder Mehrheiten so gut wie immer mit von der Partie war. Infolgedessen waren die bürgerlichen Parteien bis in die Endphase des Ersten Weltkrieges an der Einführung des parlamentarischen Regierungssystems nicht interessiert und blieben mit seinen eigentümlichen Spielregeln weitgehend wenig vertraut.
Als es dann infolge der Kriegsereignisse im Jahre 1918 doch zur Parlamentarisierung der Regierung kam, hat diese zwar die institutionellen Rahmenbedingungen so verändert, daß die Regierung den Parteien gegenüber nicht mehr nur in der Rolle des Verhandlungspartners auftrat; vielmehr gewannen die Parteien (bis zur Einsetzung der in erster Linie vom Reichspräsidenten abhängigen Regierung Brüning im Jahre 1930) die Kontrolle über die Bestellung der Regierung selbst. Das hatte aber keine Rückwirkungen auf die Struktur des Parteiensystems. Denn inzwischen hatte diese sich um so mehr verfestigt, als die sozialstrukturellen Konfliktlagen, die seine Entstehung bestimmt haben, damals noch in relativ starkem Maße präsent blieben.
Vielmehr wurde die spezifische Proporzkultur jetzt noch perfektioniert: Die Verhältniswahl wurde eingeführt und in der Verfassung verankert, ebenso wurden die Proporzspielregeln des Parlaments ausgebaut (z.B. Anspruch der stärksten Partei auf das Parlamentspräsidium) und weitgehend in der Geschäftsordnung kodifiziert. In der Ämterpatronage, zumal der preußischen Regierung, setzte sich

gleichfalls die Repartierung auf die Parteien durch. Hier blieb sie freilich beschränkt auf die Koalitionsparteien, denn jetzt wurde das Parteiensystem, bei Wahrung seiner grundlegenden Struktur, fortgebildet zu einem »zentristischen«, um die Mitte gruppierten Koalitionsregime. Dabei verschoben sich die Mehrheiten im Laufe der zwanziger Jahre im großen und ganzen von der Weimarer Koalition (SPD, Zentrum, Deutsche Demokratische Partei) über die »Große Koalition« (unter Einbeziehung der Deutschen Volkspartei) und die »Kleine Koalition« (Zentrum und Liberale) bis hin zum weiter rechts angesiedelten Bürgerblock (Zentrum, Liberale und Deutschnationale) und dann – vor dem Zusammenbruch des parlamentarischen Regierungssystems im Jahre 1930 – noch einmal zurück zur Großen Koalition. Man kann die Parteien in diesem System in drei Gruppen klassifizieren: (1) die Regierungsparteien in Permanenz (Zentrum, DDP), (2) die zeitweise oppositionellen, aber systembejahenden Parteien auf den beiden Flügeln des Spektrums möglicher Koalitionen (SPD einerseits, DVP andererseits), (3) die extreme »Opposition aus Prinzip« *(Otto Kirchheimer)* auf der Linken und der Rechten (Teile der USPD und KPD, Deutschnationale in den Anfängen und in den letzten Jahren unter der Führung Hugenbergs, NSDAP).
Die Koalitionen wurden durch ständig erneute Aushandlungsprozesse mehr oder weniger wirkungsvoll integriert. Dabei hatten die Fraktionen eine starke und weitgehend autonome Stellung gegenüber dem Kabinett und dem Regierungschef – ein Erbe der in der konstitutionellen Ära eingeschliffenen Verhaltensweisen. Koalitionsausschüsse, die von den Fraktionen beschickt wurden, waren eine häufige Erscheinung; schon die Weimarer Regierungsmehrheit hatte sich ja noch vor der Parlamentarisierung im 1917 etablierten »interfraktionellen Ausschuß« zusammengefunden. Wahlen dagegen hatten nicht die Funktion eines Kampfes um die Mehrheit und damit um Regierungsmacht, sondern legten nur die Ausgangspositionen für die Koalitionsbildung fest. So blieb das Konfliktregelungsmuster von Aushandeln und Einflußrepartierung auch unter den veränderten institutionellen Rahmenbedingungen der Republik dominant.

4. Die Konzentrationsbewegung des westdeutschen Parteiensystems

Es ist nun, wie schon wiederholt hervorgehoben worden ist, einer der bemerkenswertesten Aspekte der politischen Entwicklung der Bundesrepublik, daß sich die Struktur des Parteiensystems gegenüber der Vergangenheit grundlegend gewandelt hat. Wie wir sahen, ist in den meisten liberal-demokratisch regierten europäischen Ländern die Struktur der Parteiensysteme dadurch charakterisiert, daß die gesellschaftlichen Konflikte aus der nationalstaatlichen Entwicklung hier gleichsam »eingefroren« oder »versteinert« sind, daß sie sich also dem sozialen Wandel, der seither eingetreten ist, nur unvollkommen angepaßt haben. Die Bundesrepublik stellt einen der wenigen von dieser Regel abweichenden Fälle dar. Das aus der nationalstaatlichen Integrationsphase überkommene Vielparteiensystem veränderte sich hier in einer tiefgreifenden Konzentrationsbewegung, die im wesentlichen nur die zwei Großparteien CDU und SPD und die wesentlich kleinere liberale Partei übrigließ. Dabei bleibt angesichts der »Polarisierung« zwischen den Großen für die FDP nur die Rolle des kleinen Koalitionspartners, der sich auf Jahre hinaus binden und nicht etwa – im Stil älterer Koalitionspolitik – als »Zünglein an der Waage« eine Politik der wechselnden Mehrheiten treiben kann. Ihr eigenes Profil kann sie nur in der Funktion des »Oppositionsfilters« *(Kaltefleiter)* in einer rechten oder linken Koalition gewinnen. Diese Regierungskoalition aber wird – vor allem auch in der Sicht der Öffentlichkeit – von einer der großen Parteien dominiert, wenn nicht gar (wie zeitweise unter *Konrad Adenauer*) hegemonial geführt.

Diese Entwicklung hat mehrschichtige Ursachen. Der durch Industrialisierung und Verstädterung bewirkte soziale Wandel allein hätte, wie die Beispiele aus der Mehrzahl der liberal-demokratischen Industrienationen zeigen, eine solche Umschichtung nicht zu bewirken vermocht. Voraussetzung war vielmehr zunächst eine tiefgreifende politische und damit auch wirtschaftliche Krise, die zu tiefen Eingriffen in die Sozialstruktur führte und damit den Wandel überlieferter gesellschaftlicher Konfliktformationen beschleunigte. Dadurch erst erklärt sich vor allem jene Entwicklung im Parteiensystem, die entscheidende Bedeutung gewonnen hat: die Fusion des bürgerlich-konservativen und des katholischen Lagers mit der Gründung der CDU und die allmähliche Aufsaugung der Mehrzahl der nichtsozialistischen Kräfte durch diese neue Sammelpartei.

Diese Fusion wäre nicht möglich gewesen ohne die Überbrückung der tiefen Gegensätze zwischen den früher isolierten Subkulturen: den Konfessionen vor allem, aber auch den agrarischen und den städtisch-bürgerlichen Kräften. Sie war einerseits der Annäherung der beiden großen Kirchen in der gemeinsamen Distanz oder Opposition zum Nationalsozialismus zu verdanken, andererseits der faktischen Vernichtung des sozialen Kerns des protestantisch orientierten konservativen Lagers, nämlich des ostelbischen Großgrundbesitzes. Damit war zugleich das überlieferte Spannungsverhältnis zwischen dem bürgerlich-industriellen und dem agrarisch-»feudalen« Flügel der deutschen Rechten, das seit *Bismarck* die Allianz dieser Kräfte charakterisiert hatte, hinfällig geworden und eine organisatorische Zusammenfassung unter Führung des industriegesellschaftlich orientierten Bürgertums ermöglicht. Da auf der anderen Seite des Parteienspektrums sich die extreme Linke als erheblich geschwächt erwies, und zwar nicht nur in Nachwirkung offenbar wirkungsvoller antikommunistischer Agitation des Nationalsozialismus, sondern auch in Reaktion auf die sowjetische Besatzungspolitik, konnte hier die SPD einen ähnlichen Startvorsprung gewinnen. Infolgedessen trat schon bei den ersten Landtagswahlen der Jahre 1946/47 die Konzentrationsbewegung im Parteiensystem deutlich hervor. In den westlichen Besatzungszonen (ohne Berlin und Saarland) erhielten Christliche Demokraten und Sozialdemokraten zusammen 72,2% der abgegebenen gültigen Stimmen.
Die damit vorgezeichnete strukturelle Veränderung ist freilich von den politischen Akteuren und zeitgenössischen Beobachtern in ihrer Bedeutung vielfach nicht recht erkannt worden. Daß die CDU sich als ein solch dauerhafter und beherrschender Zusammenschluß an die Stelle der ehemals aufgesplitterten »bürgerlichen« Gruppierungen setzen würde, war in den frühen Nachkriegsjahren nicht ohne weiteres vorauszusehen, denn zunächst machte sie den Eindruck eines äußerst lockeren und heterogenen Gebildes ohne klare Führungsstruktur. Erst 1950 kam ja der Zusammenschluß der Landesverbände (mit Ausnahme der bayerischen CSU) zu einer Bundespartei als eine wichtige Station auf dem Wege des Zusammenwachsens zustande, und ohne Adenauers überlegenes taktisches Geschick wäre es vielleicht nicht zu dieser Konsolidierung der bürgerlichen Fusion gekommen.
Schon die Bundestagswahlen von 1949 hatten übrigens gezeigt, daß eine Wiederaufsplitterung des Parteiensystems nicht undenkbar gewesen wäre. Der Stimmenanteil von Christlichen Demokraten und Sozialdemokraten fiel auf zusammen 60,3% zurück. Wenn in den folgenden Jahren die Konzentrationsbewegung aber wieder begann

und sich fortsetzte (bis zu einem Stimmenanteil von 90,7% für beide Parteien nach der Bundestagsauflösung 1972), so war das wohl nicht zuletzt dem Umstand zu verdanken, daß die beiden Parteiführer, Konrad Adenauer und Kurt Schumacher, für eine Strategie der Konfrontation optiert hatten und sich damit gegen starke Kräfte in CDU und SPD durchsetzten, die eine Politik der breiten Zusammenarbeit vorgezogen hätten.

In den ersten Jahren nach dem Zweiten Weltkrieg hatten nämlich die meisten Länderpolitiker in den politischen Parteien aus den Weimarer Erfahrungen eher den Schluß gezogen, daß eine Konzentration möglichst aller demokratischen Kräfte geboten sei, zumindest solange, als die Erfordernisse des Wiederaufbaus und die Probleme des Besatzungsregimes und der Zonenteilung im Vordergrund standen. Man ging mit anderen Worten noch über die Väter der Weimarer Republik hinaus, denen vielfach eine starke Koalition der Mitte wünschenswert erschienen war, und bildete breite Regierungsbündnisse, denen kaum eine nennenswerte Opposition gegenüberstand (um so weniger, als anfangs die Besatzungsmächte vielfach auch auf einer Regierungsbeteiligung der KPD bestanden). Die SPD war bis Mitte 1947 an allen Länderregierungen beteiligt, und im Augenblick der Gründung der Bundesrepublik noch überall außer in (Süd-)Baden und Bayern. Die CDU geriet nur in den Hansestädten (wo sie damals noch wesentlich schwächer war als die liberalen Koalitionspartner der SPD) und in Schleswig-Holstein frühzeitig in die Opposition. Daß aus dieser Vorherrschaft von Großen Koalitionen durchaus eine »Proporz«-Demokratie hätte werden können, zeigt die – zunächst in mancher Hinsicht ähnlich verlaufende – Entwicklung im benachbarten Österreich.

Der eben erwähnte Ausnahmefall Schleswig-Holstein scheint freilich schon frühzeitig eine entgegengesetzte Tendenz anzuzeigen. Hier hatte die SPD bei der ersten Landtagswahl am 20. 4. 1947 die absolute Mehrheit gewonnen und die Regierung allein gebildet. Weder die Sozialdemokraten noch die CDU hatten eine Koalition angestrebt; beide bekundeten vielmehr eine deutliche Präferenz für eine »klare Trennung der Verantwortung von Regierung und Opposition« (*Varain,* S. 216). (Daraus wurde hier im August 1947 sogar die Konsequenz gezogen, die Stellung des »Führers der Opposition« im Landtag als eine besoldete Funktion institutionell herauszuheben.)

Offensichtlich bestand für die Führungsgruppen in CDU und SPD das Problem zunächst darin, die neuartige strategische Position, die sie ihrem Vorsprung vor den anderen Parteien verdankten, als solche überhaupt wahrzunehmen und daraus die Folgerung zu ziehen, daß sie die Chance hatten, in Abkehr von überlieferten Koalitionsstrategien um die hegemoniale Position in der Regierung zu kämpfen und in dieser Perspektive auch eine mögliche Oppositionsrolle ins Auge zu fassen. Daß diese Option wahrgenommen wurde, wird man zu einem guten Teil auf das Konto der beiden rivalisierenden Parteiführer schreiben können, die schon von ihrer Persönlichkeitsstruktur her wenig Affinität zu Koalitionsstrategien hatten: *Konrad Adenauer* und *Kurt Schumacher.*

Kurt Schumacher hatte 1945 noch ein Zweiparteiensystem in Deutschland für undenkbar erklärt, denn die konfessionelle Spaltung sei zu tief, die sozialen Interessengegensätze zu verwurzelt, als daß ein dauerhafter politischer Zusammenschluß von Katholiken und Protestanten erwartet werden könne. Auch einer »bürgerlichen«, kapitalistischen Sammlungspartei gab er keine Chance. Er glaubte offensichtlich, daß gegenüber einem in sich gespaltenen und diskreditierten bürgerlichen Lager angesichts der Erschütterung der deutschen Gesellschaftsstruktur die Führungsrolle eindeutig der Sozialdemokratie zufallen müsse, und er machte politische Zusammenarbeit mit anderen Parteien davon abhängig, daß sie diesen Führungsanspruch anerkannten (*Edinger,* S. 280f.). Mit solcher Intransigenz arbeitete er aber *Adenauer* ungewollt in die Hände, der im Unterschied zu zahlreichen anderen führenden christlich-demokratischen Politikern erkannt hatte, welche Chancen eine bürgerliche Bündnispolitik in Konfrontation zur SPD und unter eindeutiger Führung durch die neue Sammlungspartei CDU bieten konnte.

Als die entscheidende Weichenstellung hin zur dualistischen »Polarisierung« des Parteiensystems muß man die 1947 von *Schumacher* durchgesetzte Entscheidung der SPD ansehen, im neu errichteten Wirtschaftsrat der englisch-amerikanischen Bizone in Frankfurt, dem ersten Ansatz für eine westdeutsche politische Autorität über der Länderebene, in die Opposition zu gehen. Die Sozialdemokraten hatten zuvor unter Schumachers Einfluß in allen Länderkoalitionen die Wirtschafts- und Innenministerien in ihre Hand gebracht, und sie forderten nun noch im fünfköpfigen Direktorium des Wirtschaftsrats die Ressorts für Wirtschaft und Finanzen. Die CDU-Fraktion war einer Großen Koalition nicht abgeneigt, wollte aber so weitgehende Konzessionen nur auf dem Wege eines typischen Proporzarrangements machen, nämlich im Austausch gegen drei Wirtschaftsministerien in den Ländern. *Schumacher* lehnte ab, und es kam zu einer »bürgerlichen« Koalition, die im Wirtschaftsrat eine knappe Mehrheit hatte. Dieses Bündnis gegen die SPD bedeutete aber, daß die überlieferten Koalitionsstrategien – nämlich die der großen, um die Mitte des Parteienspektrums gravitierenden Koali-

tionen – mit dem Übergewicht von Aushandeln und Kompromißbildung zurückgedrängt wurden. Mit der kleinen (»bürgerlichen«) Koalition traten Mehrheitsprinzip und Wettbewerb als dominierender Konfliktregelungsstil in den Vordergrund.
Als dann bei der ersten Bundestagswahl 1949 Schumachers Rechnung auf einen hohen sozialdemokratischen Wahlsieg nicht aufging, konnte *Adenauer* endgültig die Initiative an sich ziehen und ein Bündnis gegen die SPD zusammenbringen, das sämtliche Spitzenpositionen im Bund unter sich aufteilte: nicht nur die Bundesregierung, sondern auch die Ämter des Bundespräsidenten, des Präsidenten des (noch zu errichtenden) Bundesverfassungsgerichts und des Bundestagspräsidenten. Nur die christlich-demokratischen Ministerpräsidenten weigerten sich, das Abkommen zu honorieren, und wählten zum Bundesratspräsidenten nicht den Bayern *Hans Ehard* von der CSU, sondern folgten dem Vorschlag der nordrhein-westfälischen CDU/SPD-Koalitionsregierung unter *Arnold*, dem Exponenten des linken CDU-Flügels, das Amt unter den Regierungschefs aller Bundesländer im Jahresturnus wechseln zu lassen. Die Ministerpräsidenten waren es auch gewesen, die bis zuletzt der Polarisierung im Bunde Widerstand zu leisten versucht hatten: Noch am 25. 8. 1949 plädierte die Ministerpräsidentenkonferenz für eine Große Koalition im Bund, weil nur so der Bestand der Koalitionsregierungen in den Ländern gesichert erschien. *Kurt Schumacher* dagegen führte die Linie der intransigenten Oppositionsstrategie auch jetzt konsequent fort.
Die Besorgnisse der Ministerpräsidenten erwiesen sich bald als wohlbegründet. In den Jahren 1950 und 1951 brach die Große Koalition in den meisten Bundesländern auseinander. Wohl kam es in einzelnen Ländern in der Folge noch für kürzere oder auch längere Zeit zur Wiederbelebung breiter Allianzen (so z. B. der Großen Koalition in Bayern von 1950 bis Ende 1954, der Bremer Dreiparteienkoalition SPD/CDU/FDP von 1951 bis 1959, oder der Allparteienregierung in Baden-Württemberg von 1953 bis 1960). Aber nach dem Bruch der Berliner Koalition im Jahre 1963 gab es in allen Ländern eine klare Polarisierung, mit einer der beiden großen Parteien als führender Regierungspartei, der anderen als Opposition.
Zwar schlug in der zweiten Hälfte der sechziger Jahre das Pendel vorübergehend zurück: Die Annäherung der SPD an die kulturpolitischen Vorstellungen der Kirchen führte 1965 in Niedersachsen zur Auflösung ihrer Koalition mit der FDP und zur Erneuerung der Großen Koalition mit der CDU. 1966 kam es zur Großen Koalition im Bund und, daran anschließend, in Baden-Württemberg. Aber das wurde nun schon in Teilen der Öffentlichkeit und der Anhänger-

schaft der großen Parteien (besonders der SPD) als Anomalie empfunden. Die bei den Parteiführungsgruppen ausschlaggebende Erwägung, daß die für erforderlich gehaltenen Strukturreformen (besonders die Finanzreform) nur in der Regierungszusammenarbeit der großen Parteien durchgesetzt werden könnten – eine Erwägung, die noch deutlich von herkömmlichem Koalitionsdenken im Stile des älteren deutschen Parlamentarismus geprägt war –, reichte als Rechtfertigung nicht mehr aus. Vielmehr mußten die Koalitionspartner in Aussicht stellen, die Fortsetzung ihres Bündnisses durch die Einführung eines »mehrheitsbildenden Wahlrechts« überflüssig zu machen. Das war allerdings ein vages Versprechen und wurde schließlich nicht mehr eingelöst. Vielmehr kam es nach der Überwindung der Rezession und dem Abschluß der wichtigsten Reformprojekte zunehmend zu starken Spannungen zwischen den beiden großen Parteien. Die Parteien hatten sich inzwischen die eigentümliche Logik des dualistischen Parteienwettbewerbs doch schon so sehr zu eigen gemacht, daß beide einen Führungsanspruch erheben mußten, der mit dauerhafter gemeinsamer Regierungsarbeit unvereinbar war. In den Bundesländern gab es bereits deutliche Anzeichen, daß die Große Koalition ein letzten Endes anachronistisches Zwischenspiel war: In Nordrhein-Westfalen war es der SPD-Führung 1966 nicht mehr gelungen, die Nachahmung des Bonner Bündnisses durchzusetzen; vielmehr veranlaßte eine Mehrheit der Landtagsfraktion den Parteivorsitzenden *Kühn,* statt dessen mit der FDP unter *Willy Weyer* eine »sozialliberale« Koalitionsregierung zu bilden. Und in Baden-Württemberg konnte 1968 die sozialdemokratische Landtagsfraktion die Große Koalition nur gegen den ausdrücklichen Widerspruch einer Mehrheit der Landesdelegiertenkonferenz erneuern. Es konnte daher als die natürliche Folge der Auflösung der Großen Koalition im Bunde angesehen werden, wenn 1970 auch in Niedersachsen und 1972 in Baden-Württemberg diese Allianz mit den Landtagswahlen endete.

Noch bezeichnender für die Intensität der inzwischen erfolgten Polarisierung ist freilich der Umstand, daß sie nun auch den kleineren Koalitionspartner mit umfaßte. In den fünfziger und sechziger Jahren konnten die kleineren Parteien durchaus noch wechselnde Bündnisse in Bund und Ländern eingehen. Das tat insbesondere eine reine Interessenpartei wie der »Block der Heimatvertriebenen und Entrechteten«, der in Hessen (1954–1966) der SPD, in Schleswig-Holstein (1950–1958) den Christlichen Demokraten und in Bayern und Niedersachsen seit 1951 beiden abwechselnd zur Mehrheit verhalf, während er von 1953 bis zur Parteispaltung 1955 der Regierung *Adenauer* im Bund angehörte.

Die Koalitionspolitik der FDP in den Ländern war zwar im ganzen schon stärker am Bonner Regierungsbündnis mit der CDU orientiert. Aber auch hier gab es noch Ausnahmen von der Regel: So blieb die FDP in den Hansestädten jahrelang Koalitionspartner der Sozialdemokraten (in Hamburg von 1957–1966, in Bremen ununterbrochen bis 1971). 1956 stürzte sie mit der SPD die Regierung *Arnold* in Nordrhein-Westfalen, dies freilich aus rein bundespolitischen Erwägungen, nämlich um *Adenauers* Pläne für eine Wahlrechtsänderung zu durchkreuzen (Regierung Steinhoff, bis 1958). Und dieser Vorgang hatte auch bundespolitische Konsequenzen, nämlich die Abspaltung des »Ministerflügels« von der FDP-Fraktion, die darauf (bis zur Wiederherstellung des Bündnisses nach der Bundestagswahl 1961) in die Opposition ging. In Niedersachsen gab es eine SPD/FDP-Koalition von 1959–1965. Ihr vorausgegangen war hier – besonders bezeichnend für das Gewicht, das landespolitische Überlegungen damals noch gewinnen konnten – eine Koalition zwischen der konservativen Deutschen Partei des im Bunde mit *Adenauer* alliierten *Heinrich Hellwege* und der SPD unter *Hinrich Kopf* (1957–1959). Eine besonders heterogene Allianz fand sich von 1954–1957 in Bayern zusammen: SPD, FDP, die partikularistisch-konservative Bayernpartei und die Flüchtlingspartei BHE verbündeten sich gegen den Hegemonieanspruch der Christlich-Sozialen Union.

Sehr viel schärfer schlägt die bundespolitische Polarisierung seit 1969 auf die Länder durch. Mit dem Ende der Großen Koalitionen auch in Hannover und Stuttgart (also 1970 und 1972) ist die Bonner Frontstellung zwischen Regierungskoalition und Opposition ganz konsequent zum Vorbild für das Koalitionsverhalten auch in den Ländern geworden. Mitte 1975 gab es sozialliberale Regierungsbündnisse in Nordrhein-Westfalen, Niedersachsen, Hessen, Hamburg und Berlin, während in Bremen die SPD, in den übrigen Bundesländern die christlich-demokratischen Parteien jeweils allein die Regierung stellten. Daß die FDP in Rheinland-Pfalz vor den Landtagswahlen vom 9. 3. 1975 ihre Bereitschaft zu einer Koalition mit der CDU erklärte, war noch ein klarer Ausnahmefall, wurde freilich als Anzeichen für eine mögliche Lockerung der sozialliberalen Allianz auch im Bunde verstanden. Doch bezeichnend für die generell weiterwirkende Polarisierungstendenz war insbesondere das Sträuben der saarländischen FDP, das bei den Landtagswahlen vom 4. 5. 1975 entstandene Patt zwischen der CDU einerseits, SPD und FDP andererseits (mit je 25 Mandaten) durch Einschwenken auf eine Koalition mit der CDU aufzulösen. Dem entsprach dort auf seiten der CDU die Weigerung, eine Allparteienregierung zu bilden. Bei-

des hätte sich nach den Spielregeln des älteren Länderparlamentarismus sehr wohl landespolitisch rechtfertigen lassen. Ganz ähnlich lagen die Dinge nach der überraschenden Wahl des CDU-Abgeordneten *Albrecht* zum niedersächsischen Ministerpräsidenten am 6. 2. 1976, die dadurch möglich geworden war, daß in der geheimen Abstimmung zwei Abgeordnete aus der Regierungskoalition von SPD und FDP den Kandidaten der bisherigen Oppositionspartei unterstützten. Allerdings hat in beiden Fällen die FDP dann die Bereitschaft erkennen lassen, das CDU-Kabinett stillschweigend zu tolerieren; zu einem vollen Regierungsbündnis vermochte sie sich aber nicht zu entschließen. (Dazu mag paradoxerweise gerade der Umstand beigetragen haben, daß der Zusammenhalt der Bonner Koalition in der Öffentlichkeit ins Gerede gekommen war: Um so weniger erschien es der FDP-Führung angängig, die Bündnistreue der Partei durch den Kurswechsel in einem Land ins Zwielicht geraten zu lassen.)
Bezeichnend für die zunehmende Polarisierungstendenz ist schließlich die Entwicklung in einigen der größten westdeutschen Städte. Sieht man einmal von den Stadtstaaten (Berlin, Hamburg und Bremen) ab, die infolge ihres Bundesländerstatus der Entwicklung des Länderparlamentarismus gefolgt sind, so kann generell gesagt werden, daß die Kommunalpolitik bis hinauf zu den Großstädten überwiegend eine Politik der Großen Koalitionen gewesen ist. Natürlich haben auch hier die Parteien einander die Vorherrschaft streitig gemacht, und wo die SPD einerseits oder etwa eine »bürgerliche« Gruppierung andererseits eine Mehrheit im Gemeindeparlament hatte, hat sie sich oft genug bemüht, Schlüsselpositionen unter ihre Kontrolle zu bringen. Aber es war doch weithin üblich, auch die Minderheit an der Exekutive zu beteiligen, und einige Gemeindeordnungen schreiben geradezu vor, daß bei der Wahl der hauptamtlichen Beigeordneten die Vorschläge der Gemeinderatsfraktionen nach ihrer proportionalen Stärke berücksichtigt werden sollen (so z. B. § 50 Abs. 2 der Gemeindeordnung von Baden-Württemberg). Auch mit dieser Tradition aber wurde 1972 in zwei der – nach Berlin und Hamburg – größten Städte der Bundesrepublik, nämlich München und Frankfurt, gebrochen: Die SPD löste die langjährigen »Rathauskoalitionen« mit der CDU auf und besetzte die Positionen der Beigeordneten allein. Dies war in beiden Fällen von »linken« Mehrheiten in den sozialdemokratischen Parteiorganisationen durchgesetzt worden; bezeichnenderweise war aber in Frankfurt auch bei der CDU eine »rechte« Oppositionsgruppe (die sog. »IG Adel und Banken«) in Erscheinung getreten, die mit der Koalition, einem letzten Überbleibsel des Nachkriegsbündnisses zwischen der

hessischen SPD und dem in Frankfurt einst so starken linken CDU-Flügel, Schluß machen wollte. Man kann daraus zwar nicht den Schluß ziehen, daß nun generell mit einer Durchsetzung des »Wettbewerbsmodells« in der Kommunalpolitik zu rechnen sei, denn in den genannten Städten spielten Besonderheiten der Mitgliederstruktur der lokalen Parteien eine wichtige Rolle. Doch man wird jedenfalls sagen können, daß die Vorgänge in München und Frankfurt einen Rückgang der allseitigen Koalitionsbereitschaft der Parteien anzeigen.
Für das Parteiensystem der Bundesrepublik war ja lange Zeit charakteristisch gewesen, daß – anders als z. B. in Skandinavien oder in Frankreich – jede Partei (wenn wir die kleinen rechten und linken Flügelparteien ausnehmen) mit jeder anderen Partei gegebenenfalls zu koalieren bereit war. Voraussetzung war bei etwa gleicher Stärke der Parteien deren Bereitschaft, keinen Führungsanspruch zu erheben (dies war nur gegenüber kleineren Parteien möglich) und den gleichberechtigten Anteil der anderen Partei an der Machtausübung zu respektieren. Demgegenüber bedeutet »Polarisierung«, daß in einem Zwei- oder Mehrparteiensystem der Wettbewerb zwischen den führenden Parteien oder Parteibündnissen so intensiv wird, daß sie mit der Gegenseite allenfalls um den Preis von deren Unterordnung zu koalieren bereit sind. Die »Polarisierung« seit 1969 hat ihren Ursprung nicht erst in dem Wiederaufleben programmatischer und ideologischer Differenzen; die Bedeutung solcher Vorgänge für das Parteiensystem wird mitunter überschätzt. Schon in der Endphase der Großen Koalition traten die eigentlichen Gründe der Polarisierung zutage: einerseits bei der an eine jahrzehntelange Führungsrolle gewohnten CDU die zunehmende Unwilligkeit, die Führung mit der SPD zu teilen, andererseits bei der SPD eine zunehmende Betonung des eigenen Führungsanspruchs. Infolgedessen werden Koalitionen zwischen den beiden großen Parteien CDU und SPD schwieriger und unwahrscheinlicher. Die »Polarisierung« des Parteiensystems ist primär durch diesen Vorgang charakterisiert.
Derartige Polarisierung ist keineswegs, wie manche Klagen in der Öffentlichkeit nahelegen, ein pathologischer Vorgang. Vielmehr zeigt sich am Rückgang der Koalitionsneigung lediglich eine allmähliche Veränderung in der Einschätzung des Parteiensystems und seiner Spielregeln, die als die natürliche Folge der Konzentrationsbewegung zugunsten zweier großer Parteien angesehen werden muß. Indem diese großen Parteien einander die Vorherrschaft in der Regierung streitig machen, lösen sie sich auch zunehmend von jenem älteren Verständnis der Funktion von Parteien, das ebenso vom kon-

stitutionellen Dualismus Regierung–Parlament wie von der Parteienvielfalt geprägt worden war, als nicht die Mehrheit und die politische Führungsrolle strategisches Ziel war, sondern eher Interessenvertretung durch anteilige Einflußnahme auf die Regierungspolitik. Ganz im Sinne dieser überlieferten Spielregeln hatte noch in den fünfziger und sechziger Jahren die sozialdemokratische Opposition durch Mitarbeit im Gesetzgebungsprozeß begrenzte politische Ziele durchzusetzen gesucht, und zwar auf Kosten einer klar profilierten Oppositionsrolle. Die von *Schumacher* eingeleitete Konfrontationsstrategie schlug in der Innenpolitik nicht auf die überlieferten parlamentarischen Spielregeln durch. Der Übergang zur gewissermaßen »angepaßten Opposition« seit dem Ende der fünfziger Jahre, mit der die SPD ihre »Regierungsfähigkeit« demonstrieren wollte, bedeutete daher keinen prinzipiellen Kurswechsel in dem schon früher stark kooperativ ausgerichteten parlamentarischen Verhalten. Dieses wurde im übrigen auch dadurch erleichtert, daß sich die CDU und die Regierungskoalition ihrerseits oft genug im Parlament »auseinanderdividieren« ließen, weil sie eher in einzelne, auf spezifische Interessenvertretung gerichtete Gruppierungen zerfielen, als die Rolle der Regierungsmehrheit konsequent zu spielen.

Die vor dem Regierungswechsel 1969 vieldiskutierte »Polarisierung«, die von Teilen der Öffentlichkeit nicht durchweg verstanden und deshalb auch beklagt worden ist, bedeutet demgegenüber eine Veränderung im Rollenverhalten der Parteien, die die strategischen Konsequenzen aus der dualistischen Konzentrationsbewegung zieht. Es ist dabei bemerkenswert, daß die sozialliberale Regierungskoalition sich dieser veränderten strategischen Konstellation insofern besser angepaßt hat, als sie – in Abwendung von hergebrachten parlamentarischen Gebräuchen – nach 1969 konsequent die »Mitarbeit« der Opposition verschmähte und deren Anträge niederstimmte, durchaus vergleichbar den Usancen im britischen System alternierender Parteiregierung, während die CDU/CSU-Fraktion sich anfänglich schwertat, einen dieser Konstellation angemessenen Oppositionsstil zu entwickeln (*Veen*, S. 79 ff.).

Die Einbeziehung der FDP in den Polarisierungsprozeß ist eine Konsequenz des durch Führungskonkurrenz verursachten Gegensatzes der Großparteien, also ein sekundäres Polarisierungsphänomen. Koalitionsstrategisch wären an sich wechselnde Allianzen der FDP in Bund und Ländern mit der primären Polarisierung zwischen CDU und SPD nicht unvereinbar, so daß Überlegungen, wie sie in der FDP nach dem niedersächsischen Regierungswechsel 1976 angestellt wurden, die allseitige Koalitionsfähigkeit der Partei wiederherzustellen, keine Umkehr der Polarisierungstendenz ankündigen müssen. Doch ist es ja nicht zufällig, daß sich die FDP in den Ländern bis 1976 so weitgehend an die SPD gebunden hat und die CDU demgegenüber das pejorativ gemeinte Wort von den »Blockparteien« (SPD und FDP) einführte. Schon die Kampfansage *Kiesingers* an die Liberalen nach der Regierungsbildung 1969 (man wolle die FDP aus den Landtagen »herauskatapultieren«) zeigte, daß die Polarisierung zwischen den Großparteien bei diesen auch begleitet ist von abnehmender Toleranz gegenüber der Bereitschaft kleiner Parteien zu wechselnden Bündnissen – also gegenüber einem Koalitionsverhalten, wie es im Vielparteiensystem nicht ungewöhnlich war. Es scheint jedoch einiges für die Vermutung zu sprechen, daß auch in der öffentlichen Meinung ein solches Koalitionsverhalten zunehmend als zweideutig bewertet wird und als Verstoß gegen Erwartungen, daß das Parteiensystem klare Frontbildungen und eindeutige Optionen für den Wähler präsentieren solle. Entscheidend für das weitere Schicksal der FDP in einem polarisierten Parteiensystem wird deshalb sein, wie weit die Öffentlichkeit, insbesondere die liberale Wählerschaft und Mitgliederbasis, jene Ambiguität und Ungewißheit zu tolerieren bereit wären, die mit einer Strategie wechselnder Allianzen in der Regel verbunden ist.

5. Funktionen und Steuerungspotential des Parteienwettbewerbs

Die hohen Erwartungen, die insbesondere von einigen politikwissenschaftlichen Schulen in alternierende Parteiregierung gesetzt werden, hängen nun eng zusammen mit der verbreiteten Überzeugung, daß politische Parteien ein starkes politisches Steuerungsmittel darstellen: Eine Partei (oder Parteienkoalition), die die Regierungsmacht übernimmt, kann – wenn sie die erforderliche innere Geschlossenheit und Handlungsfähigkeit aufbringt – die Politik des Landes entscheidend bestimmen, und der Übergang der Regierung an die bisherige Opposition, der »Machtwechsel«, bedeutet demzufolge die Chance für ins Gewicht fallende Veränderungen. Es ist aber bemerkenswert, daß sich die Politikwissenschaft hinreichende theoretische Klarheit darüber, wie gut derartige Erwartungen fundiert sind, bisher eigentlich nicht verschafft hat. Daher erscheint es angebracht, den derzeitigen Problemstand im Hinblick auf die Fragestellung dieser Untersuchung zunächst in einem Exkurs in den Grundzügen zu skizzieren.

Die Auffassung, daß die Parteien und das Parteiensystem ein wirkungsvolles politisches Steuerungsmittel darstellen, scheint in rudimentärer Form schon jenen verfassungstheoretischen Doktrinen zugrunde zu liegen, die die »moderne Demokratie« als »Parteienstaat« charakterisieren. In der Demokratie von heute, so argumentiert *Gerhard Leibholz* (und mit ihm das Bundesverfassungsgericht), bediene sich das mündig gewordene Volk der Parteien, um politische Entscheidungen fällen zu können. Ob man das nun mit *Leibholz* in die verfassungstheoretische Fiktion einer »Identität« von »Mehrheitswillen« und »Gemeinwillen« kleidet oder aber mit *Hans Kelsen* den »Gemeinschaftswillen« als »Resultante der Parteiwillen« versteht (was dann eine Präferenz für große Koalitionen impliziert), dahinter steht jedenfalls die Vorstellung, daß die »Mediatisierung« der Wählerschaft durch politische Parteien *(Werner Weber)* und die Besetzung der leitenden Regierungspositionen mit deren Führern den Parteien eine Schlüsselstellung im politischen Entscheidungsprozeß verleihe. Selbst die in den sechziger Jahren verbreitete Kritik an der ideologischen Angleichung der »Volksparteien« implizierte die Annahme, daß eine stärkere Polarisierung des Parteiensystems entscheidungsrelevant sein werde, setzte also ein hohes Steuerungspotential der Parteien voraus.

Freilich haben sich die von der Verfassungstheorie herkommenden

Konstruktionen, wo sie auf die fiktive Größe eines im Prozeß der sog. »Willensbildung« irgendwann einmal zu produzierenden einheitlichen »Volkswillens« Rousseauscher Provenienz nicht verzichten mögen, als wenig tauglich erwiesen, den »parteienstaatlichen« Steuerungsprozeß in seiner sozialen Realität auch nur annäherungsweise zu analysieren. Der diffuse Begriff des »Parteienstaates« versperrt eher den Einblick in die Funktionsprobleme und die strukturellen Variationen einer von politischen Parteien bestimmten Regierungspolitik, als daß er zur Klärung beitrüge. Er führt statt dessen in Scheinprobleme, die im Ergebnis kaum weniger müßig sind als die Konstruktionen der älteren staatsrechtlichen Begriffsjurisprudenz – besonders ausgeprägt etwa bei der von *Leibholz* hartnäckig behaupteten Unvereinbarkeit eines in Wesensbegriffen gefaßten »Parteienstaats« mit dem ebenso essentialistisch gefaßten »repräsentativen Parlamentarismus«. Als ähnlich realitätsfern und unfruchtbar erweist sich – darauf wird zurückzukommen sein – die Entgegensetzung von »Bundesstaatsprinzip« und »Parteienstaatsprinzip«: Das Problem des Verhältnisses von Parteiensystem und Föderalismus läßt sich damit analytisch nicht zulänglich erschließen.

Wichtiger hingegen ist für unseren Zusammenhang die in der Politikwissenschaft entwickelte funktionale Theorie des Parteienwettbewerbs in ihren verschiedenen Varianten. Die ältere Literatur hatte – nicht zuletzt unter dem Trauma der Krise der dreißiger Jahre – vor allem nach den Funktionen bestimmter Ausprägungen von Parteienwettbewerb für Systemintegration und politische *Stabilität* gefragt. Charakteristisch dafür ist beispielsweise das bekannte Theorem von der mäßigenden Wirkung, die dem Zweiparteienwettbewerb (unter gewissen, hier nicht zu erörternden Randbedingungen) mit der dort unterstellten Orientierung am »mittleren Wähler« zugeschrieben wird. Was von solchen Thesen zu halten ist, soll jetzt einmal auf sich beruhen; weiter unten wird auf ihre »kritische« Rezeption (Parteien als Agenturen für »Legitimationsbeschaffung«) zurückzukommen sein. Wenn wir von der eingangs gestellten Frage nach den Bedingungen für »Reformpolitik« und für ihr Scheitern ausgehen, interessieren hier zunächst einmal die Theoreme über den Zusammenhang von Parteienwettbewerb und politischer *Innovation*, bei denen die Folgerung, daß dem Parteienwettbewerb unter bestimmten Bedingungen ein hohes Steuerungspotential zuzuschreiben sei, besonders deutlich zutage tritt. Verschiedene Ansätze konvergieren dabei in der Auffassung, daß sich dualistischer Wettbewerb im Sinne der aus Großbritannien vertrauten alternierenden Parteiregierung durch ein besonders hohes Innovationspotential auszeichne. Im einzelnen gibt es da freilich erhebliche Unterschiede.

Die eine Version, am explizitesten von *Theodore Lowi* (1963) ausgearbeitet, schreibt beiden Parteien in einem Parteiensystem mit hoher Chance des Machtwechsels ein Interesse an Innovationen zu – als Instrument des Machterwerbs oder der Machtbehauptung –, vorzüglich jedoch der jeweiligen Minderheitspartei als dem »government in the making«. Innovation wird dabei als »neue« Definition alter Probleme, Einfügung neuer Punkte in die politische Tagesordnung, Repräsentation neuer Interessen und neuer Minderheiten, strukturelle Veränderungen im Regierungssystem (»Reform«) und neue Wege der Organisation und Mobilisierung von Wählern verstanden. Insbesondere die Minderheit wird innovatorische Verpflichtungen (»commitments«) eingehen, um ihre Wählerbasis zu verbreitern, um neue Gruppen von potentiellen Anhängern zu mobilisieren. Dieser Hypothese liegt offensichtlich die Theorie des Interessenpluralismus zugrunde, der vielfältige Koalitionsbildungen zwischen Interessengruppen erlaubt. Sie kann sich auch mit der Vorstellung verbinden, wie sie schon *Julius Hatschek* als eine Regel der englischen Parteientwicklung formulierte, daß sich Regierungen und Mehrheitsparteien im Laufe ihrer Amtszeit gewissermaßen »verbrauchen«.

Eine andere Version geht aus von der Konkurrenz zwischen rechter und linker Partei (oder Parteienbündnis). Sie begnügt sich nicht mit einem *formalen* Innovationsbegriff, wie ihn *Lowi* umschrieben hat, sondern faßt ihn enger: Er hat hier die spezifische Konnotation des – eindeutig gerichteten – geschichtlichen Fortschrittes. Die Linke wird dabei in der Regel als die gleichsam »geborene« Innovationspartei gesehen gegenüber der konservativen, den Status quo verteidigenden Rechten. Sozialdemokratische Politik ist in Europa nicht selten von solch einem Selbstverständnis geleitet. Alternierender Zweiparteienwettbewerb würde von daher gleichzusetzen sein dem Wechsel von konservativen Perioden und Reformschüben, und es liegt die Hypothese nahe, daß die Chancen der Linken in solchen gesellschaftlichen Lagen am größten sind, in denen in der Öffentlichkeit ein besonders hoher gesellschaftlicher Innovationsbedarf perzipiert wird – also z. B. in gewissen Krisensituationen. Bei *Duverger*, der in der Parteientheorie am nachdrücklichsten die These von der Innovationsfunktion der Linken vertreten hat, kommt noch die Vorstellung einer »Ansteckungskraft der Linken« hinzu: Diese innoviert, während die Rechte gezwungen wird, sich der von links eingeleiteten Bewegung allmählich anzupassen.

Vor allem von solchen Autoren, die der ersten dieser beiden Versionen zuneigen, wurde vielfach die Auffassung vertreten, daß zur Herstellung eines dualistischen Parteienwettbewerbs mit hoher

Chance des Alternierens ein »mehrheitsbildendes« Wahlsystem erforderlich sei; als hierfür besonders geeignet galt die relative Mehrheitswahl, wie sie in den angelsächsischen Ländern üblich ist. Die Diskussion darüber ist nach 1969 zunächst eingeschlafen, weil sich das System der alternierenden Koalitionsbildung als ein gewisses Äquivalent erwiesen hat. (Ohnehin zeigt die koalitionsähnliche Struktur der CDU/CSU – die sich auch unter Bedingungen der Mehrheitswahl wohl kaum verändert haben würde –, daß die Übergänge von hier zu einem reinen alternierenden Zweiparteiensystem in der Bundesrepublik fließend sein dürften.) Freilich wird man angesichts der in der 7. Legislaturperiode stärker hervorgetretenen Spannungen innerhalb der sozialliberalen Koalition mit der Möglichkeit zu rechnen haben, daß eines Tages auch die Wahlsystemdiskussion neuen Auftrieb erfahren könnte.

Das Pro und Contra der soeben diskutierten Hypothesen braucht hier im einzelnen nicht abgewogen zu werden. Denn sie interessieren in unserem Zusammenhang vornehmlich als Beispiele für die Annahme einer effektiven politischen Steuerungsfunktion des Parteienwettbewerbs. Ihnen gegenüber hat andererseits in der neueren deutschen Sozialwissenschaft eine Position zunehmend an Bedeutung gewonnen, die den Parteien vorwiegend die Funktion der »Legitimationsbeschaffung« zuschreibt. Insofern dabei eine Begrenzung auf diese Funktion impliziert ist, kann man sie als Gegenposition zu der zuvor behandelten verstehen.

Die Theorie des Parteiensystems als eines Mechanismus zur Legitimationsbeschaffung ist, im Anschluß an die amerikanische Wahlforschung, insbesondere von *Talcott Parsons* formuliert und in der deutschen Sozialwissenschaft einerseits bei *Niklas Luhmann*, andererseits in der Frankfurter Schule rezipiert worden. Im Zentrum der Politiktheorie von *Parsons* steht der Begriff der Macht als Fähigkeit einer Gesellschaft, ihre Ressourcen zur Erreichung kollektiver Ziele zu mobilisieren. Die Erzeugung von Macht geschieht in einem Austauschprozeß, in welchem das politische System von der »Öffentlichkeit« (»public«) »generalisierte Unterstützung« bezieht und ihr dafür »wirksame Führung« liefert – als Voraussetzung für die Herbeiführung bindender Entscheidungen zur Erreichung der Kollektivziele.

Das Parteiensystem und der Mechanismus der Wahl haben in diesem Zusammenhang nun die spezifische Funktion, den »generalized support«, also die diffuse, nicht an spezifische Gegenleistungen geknüpfte Loyalität als Machtgrundlage zu beschaffen. Dieser Funktion erscheint das Zweiparteiensystem besonders angemessen, weil hier die »Unterstützung« in besonders wirkungsvoller Weise »generalisiert« wird. Denn zum einen bewirkt es besonders starke Machtzentralisierung auf der Seite der Regierenden, und zum anderen aggregiert es »Unterstützung« mit ganz heterogenen Motivationen. Der Wähler der »Volkspartei« – wie der gemeinte Parteityp in Deutschland genannt wird – kann nicht eine auf seine spezifischen Wünsche zugeschnittene Gegenleistung für die Stimmabgabe erwarten. Sein Votum hat zwar die Funktion einer allgemeinen Richtungsorientierung, innerhalb derer auch Einzelentscheidungen, die für ihn besonders interessant sind, in gewissem Maße erwartbar werden mögen; aber der Wähler kann bei dualistischem Parteienwettbewerb nicht beanspruchen, Konsequenzen seiner Stimmabgabe direkt zu kontrollieren. Hingegen läßt es sich im Vielparteiensystem weniger leicht vermeiden, daß politische Unterstützung zum Objekt eines spezifischen Tauschgeschäfts wird – zu Lasten der Integration des Gesamtsystems.

Luhmann hat, hier anknüpfend, den Akzent stärker zum Problem der politischen Steuerungsfähigkeit des Systems verlagert: Der Entscheidungsspielraum der Regierenden, die notwendige Variabilität der Politik nimmt in dem Maße zu, in dem die Generalisierung von Motiven für Unterstützung gelingt. Die Wahl dient der Absorption gesellschaftlicher Konflikte durch Vorselektion und Entschärfung. Die Funktion der Parteien aber wird in diesem Zusammenhang auf die Strukturierung des Wahlverfahrens reduziert; die bindende Problementscheidung ist dagegen Sache des – dem Parteiensystem gegenüber offensichtlich autonomen – Regierungs- und Verwaltungsapparats.

Daß der von *Parsons* vorausgesetzte Typus amerikanischer Parteiorganisation als bloßer »Wahlmaschinen« nicht so ohne weiteres mit dem der europäischen Parteien identifiziert werden kann, ist bei dieser Rezeption übersehen worden. Sie steht schon aus diesem Grunde empirisch nicht auf sonderlich festen Füßen. Ein gleiches gilt für die – durch *Luhmann* vermittelte – Rezeption in der »Kritischen Theorie« der Frankfurter Schule. Nachdem dort die früher vertretene »dialektische« Position und der vom jungen Lukács übernommene Begriff der »Totalität« in aller Stille zu Grabe getragen worden sind, haben *Jürgen Habermas* und seine Schüler die funktionalistische Systemtheorie, wie sie von *Parsons* entwickelt worden ist, in »kritischer« Wendung aufgenommen und mit ihr auch die Parsons-Luhmannsche Sicht des Parteiensystems als eines Mechanismus zur Beschaffung »generalisierter Unterstützung« oder, wie es jetzt heißt, zur »Sicherung von Massenloyalität«. Gegenüber dem »legitimatorischen System« der »formalen Demokratie« *(Habermas)* aber muß der Staatsapparat (das »administrative System«) hinreichend autonom bleiben, um den Widerspruch zwischen gesellschaftlicher Produktionsweise und privater Kapitalverwertung der Thematisierung zu entziehen (*Habermas* mit ausdrücklicher Bezugnahme auf *Parsons*). Die Parteien haben dabei (so die jungsozialistischen Habermas-Schüler *Wolfgang* und *Sylvia Streeck*) die Funktion, »für die gesicherte Folgenlosigkeit von Beteiligungsprozessen [zu] sorgen«: Einerseits binden sie politische Partizipation, andererseits neutralisieren sie diese mit Hilfe des freien Mandats und mit der »Außenkontrolle« durch das am »Grenzwähler« orientierte Verfahren der Parlamentswahl und schaffen so die Gewähr, daß die Verhandlungsprozesse zwischen den »politischen Managern« vom Beteiligungsprozeß getrennt bleiben und nicht durch »folgenreiche Politisierung« beeinträchtigt werden. Das Parteiensystem hat in dieser Perspektive also nicht so sehr die Funktion aktiver politischer Steuerung als vielmehr die der Abschottung des Staatsapparats gegen das »legitimatorische« Verfahren formaldemokratischer Partizipation.

Auch hier kann es jetzt nicht darum gehen, die skizzierten Hypothesen im Detail zu überprüfen. Dies um so weniger, als in der Diskussion zunehmend nur noch Theorien auf hoher Abstraktionsstufe mittels unterschiedlicher »allgemeiner Orientierungen« transformiert und konfrontiert werden, ohne daß dem Umstand Beachtung geschenkt wird, daß die speziellen Hypothesen über Parteien und Wahlen auf der Basis empirischer Befunde (im wesentlichen aus der amerikanischen Wahlforschung der fünfziger Jahre) beruhen, die mittlerweile halbwegs veraltet sind. Die im engeren Sinne *empirische* Parteienforschung in der Bundesrepublik hat andererseits zu den skizzierten, hochgradig abstrakten theoretischen Diskussionen wenig Kontakt, hat aber zugleich das Problem der Funktionen von Parteien*systemen* zunehmend aus dem Auge verloren. Im Banne der von *Robert Michels* inaugurierten parteisoziologischen Tradition ist sie weitgehend auf Probleme der Binnenstruktur von Parteien fixiert, unter Vernachlässigung der »systemischen« Interaktion von Parteien, also besonders der Parteienkonkurrenz. Bezeichnend dafür ist, daß die zuerst im Gefolge der amerikanischen Bürgerrechtsbewegung aufgeworfene Frage, wie die strukturelle Sensibilität des politischen Systems für Bedürfnisse jener Gruppen, die ihre Interessen nicht ausreichend artikulieren oder organisieren können, hier alsbald verengt worden ist zur Frage nach der »Demokratisierungsfunktion« der – einzelnen – politischen Partei, mit der von *Michels* überkommenen Problemverkürzung auf eine – stark rousseauistisch interpretierte – »innerparteiliche Demokratie«.

Die vorliegende Untersuchung kann nicht den Anspruch erheben, diesen Rückstand aufzuarbeiten, sondern setzt zunächst einmal den derzeitigen Diskussionsstand voraus. Die Hypothese, daß sich der Parteienwettbewerb durch ein hohes Steuerungspotential auszeichne, läßt sich danach sicher nur mit beträchtlichen Einschränkungen aufrechterhalten; z. B. hat er für sozialpolitische Innovationen in Großbritannien und in Schweden keine besonders große Bedeutung gehabt (*Heclo*, S. 293 ff.). Mit dem eindimensionalen Wesensbegriff eines »Parteienstaates« ist da jedenfalls wenig auszurichten. In der Konjunkturpolitik kann, das scheint offenkundig, von einem »Parteienstaat« nicht die Rede sein.

Auf anderen Konfliktfeldern, etwa in der Justizpolitik (Reformen des Sexualstrafrechts), partiell auch in der Bildungspolitik, scheint dagegen der Parteienwettbewerb im Prozeß der Politikgestaltung eine größere Rolle zu spielen. So könnte es sinnvoll sein, die genannte Hypothese so einzuschränken, daß wir die mögliche *Innovations*funktion des Parteiensystems als variabel je nach Konfliktfeldern betrachten. Davon abgesehen scheint weithin Übereinstimmung zu bestehen, daß zumindest dualistische Parteienkonkurrenz eine nicht zu unterschätzende *Legitimations*funktion haben kann (wobei die Interpretation als bloßer Abschottungsmechanismus gegen authentische Beteiligung auch im Rahmen einer halbwegs realistischen »radikaldemokratischen« Position zu kurz greift).

Wieweit nun aber Innovations- und Legitimations*potential* des Parteienwettbewerbs auch *aktualisiert* werden, das wird – und darum geht es letzten Endes in der vorliegenden Studie – stark durch die institutionellen Rahmenbedingungen des Parteienwettbewerbs bestimmt. Zu diesen gehört auch der Föderalismus: Er stellt, so wird hier behauptet, eine scharfe Restriktion für das Steuerungspotential des Parteienwettbewerbs dar.

6. Kooperation im obrigkeitlichen Bundesstaat der Bismarckverfassung

Die Hypothese vom Parteienwettbewerb als einem politischen Steuerungs- und möglichen Innovationsmechanismus hat eines zur Voraussetzung, was nicht immer ganz bedacht wird: Wenn wir beim Bilde des Mechanismus bleiben, so müssen insgesamt im politischen System die Transmissionen so konstruiert sein, daß die Steuerungsimpulse aus dem Parteiensystem effektiv weitergeleitet werden. Die Theorie der Parteiregierung bedenkt das insoweit, als sie sich das Postulat der instrumentellen Ausrichtung des Verwaltungsapparates zu eigen macht: Die Bürokratie soll entweder insgesamt, wie in der englischen Verwaltungstradition, politisch neutralisiert werden oder doch wenigstens so weit, daß – wie dies französischer oder deutscher Praxis entspricht – die Auswechslung von »politischen« Beamten in verhältnismäßig wenigen Schlüsselpositionen genügt, um die reibungslose Transmission durch den bürokratischen Apparat sicherzustellen. Man muß aber beachten, daß diese Konzeption zunächst auf den Einheitsstaat mit zentralistischem Verwaltungsaufbau zugeschnitten ist. Es wird allzu häufig übersehen, daß die am englischen Modell orientierte Theorie der Parteiregierung eben auch die hochgradig unitarische Struktur des englischen Staatsaufbaus voraussetzt.

Auf den Bundesstaat läßt sich daher diese Theorie nicht ohne weiteres übertragen. Einigermaßen unproblematisch wäre sie allenfalls im System eines streng »separativen« Föderalismus, der nicht nur die Kompetenzen von Bund und Einzelstaaten klar gegeneinander abgrenzt, sondern die getrennte Aufgabenwahrnehmung auch durch jeweils autonome Verwaltungsorganisationen bewirkt. Die ursprüngliche Föderalismuskonstruktion der USA kommt dem insofern nahe, als hier in der Tat Bund und Einzelstaaten für ihre getrennten Aufgabenbereiche jeweils über eine vertikal gegliederte Verwaltungsorganisation verfügen, während die administrative Zusammenarbeit zunächst eine geringe Rolle spielte. Freilich ist diese Konstruktion des »dual federalism«, die in der angelsächsischen Verfassungstheorie zeitweise geradezu dogmatisiert worden war, inzwischen längst durch das Vordringen der Kooperation zwischen Bund, Gliedstaaten und Kommunen unterlaufen worden, wobei die Finanzhilfen (»grants-in-aid«) des Bundes eine entscheidende Rolle spielen. In einem dort neuerdings beliebt gewordenen Bilde: An die Stelle der »Schichttorte« von einst, d. h. der säuberlichen Scheidung der Ebenen, ist ein »Marmorkuchen« getreten *(Morton Grodzins)*, also eine Gemengelage aus gemeinsamer Kompetenzwahrnehmung und organisatorischer Verflechtung.

Der deutsche Föderalismus hat nun, wenn man ihn mit dem amerikanischen vergleicht, von vornherein einen stärker »kooperativen« Charakter gehabt. Zwar kannte auch die Reichsverfassung von 1871 eine relativ saubere Abgrenzung der Gesetzgebungskompetenzen; dabei fielen dem Reich – etwa im Vergleich zur Lage in anderen zeitgenössischen Bundesstaaten – von vornherein sehr umfangreiche Regelungskompetenzen zu, die gleich in den ersten Jahren noch ausgedehnt wurden; insbesondere die materielle Rechtsordnung, Gerichtsverfassung und Wirtschaftsverfassung wurden frühzeitig unitarisiert. Nun bestand aber die Eigenart von Bismarcks bundesstaatlicher Konstruktion darin, daß die Länder für diese Entäußerung an Kompetenzen entschädigt wurden: Einerseits wurde der Vollzug der Reichsgesetze grundsätzlich den Ländern belassen, und die unmittelbare Reichsverwaltung blieb die (freilich mit der Zeit umfangreicher werdende) Ausnahme; auch die Gerichtsbarkeit blieb – wenngleich durch die Unitarisierung von Gerichtsverfassung und Verfahrensrecht und durch die Revisionszuständigkeit des Reichsgerichts eingegrenzt – in der Hand der Landesbehörden. Dem entsprach andererseits deren Beteiligung an der Gesetzgebung des Reiches, da die Reichsgesetze vom Bundesrat als dem dynastisch-föderativen Gegenpol zum Reichstag mit beschlossen werden mußten.

Obwohl dieses absolute Zustimmungserfordernis von der Weimarer Verfassung auf ein Einspruchsrecht des damaligen Reichsrats reduziert und im Grundgesetz nur für einen Teil der Gesetzgebung wiederhergestellt wurde, ist es immer ein charakteristischer Grundzug des deutschen Föderalismus geblieben, daß die Länder einerseits einen großen Teil der Gesetze des Reiches (oder Bundes) ausführen und daß sie andererseits mit der Beteiligung an der Gesetzgebung (wie auch am Erlaß von Rechtsverordnungen – Art. 80 Abs. 2 GG – und allgemeinen Verwaltungsvorschriften!) besonders die Gesichtspunkte der Verwaltungspraxis in den Prozeß der Rechtssetzung einbringen. Zwar gab es das Instrument der Reichsaufsicht als zentralisierendes Gegengewicht zu diesen kooperativen Elementen und als bedeutendes hierarchisches Strukturelement der bundesstaatlichen Konstruktion; aber das Zusammenwirken der Regierungs- und Verwaltungsorganisation von Zentralstaat und Gliedstaaten bei der Aufgabenwahrnehmung, das für den »kooperativen Föderalismus« charakteristisch geworden ist, wurde schon hier eingeübt – freilich zunächst im Kompetenzbereich des Reiches. (Die neuere Diskussion faßt – soweit sie sich auf einen einheitlichen Sprachgebrauch zu einigen vermag – den Begriff des »kooperativen Föderalismus« in der Regel enger, nämlich als Kooperation bei der Wahrnehmung von ursprünglich getrennten Kompetenzen, sei es durch Koordination, sei es durch Kompetenzverflechtung. Dieser Sprachgebrauch hebt diejenigen Kooperationsformen heraus, die erst in den letzten Jahrzehnten an Bedeutung gewonnen haben. Aber das dafür erforderliche Zusammenwirken von Bundes- und Landesorganisation ist eben im Bereich der Gesetzgebung und Verwaltung des Reiches schon seit der Reichsverfassung von 1871 eingeübt worden, so daß man in einem weiteren Sinne auch dort schon von kooperativen Strukturelementen des Bundesstaates sprechen kann.)

Die politische Praxis hat darüber hinaus schon frühzeitig die kooperativen Momente verstärkt. Dabei ist es wichtig festzustellen, daß diese Entwicklung durchaus einherging mit der zunehmenden Unitarisierung. Bezeichnend ist, wie in den letzten Jahren des wilhelminischen Deutschland dieser Zusammenhang auch in das Bewußtsein der Staatsrechtslehre zu treten begann. Anfänglich hatten höchst gegensätzliche Deutungen der Verfassung von 1871 einander gegenübergestanden. Die extrem föderalistische Position, wie sie von dem Bayern *Max von Seydel* vertreten wurde, hielt das Deutsche Reich für ein staatenbündisches Vertragsverhältnis zwischen souveränen Staaten, das auch vertraglich wieder aufgelöst werden könne. Diese Auffassung, die von *Calhoun*, dem Verfassungstheoretiker der amerikanischen Südstaatensezession, beeinflußt war, hatte *Seydel* im Stil der damaligen Begriffsjurisprudenz aus der logischen Analyse des Souveränitätsbegriffs entwickelt. Er stützte seine Argumentation aber auch auf die Beobachtung, daß das Reich und die Einzelstaaten miteinander in diplomatischen Formen verkehrten. Das war nun freilich keine sehr realistische Folgerung angesichts des fortschreitenden nationalstaatlichen Integrationsprozesses. So konnte sich eher jene unitarische Lehre durchsetzen, die das Verhältnis des Reiches zu den Ländern primär als eines der herrschaftlichen Überordnung verstehen wollte. Für *Albert Haenel*, den prominenten Staatsrechtslehrer der Bismarckzeit und linksliberalen Reichstagsabgeordneten, waren die Einzelstaaten dem Reich zu »Gehorsam« verpflichtet. Ähnlich galten sie dem einflußreichen *Paul Laband* als des Reiches »Untertanen«. Aber auch diese Deutung verfehlte wichtige Funktionsprinzipien des politischen Systems der Monarchie. Das hat vor allem *Rudolf Smend* gezeigt, als er 1916 in Auseinandersetzung mit *Seydel* schrieb: »Staatsrechtlich kann das Verhältnis [von Reich und Ländern] nicht unrichtiger, tatsächlich-politisch nicht zutreffender geschildert werden.« Aus den diplomatisch-vertrags-

mäßigen Prozeduren des bismarckisch-wilhelminischen Bundesstaates zog er den Schluß, daß das Reich-Länder-Verhältnis zwar einerseits in der Tat durch das Prinzip von Über- und Unterordnung, andererseits aber auch durch die »Pflicht zu bundesfreundlichem Verhalten« bestimmt werde. Damit trug er sowohl der unitarischen Entwicklung als auch der Bedeutung von Aushandeln und Kompromiß in der bundesstaatlichen Struktur Rechnung. *Erich Kaufmann* hat dafür 1917 in seiner Studie über »Bismarcks Erbe in der Reichsverfassung« den Begriff »bündischer Unitarismus« geprägt: So föderalistisch das Reich in bezug auf seine Organisation gestaltet sei, so unitarisch sei es in bezug auf seine Ausstattung mit Kompetenzen.
Die »föderalistische« Organisation des Reiches war für *Kaufmann* vor allem insofern ein Erbe Bismarcks, als gerade dieser an den diplomatischen Formen und Methoden der Geschäftserledigung festhielt. Obwohl der Reichskanzler sich im Bundesrat auf die Vormachtstellung Preußens stützen konnte, das zusammen mit den von ihm gleichsam als Satelliten abhängigen nord- und mitteldeutschen Kleinstaaten über eine Mehrheit der Stimmen verfügte, habe er es in der Regel vermieden, die Partner – d. h. in der Praxis, die »Mittelstaaten«, die noch politisches Gewicht hatten – zu majorisieren. Er habe sich bemüht, zu »überzeugen«, zu »verhandeln« und soweit als möglich »Vergleiche und Zugeständnisse« zu machen. Auch ein Mann wie der württembergische Ministerpräsident *Mittnacht* hat in seinen Memoiren anerkannt, daß der Verkehr sich in den Formen »des Einvernehmens, der freundschaftlichen Auseinandersetzung, des gegenseitigen Vertrauens und der Verständigung« vollzogen habe.
Nun muß man freilich sehen, daß unter Bismarck dieser – modern gesprochen – »kooperative« Stil des Föderalismus keineswegs Gleichgewichtigkeit der Länder bedeutete. Vielmehr sollte er diesen ihre faktische Unterordnung unter die preußische Hegemonialstellung erträglicher machen. Im politischen Entscheidungsprozeß dominierte die vom Kanzler bestimmte »Reichsleitung«, die sich dabei zunächst ganz auf die preußische Verwaltung stützte. Bis gegen Ende des 19. Jahrhunderts entstanden die Gesetzentwürfe in den preußischen Ministerien, nicht etwa im Bundesrat, der nach Art. 7 der Reichsverfassung unter anderem »über die dem Reichstag zu machenden Vorlagen« und »über die zur Ausführung der Reichsgesetze erforderlichen allgemeinen Verwaltungsvorschriften und Einrichtungen« zu beschließen hatte. So äußerte der schon erwähnte *Mittnacht* 1872 im Reichstag von der Bundesratsbank aus ganz offen die Sorge, »daß die Rechtsanschauungen und die Rechtsbildung *ei-*

nes Staates . . . doch vorzugsweise bestimmt sind, nationales Recht zu werden«. Auch als sich allmählich eine eigenständige Reichsbürokratie etablierte, blieb der Einfluß Preußens schon durch die personellen Verflechtungen an der Spitze überragend. Das System war daher charakterisiert durch eine Unitarisierungstendenz, die besonders in den ersten Jahrzehnten vorwiegend von der Hegemonialmacht Preußen ausging. Diese Unitarisierung wurde abgemildert durch diplomatische Höflichkeit und durch die Bereitschaft der preußisch bestimmten Reichsleitung, über Einzelheiten mit sich reden zu lassen – auch dies freilich vorwiegend beschränkt auf das Verhältnis zu den größeren Ländern. Diese Aushandlungsprozesse in diplomatischem Stil vollzogen sich aber weitgehend im Vorfeld der verfassungsmäßigen Reichsinstitutionen. Bevor Gesetzentwürfe im Bundesrat eingebracht wurden, verhandelte Bismarck mit den größeren Ländern, und diese selbst drängten frühzeitig darauf, von Anfang an konsultiert zu werden (*Bilfinger* 1923, S. 15). Freilich stellte der Kanzler dabei nicht so sehr die Grundsatzfragen seiner Reichspolitik zur Diskussion; diese vertrat er vielmehr notfalls mit aller Härte. In den Verhandlungen drehte es sich eher darum, etwaigen Sonderinteressen der einzelnen Länder entgegenzukommen und ihre Eigenliebe zu schonen. Zweiseitige informelle Kontakte waren dafür besonders nützlich und stärkten zugleich die zentrale Position der preußisch-deutschen Spitze. Insbesondere mit Bayern suchte Bismarck sich gern vorweg zu einigen. Das blieb so unter seinen Nachfolgern: War die preußisch-bayerische Übereinstimmung einmal hergestellt, so war damit die Entscheidung wirkungsvoll präjudiziert.

Neben diesen bilateralen Kontakten gab es mancherlei informelle Koordinationsgremien, die in der Regel das Reich und die größeren Einzelstaaten umfaßten, so z. B. Besprechungen stimmführender Bundesratsbevollmächtigter mit dem Reichskanzler oder Ministerkonferenzen. Besondere Bedeutung gewannen schon frühzeitig die Konferenzen der Finanzminister der größeren Einzelstaaten mit dem Reichsschatzsekretär. Seit der Zeit Bismarcks wurden wichtige Entwürfe zur Steuergesetzgebung in der Regel in solchen Konferenzen ausgehandelt, bevor sie in den Bundesrat gelangten.

Unter solchen Bedingungen spielte der Bundesrat trotz seiner verfassungsrechtlich so starken Position für die Gesetzgebungspraxis eher die relativ bescheidene Rolle des Ratifikationsorgans; im übrigen wurde dort vor allem die Detailausführung ausgehandelt. Er wurde also nicht zu einer politischen Kraft, sondern entwickelte sich zu einer Clearingstelle der Bürokratien von Reich und Ländern, die hier den kooperativen Stil der interadministrativen Beziehungen einübten. Die leitenden Minister der Einzelstaaten waren infolge der Bismarckschen Praxis schon bald nach der Reichsgründung davon abgekommen, im Bundesrat in Erscheinung zu treten: Der badische Ministerpräsident *Jolly* beispielsweise nannte ihn 1872 »eine Farce, an der sich zu beteiligen nicht die Mühe lohnt«. Statt dessen begnügten sich die Länder mit der Vertretung durch ihre Gesandten in Berlin (die Einrichtung des innerdeutschen Gesandtschaftswesens hat nicht zuletzt aus diesem Grunde die Reichsgründung überdauert). Daneben machten sie zunehmend von der Gelegenheit Gebrauch, Beamte als »stellvertretende Bevollmächtigte« über die technischen Einzelheiten der Entwürfe beraten zu lassen (*Rauh,* S. 91 ff.). Wenn *Theodor Heuss* im Parlamentarischen Rat 1949 die Sorge äußerte, der Bundesrat des Grundgesetzes werde sich zu einem »Parlament der Oberregierungsräte« entwickeln, dann geschah das im Hinblick auf einen Arbeitsstil, der schon aus dem Bismarckschen Bundesrat überkommen ist. Der bürokratische Stil dieses Bundesrates war aber nicht der einer monokratischen Amtshierarchie (wie in *Max Weber*s »Idealtyp« bürokratischer Herrschaft), sondern arbeitete eher mit (wie dies *Max Weber* genannt hat) »Kompromiß-Kollegialität«, die auf Machtteilung zwischen autonomen bürokratischen Körpern beruht.

Daß es vor allem die einzelstaatlichen Bürokratien waren, auf denen der Bismarcksche Föderalismus beruhte, ist schon früher gesehen worden. *Rudolf Smend* sprach vom »Kartell der Fürsten und Bürokratien« (Staatsrechtliche Abhandlungen, S. 231). Freilich war die Aufmerksamkeit der Staatslehre zunächst mehr auf die Rolle der Dynastien gerichtet, war doch der Bundesrat in seiner Eigenschaft als Vertretung der verbündeten Landesfürsten von Bismarck als Gegengewicht gegen den Reichstag gedacht, das eine Entwicklung zur parlamentarischen Regierung verhindern sollte. Und sicherlich ruhte der Föderalismus auch auf der Anhänglichkeit der Bevölkerung an Dynastien und – über deren Sturz hinaus – auf historisch gewachsenen territorialen Bindungen. Nach der Revolution von 1918 wurde aber deutlich, daß die einzelstaatliche Organisation ein starkes Beharrungsvermögen über das Ende der Königreiche, Herzog- und Fürstentümer hinaus besaß. Das Selbsterhaltungsstreben der autonomen bürokratischen Organisationen (nun zunehmend verflochten mit den regionalen Parteien) erwies sich als eine der Grundbedingungen für die Kontinuität der bundesstaatlichen Struktur.

Die Autonomietendenz der einzelstaatlichen Bürokratien war dabei nicht etwa gleichzusetzen mit partikularistischer Eigenbrötelei. Gewiß hat insbesondere Bayern seine »Reservatrechte« lange verteidigt. Aber insgesamt waren die Regierungen und Bürokratien der Länder durchaus recht unitarisch gesonnen. Für sie bestand das Problem offensichtlich darin, ihre organisatorische Eigenständigkeit zu wahren und dabei doch der Forderung des Bürgertums nach der »Einheitlichkeit der Lebensverhältnisse« (um die Formel von Art. 106 Abs. 3 GG aufzugreifen) Rechnung zu tragen. Es zeigte sich ja im Laufe des 19. Jahrhunderts, daß das deutsche Bürgertum weniger an demokratischer Selbstbestimmung interessiert war als vielmehr an einheitlichen Rahmenbedingungen für eine Wettbewerbswirtschaft, an der Beseitigung der inneren Schranken für eine nicht durch regionalen Protektionismus behinderte kapitalistische Industrialisierung, an der Herstellung eines großen deutschen Binnenmarktes und an der außenpolitischen Absicherung der wirtschaftlichen Expansion. Diese Forderungen waren durchaus im Einklang mit der wirtschaftspolitischen Orientierung der Bürokratien, und die Zauberformel, um sie mit der Länderautonomie verträglich zu machen, war eben der »bündische Unitarismus«. Die Gleichsinnigkeit der Orientierungen von Reichs- und Länderverwaltungen wurde dabei durch ein seinerseits typisch »bündisches« Rekrutierungsverfahren sichergestellt, nämlich durch den fest etablierten föderalistischen Proporz bei der Bestellung der Reichsbeamtenschaft.

7. Die Fortentwicklung des Bundesstaates im Zeichen der »Parlamentarisierung«

Seit dem Ende des 19. Jahrhunderts verschoben sich nun die Gewichte innerhalb des von *Bismarck* geschaffenen Systems durch zwei miteinander verbundene Entwicklungstendenzen. Von der einen war oben schon die Rede: Der Reichstag gewann an Einfluß, indem die Reichsexekutive sich zunehmend in Verhandlungen mit den Fraktionen um das Zustandekommen von Mehrheiten für ihre Projekte bemühte. Unter dem Reichskanzler *Bülow* gab es zeitweise sogar so etwas wie eine dauerhafte, der Regierung verpflichtete Mehrheit, den konservativ-liberalen »Block«. Diese Stärkung der parlamentarischen Komponente führte nun nicht nur zur Schwächung der föderativen Komponente, sondern im Zusammenhang damit auch zur Emanzipation der Reichsleitung von der preußischen Hegemonie. Der allmähliche Machtzuwachs des Reichstags mußte zunächst auf Kosten der Länder insgesamt gehen: Die Regierung konfrontierte sie mit den Ergebnissen ihrer Verhandlungen mit den Parlamentariern und konnte dabei mit dem Argument operieren, daß ihr Spielraum durch jene Ergebnisse geringer geworden sei. Die Länder gerieten also mehr und mehr unter Zustimmungszwang, damit aber auch Preußen. Inzwischen war ja auch der preußischen Ministerialbürokratie in der stark ausgebauten Reichsverwaltung eine Konkurrenz erwachsen, die die Erledigung der Geschäfte zunehmend an sich gezogen hatte. Es wurden sogar die preußischen Vertreter im Bundesrat zunehmend durch Beamte des Reichs verdrängt; technisch wurde das dadurch ermöglicht, daß ein Teil der Staatssekretäre, die Reichsämter (die späteren Reichsministerien) leiteten, Sitz und Stimme im preußischen Kabinett (Staatsministerium) erhielt.

Ein weiteres kam hinzu: Die politische Übereinstimmung zwischen der auf den Reichstag angewiesenen Reichsleitung einerseits und der preußischen Regierung andererseits war nicht mehr ganz selbstverständlich. Denn im demokratisch gewählten Reichstag bildeten sich andere Mehrheitsverhältnisse aus als im preußischen Abgeordnetenhaus, das seine politische Zusammensetzung dem plutokratischen Dreiklassenwahlrecht verdankte. Infolgedessen mußte die Reichsregierung ihre Entwürfe nun auch mit der preußischen Regierung in Verhandlungen vorweg abklären, und diese Verhandlungen waren nicht immer einfach.

Der zunehmende Einfluß des Reichstages wurde für die Länder aber auch unmittelbar bedeutsam. Schon in den Anfangsjahren des Reiches hatten vor allem die Mittelstaaten den Kontakt zu Reichstagsabgeordneten gepflegt, die ihre Interessen im Parlament hätten vertreten können. Die eben skizzierte Entwicklung mußte ihr Interesse am Reichstag als einem möglichen Gegengewicht gegen die Reichsregierung verstärken. Die Verfassung von 1871 bot selbst die Möglichkeit dazu, weil nach Art. 9 jedes Mitglied des Bundesrates das Recht hatte, im Reichstag zu erscheinen und gehört zu werden, »um die Ansichten seiner Regierung zu vertreten, auch dann, wenn dieselben von der Majorität des Bundesrates nicht adoptiert worden sind«. Ein bemerkenswertes Beispiel, das unlängst von der Forschung in Erinnerung gerufen worden ist (*Rauh*, S. 139 ff.), ist schon die Auseinandersetzung um das Projekt einer Reichsweinsteuer, das 1893 vom preußischen Finanzminister *Miquel* zur Sanierung der Reichsfinanzen betrieben wurde. *Miquel* hatte für das Vorhaben die Unterstützung Bayerns gewonnen, dem eine (von *Miquel* als Alternative erwogene) Biersteuer als das größere Übel erschienen wäre. So waren die weinbautreibenden südwestdeutschen Länder im Bundesrat isoliert, insbesondere Württemberg, wo der Wein ein Volksgetränk war. Ministerpräsident *Mittnacht* brachte aber den Widerspruch seiner Regierung persönlich vor den Reichstag und appellierte, indem er u. a. die sozialen Härten des geplanten Steuerprojekts herausstrich, praktisch an die Linke und an die Zentrumsabgeordneten. Damit erreichte er, daß dem Entwurf in der Budgetkommission ein stilles Begräbnis zuteil wurde. Das Parlament konnte also von einzelnen Ländern unter Umständen gegen die Hegemonialmacht ausgespielt werden.

Diese Hinweise sollen zeigen, wie föderative und parlamentarische Komponenten in der Bismarckschen Verfassungskonstruktion derart miteinander verschränkt waren, daß im Laufe der Entwicklung ein ungemein komplexes Regierungssystem entstand. (Man muß in diesem Zusammenhang noch berücksichtigen, daß daneben auch der Kaiser mit dem Zivil- und Militärkabinett über einen eigenen, nur ihm verantwortlichen Verwaltungsstab verfügte. Das kam ihm besonders zustatten, seit er nach Bismarcks Abgang zunehmend neben dem Reichskanzler in die Politik eingriff, zumal in den Jahren des »persönlichen Regiments« kurz vor 1900.) Die Diskussion über die Streitfrage, ob die Entwicklung in den letzten Jahrzehnten des wilhelminischen Reiches als eine allmähliche »Parlamentarisierung« (oder gar, mit *Werner Frauendienst*, als »Demokratisierung«) charakterisiert werden könne, wird dieser sich ausbildenden strukturellen Komplexität nicht immer gerecht. Jene Diskussion ist im Grunde noch der Perspektive der liberalen Verfassungsbewegung des 19. Jahrhunders verhaftet, indem sie ihre Fragestellung und Begrifflichkeit von dem Prozeß der »Parlamentarisierung« der unitarischen Monarchien West- und Nordeuropas herleitet. Vielfach versäumt es die Forschung auch, die Bedeutung des von ihr verwendeten Begriffs »Parlamentarisierung« hinreichend zu präzisieren. Denn »Parlamentarismus« oder Parlamentarisierung im weiteren Sinne, nämlich als ausschlaggebender Einfluß des Parlaments auf die politischen Entscheidungen, ist ja auch mit einer weitgehend unabhängigen Stellung der Regierung vereinbar, beispielsweise im präsidialen Regierungssystem oder in der schweizerischen Konstruktion des Bundesrats als Kollegium von »Magistraten«. Ein »parlamentarisches Regierungssystem« im engeren Sinne, wie es sich zuerst in England ausgebildet hatte, in welchem die Regierung dem Vertrauen der parlamentarischen Mehrheit ihre Existenz verdankt und sich daher auch aus dem Parlament rekrutiert, hat es aber im Deutschen Reich bis 1917 nicht einmal ansatzweise gegeben; erst gegen Kriegsende nahm die Entwicklung tatsächlich diese Wendung. Bethmann Hollweg hat sich noch 1913 ausdrücklich geweigert, aus dem massiven Mißtrauensvotum des Reichstags nach dem Zaberner Zwischenfall irgendwelche Konsequenzen zu ziehen. Was in der historischen Forschung als »Parlamentarisierung« bezeichnet wird, besteht vielmehr, bei Lichte besehen, nur darin, daß die Regierung zunehmend auf das Parlament Rücksicht nimmt und daß dementsprechend der Einfluß des Reichstags auf die Regierungspolitik größer wird. Das ist aber mit dem Festhalten an der unabhängigen Stellung der Regierung, ihrer Rekrutierung aus der hohen Bürokratie und auch mit den »cäsaristischen«, plebiszitären Entwicklungstendenzen des Kaiserreichs, von denen in der neueren Forschung die Rede ist (*Stürmer,* S. 322ff.), durchaus vereinbar. Wenn man nach Analogien sucht, sollte man hier nicht so sehr auf das englische Modell fixiert bleiben. Viel eher wird man die politische Struktur des wilhelminischen Deutschland mit jener der Vereinigten Staaten vergleichen dürfen, wo der Präsident einerseits auf die Zusammenarbeit mit Kongreßmehrheiten angewiesen ist, die er nicht selten nur von Fall zu Fall durch Verhandlungen, unter Umständen auch mit Kompensationsgeschäften, für sich gewinnt, wo aber andererseits derselbe Präsident dem Kongreß ja nicht verantwortlich ist und durchaus über eine plebiszitär begründete Unabhängigkeit verfügt, die – wie zuletzt Watergate gezeigt hat – auch »cäsaristische« Züge annehmen kann. Im Regelfall wird dieses System, das auf einer komplexen Streuung und Verschränkung von Einflußpositionen beruht, vor allem durch »bargaining« in Bewegung und in einem (instabilen) Gleichgewicht gehalten. Die Beziehungen zwischen Exekutive und

Parlament wie auch in der Binnenstruktur des Parteiensystems fügen sich ebenso mit der föderativen Struktur zusammen wie im kaiserlichen Deutschland, weil sie durchweg durch Aushandlungsprozesse als grundlegende Form der Konfliktaustragung charakterisiert sind.

Während des Ersten Weltkrieges verhalf die politische Entwicklung schließlich doch dem Modell der parlamentarischen Parteiregierung zu einem weitgehenden Durchbruch, obgleich es von der Mehrheit der Führungsgruppen auch in den bürgerlichen Parteien eigentlich nicht gewollt worden war. Diese volle Parlamentarisierung aber hatte nun komplexe Rückwirkungen auf die bundesstaatliche Struktur. Einerseits führte der Machtzuwachs des Reichstags und der Parteien dazu, daß die Reichsregierung jetzt eine stärkere politische Basis hatte. In den Reichstagsfraktionen waren die Kräfte, die sich mit dem Reich identifizierten und unitarisch dachten, im Laufe der Entwicklung wesentlich stärker geworden – selbst in der einst so dezidiert föderalistischen Zentrumspartei. Und die außenpolitische Krisensituation nach der militärischen Niederlage beförderte noch die Neigung der Akteure in der Reichspolitik, einschließlich der Abgeordneten, eine Stärkung des Reiches anzustreben. Daher führte die Parlamentarisierung zunächst zu einer beschleunigten Unitarisierung und Zentralisierung auf Kosten der Länder. Andererseits aber wurde die Beharrungskraft der politisch-administrativen Organisation der Einzelstaaten durch die Parlamentarisierung auch der Länderregierungen gestärkt. Schließlich trug die Auflösung der staatsrechtlichen Hegemonie Preußens ihr Teil dazu bei, die Komplexität des bundesstaatlichen Systems hochzuhalten. Denn Preußen blieb als der weiterhin bei weitem stärkste Einzelstaat eine gewichtige autonome politische Potenz.

Die Weimarer Reichsverfassung und die anschließende Reichsfinanzreform Erzbergers hatten zunächst die Kompetenzen und Eigenständigkeit der Länder in Gesetzgebung und Finanzpolitik stark beschnitten. Der Nachfolger des Bundesrats, der Reichsrat, erfuhr im Verhältnis zum Reichstag eine deutliche Zurücksetzung, die darin zum Ausdruck kam, daß ihm in der Reichsgesetzgebung nur ein Einspruchsrecht zugestanden wurde. Aber bezeichnenderweise blieb doch die Bismarcksche Konstruktion insofern erhalten, als es weiterhin die Länderregierungen und ihre Bürokratien waren, die hier an den politischen Entscheidungsprozessen mitwirkten. *Hugo Preuß* war mit seinem ursprünglichen Plan, an die Stelle des Bundesrates ein »Staatenhaus« aus Abgeordneten der Länder zu setzen, die wie die Reichstagsabgeordneten an Aufträge und Weisungen nicht gebunden sein und von den Landtagen gewählt werden sollten (also

das »Senatsprinzip« einzuführen), sehr schnell am Widerstand der Länder gescheitert: Deren Bürokratien hatten nach der Parlamentarisierung einen Verbündeten in den Parteiorganisationen der Länder gefunden, die – soweit sie zu den Landtagsmehrheiten gehörten – hier eine eigene, auch innerparteiliche Machtposition aufzubauen im Begriffe waren. Besonders bekannt geworden ist der Widerstand, den schon um die Wende von 1918/19 der bayerische sozialistische Ministerpräsident *Eisner* – teilweise mit Unterstützung der sozialdemokratischen Regierungschefs der anderen süddeutschen Länder – gegen die Unitarisierungs- und Zentralisierungsbestrebungen von Reichsregierung und Nationalversammlung geleistet hat. Später hat die Bayerische Volkspartei auch programmatisch den Föderalismus nachdrücklich verteidigt. Aber auch die preußische Regierung unter der Führung des Sozialdemokraten *Otto Braun* entwickelte sich zu einem bedeutenden Gegengewicht gegen die Reichsregierung, gerade weil mit dem Ende der preußischen Hegemonie die organisatorische Verklammerung beider Regierungen beseitigt worden war. Zwar wurden in der Weimarer Republik immer wieder mögliche Alternativen einer »Reichsreform« erörtert, die u. a. die mit dem »Dualismus Preußen-Reich« verbundenen Spannungen und Reibungsverluste beseitigen sollten – von der Wiederherstellung der Hegemonie über die Aufteilung Preußens in kleinere Einheiten bis zum Aufgehen der preußischen Staatsorganisation in jener des Reiches. Doch die Frage blieb offen, bis *Papen* im Wege des Staatsstreichs die Regierung *Braun* absetzte und, indem er als »Reichskommissar« die Führung der preußischen Regierungsgeschäfte an sich zog, die Personalunion mit dem Amt des Reichskanzlers herstellte.
Bevor es aber zu jener krisenhaften Zuspitzung in der Endphase der Republik gekommen war, hatten die Länderregierungen einen nicht geringen Teil ihres verloren geglaubten politischen Einflusses auf die Entscheidungsprozesse zurückgewonnen – und dies, obwohl sich in der Gesetzgebung der Trend der Unitarisierung beschleunigt hatte. Wiederum spielten bei dieser neubelebten Mitwirkung der Länder informelle und außerkonstitutionelle Gremien und Koordinationsformen eine große Rolle. Doch auch der Reichsrat gewann ein stärkeres Gewicht, als es ihm von den Verfassungsvätern eigentlich zugedacht gewesen war. Sein Einspruch gegen ein Gesetz konnte nach der Verfassung nur durch Volksentscheid (»devolutives Veto«, das aber nie praktisch wurde) oder durch eine Zweidrittelmehrheit des Reichstages überwunden werden. Wollte die Reichsregierung Einsprüchen des Reichsrats aus dem Wege gehen, so lag es nahe, sich frühzeitig mit den Ländern zu verständigen. Es ist daher nicht ver-

wunderlich, daß sie vielfach auf jene informellen Formen der Koordination zurückgriff, die sich schon im Kaiserreich ausgebildet hatten. Auf der Ebene der Regierungschefs waren das die »Länderkonferenzen«, eine Einrichtung, die der § 26 der Geschäftsordnung der Reichsregierung vom 3. 5. 1924 ausdrücklich sanktionierte: »Die präsidierenden Mitglieder der Landesregierungen sollen mehrmals im Jahre zu gemeinsamen Besprechungen mit der Reichsregierung vom Reichskanzler eingeladen werden, um gemeinschaftlich die wichtigen politischen, wirtschaftlichen und finanziellen Fragen zu erörtern und in persönlicher Fühlungnahme zu einer verständnisvollen einheitlichen Politik in Reich und Ländern beizutragen.« Zwar verloren diese Spitzengespräche mit den Ministerpräsidenten in der zweiten Hälfte der zwanziger Jahre an Bedeutung zugunsten von Informationssitzungen des Reichsrats, die der Reichsinnenminister einberief (*G. Schulz*, S. 496). Aber nach 1930 kehrten die Präsidialkabinette zu den informelleren Gremien zurück: »Besprechungen des Reichskanzlers mit den Chefs der Landesregierungen, der Reichsminister mit den Länderministern, der Beamten der Reichsministerien mit den Beamten der Landesministerien traten mehr und mehr an die Stelle des Reichsrats« (*Besson,* S. 205).
Daneben ergab sich aus dem Dualismus Preußen-Reich die Notwendigkeit einer engen Kooperation zwischen beiden Regierungen. Zwar war die Personalunion in der Regierungsführung durch die Beseitigung der staatsrechtlichen Hegemonie Preußens aufgelöst worden, aber um so unerläßlicher wurden die informellen Kontakte auf bürokratischer Ebene. Seit 1920 nahmen auf beiden Seiten an den Ministersitzungen jeweils hohe Beamte als Beobachter der anderen Regierung teil, und die Ressorts standen durch Chefbesprechungen oder Verbindungsmänner in ständigem Kontakt (*Schulz,* S. 322 f.).
Aber nicht nur in der bilateralen Beziehung des Reichs zu Preußen war durch die Auflösung der Hegemonie ein erhöhter Koordinationsbedarf entstanden. Die gleiche Folge trat in den Beziehungen des Reichs zur Gesamtheit der Länder ein, weil ja jetzt Preußen mit anderen Ländern neben der Reichsregierung eigene politische Ziele verfolgen konnte und nicht selten auch in einer Länderfront gegen das Reich agierte. Zwar spielte die »Selbstkoordinierung« der Länder, also die Zusammenarbeit der Länderregierungen unter Ausschluß der Zentralregierung, noch nicht jene große Rolle, wie sie zeitweise für die Bundesrepublik charakteristisch geworden ist, und im Reichsrat bestand noch insofern die alte Vorrangstellung der Reichsregierung fort, als nach § 65 der Verfassung eines ihrer Mitglieder den Vorsitz im Plenum und in den Ausschüssen führte, frei-

lich nicht mehr der Kanzler, sondern (nach § 13 der Geschäftsordnung der Reichsregierung) der Reichsinnenminister, gegebenenfalls auch ein anderer Minister oder Staatssekretär; auch die laufende Geschäftsführung lag daher beim Reichsinnenminister. Aber, wie der bekannte Staatsrechtler *Gerhard Anschütz* 1924 feststellte, es fehlte der unitarisch wirkende »festigende Druck« der preußischen Präsidialmacht, »so daß der Föderalismus sich im Reichsrat heute viel freier auswirken kann als es früher möglich war« (*Anschütz*, S. 19f.).

8. Interdependenzen von Vielparteiensystem und Bundesstaat

Bismarck hatte mit seiner dynastisch-bürokratischen Konstruktion des Bundesstaates bekanntlich vor allem das Ziel verfolgt, den Einfluß des Reichstags in engen Grenzen zu halten und eine Parlamentarisierung der Regierung zu verhindern: Die parlamentarische Verantwortlichkeit des Reichskanzlers erschien ausgeschlossen, solange er organisatorisch im Bundesrat als dessen Vorsitzender verankert war und solange der Bundesrat seinerseits als »dreiundvierzigköpfige Regierungsbank« von den Regierungen der Einzelstaaten beschickt wurde. Diese waren ja ihrerseits ebenfalls parlamentarisch nicht verantwortliche Beamtenkabinette und konnten um so eher eine konservative Grundlinie durchhalten, als die Landtage zunächst alle, zum Schluß noch überwiegend auf der Grundlage eines ungleichen Wahlrechts ruhten. Dabei hatte *Bismarck* die Konstruktion des Bundesrates zunächst gegen den Widerstand einiger Bundesfürsten und Einzelstaaten durchsetzen müssen, die lieber ein Oberhaus, also eine echte parlamentarische Kammer, an seiner Stelle gesehen hätten. Ein Oberhaus – auch ein aristokratisches – hätte aber, wie das englische Beispiel zeigt, einer parlamentarischen Regierung nicht grundsätzlich im Wege gestanden.
Dagegen konnte der Bundesrat von vornherein nicht als Widerpart oder gar Kontrolleur der Reichsleitung und insbesondere des Kanzlers fungieren. Eine Opposition, die ins Gewicht hätte fallen können, konnte deshalb nicht zustande kommen, weil Preußen zusammen mit seinen kleinstaatlichen Satelliten in der Regel über eine eindeutige Mehrheit verfügte. Es kam äußerst selten vor, daß Preußen – und damit der Reichskanzler – überstimmt wurde, und wenn es jemals geschah, konnten die Opponenten schnell zum Einlenken gezwungen werden. Querverbindungen zwischen den mittleren und kleinen Staaten spielten keine große Rolle, verfestigten sich vor allem nie zu dauerhaften Bündnissen. Denn da es sich durchweg um Beamtenregierungen handelte, gab es zwischen ihnen nicht jene politische Solidarität, wie sie durch gemeinsame parteipolitische Grundlagen hätte geschaffen werden können. Und von Preußen konnte eine Opposition gegen die Reichsregierung ja schon deshalb nicht ausgehen, weil der König von Preußen als deutscher Kaiser den Reichskanzler zu ernennen hatte, woraus sich die enge Verklammerung beider Regierungen mit der fast nie unterbrochenen Personalunion an der Spitze ergab. Zwar entwickelten sich in den letzten

Jahrzehnten des Kaiserreichs, wie schon erwähnt, die Mehrheitsverhältnisse im Reichstag und im preußischen Landtag infolge des unterschiedlichen Wahlrechts zunehmend auseinander, was die beiden Regierungen zum Lavieren und Taktieren und zu schwierigen Aushandlungsprozessen zwang. Aber ein offener Gegensatz war undenkbar; er würde den monarchischen Konstitutionalismus gesprengt haben.

Erst mit dem Übergang zur parlamentarischen Parteiregierung zu Ende des Ersten Weltkrieges wurde daher die bis dahin im großen und ganzen selbstverständliche politische Homogenität von Reichs- und Länderregierungen in Frage gestellt. Es wurden jetzt ernsthafte politische Richtungsgegensätze zwischen dem Reich und einzelnen Ländern denkbar. Insbesondere eröffnete die Beseitigung der preußischen Hegemonie die Möglichkeit, daß der Dualismus Preußen-Reich durch parteipolitische Differenzen verschärft wurde. Und das war um so schwerwiegender, als auch mit der Möglichkeit von oppositionellen Länderallianzen, womöglich unter Einschluß Preußens, gerechnet werden mußte.

Die Anfangsjahre der Weimarer Republik waren freilich zunächst durch weitgehende politische Homogenität des Reiches und Preußens sowie der Mehrzahl der Länderregierungen charakterisiert. Der Opposition der süddeutschen Länder gegen die zentralistischen Verfassungspläne um die Wende der Jahre 1918/19 lagen überwiegend keine parteipolitischen Richtungsgegensätze zugrunde: Hier wie dort stellten die sozialistischen Parteien oder die Weimarer Koalitionsparteien die Regierungen. Fast fünf Jahre lang, bis Ende 1923, wurde die Reichsregierung zunächst überwiegend von der Weimarer Koalition getragen, zum Schluß von einer Großen Koalition (unter Einschluß der DVP). Es gab zwar die Zwischenspiele der Kabinette *Fehrenbach* und *Cuno*, die ohne feste Mehrheit regierten und die bürgerliche Mitte repräsentierten; aber die Sozialdemokraten verharrten ihnen gegenüber, obwohl an der Regierung nicht beteiligt, in einer mehr oder weniger wohlwollenden Neutralität. Ähnlich verlief die Entwicklung in Preußen: von der Weimarer zur Großen Koalition (wobei das Minderheitskabinett *Stegerwald*, wiederum bei neutraler Nichtbeteiligung der SPD, den Übergang vermittelte). Von den übrigen größeren Ländern blieben Baden, Württemberg und Hessen während dieses Zeitraumes unter der Führung der Weimarer Koalition. Deutlich abweichende Mehrheiten setzten sich dagegen in Sachsen und Thüringen einerseits, in Bayern andererseits durch. In Bayern war – nach dem Scheitern der Räterepublik – der Weimarer Koalition keine lange Lebensdauer beschieden; seit März 1920 setzte sich ein Bürgerblock durch, geführt von der zunehmend konservativ orientierten Bayerischen Volkspartei (die sich aus dem Verband der Zentrumspartei gelöst hatte) und unter Einschluß der Deutschnationalen. Auf der anderen Seite etablierten sich seit dem Herbst 1921 in Thüringen, seit Ende 1922 in Sachsen rein sozialistische Regierungskoalitionen, in denen sich die SPD zunächst mit den Unabhängigen Sozialdemokraten, dann im Herbst 1923 mit der KPD verband. In allen drei Fällen kam es schließlich zu schweren Konflikten mit der Reichsregierung. In Sachsen begann der Industriellenverband gegen den politischen Druck der Linken die Reichsregierung zu mobilisieren, und nach dem Regierungseintritt der KPD, die zur Aufstellung und Bewaffnung »proletarischer Hundertschaften« aufrief, enthob die Reichsregierung im Wege der Reichsexekution die sächsische Regierung *Zeigner* ihrer Ämter. Zugleich ließ sie die Reichswehr auch in Thüringen einmarschieren, wo die Regierung *Fröhlich* von sich aus demissionierte. Etwa zur selben Zeit kulminierte der lange schon schwelende Konflikt des Reichs mit Bayern in der offenen Insubordination des dortigen Reichswehrbefehlshabers, des Generals *von Lossow*, der die Ausführung eines vom Reichswehrminister erteilten Befehls (nämlich Hitlers »Völkischen Beobachter« zu verbieten) verweigerte, um nicht in Konflikt mit der bayerischen Regierung zu geraten. Diesmal operierte die Reichsregierung weitaus vorsichtiger; sie vermochte sich zuerst nicht durchzusetzen, und erst nachdem der gescheiterte Putschversuch Hitlers vom 9. 11. 1923 die bayerische Regierungsspitze schwer diskreditiert hatte, kam es im Februar 1924 zu einem Arrangement, das jedoch die Fortführung der konservativen Linie in der bayerischen Innenpolitik sicherte.

Sosehr diese Vorgänge die Weimarer Republik aufwühlten, bleibt doch festzuhalten, daß sie das bundesstaatliche System als solches nicht in Frage stellten. Das Reich geriet in Konflikt mit einzelnen Landesregierungen, weil sie infolge stark abweichender Mehrheitsverhältnisse eine politische Linie verfolgten, die zu jener der Reichsregierung in scharfem Gegensatz stand. Aber die Mehrheit der Länder, vor allem Preußen, standen dabei auf der Seite der Reichsregierung, und der Reichsrat spielte in den Auseinandersetzungen keine nennenswerte Rolle. Das war eine Folge der im großen und ganzen noch bestehenden politischen Übereinstimmung dieser Regierungen.

Die Verhältnisse änderten sich um die Mitte der zwanziger Jahre insofern, als es nun im Reich und in einigen Ländern zu einer Verlagerung der Mehrheitsverhältnisse nach rechts kam. Aus der Reichsregierung waren die Sozialdemokraten nach der Reichsexekution gegen Sachsen ausgeschieden, und die Reichstagswahlen vom 4. 5. und

vom 7. 12. 1924, mit deutlichen Stimmengewinnen der Deutschnationalen und anderer rechter Gruppen, hatten die politische Basis der Weimarer Koalition ebenso wie ihrer Erweiterung zur »Großen Koalition« so angeschlagen, daß die folgenden Jahre im Zeichen »bürgerlicher« Parteienbündnisse standen – besonders ausgeprägt seit dem Regierungseintritt der Deutschnationalen im Januar 1925. Zu den größeren Ländern, die von einem solchen »Bürgerblock« regiert wurden, gehörten neben Bayern seit 1924 noch Württemberg, Thüringen und ab 1926 faktisch auch – zunächst unter Beteiligung des inzwischen abgesplitterten rechten Flügels der SPD – Sachsen. Insbesondere in Bayern, Sachsen, Thüringen und Braunschweig hatte sich eine scharfe Links-Rechts-Polarisierung ausgebildet (die in den beiden letztgenannten Ländern dann 1930 der NSDAP den Weg zur Regierungsbeteiligung öffnete). Dagegen hielt sich im größten Land, in Preußen, das Bündnis der Mitte in Form der Großen bzw. (ab 1925 wieder) der Weimarer Koalition. Die Weimarer Koalition behauptete sich auch in Hessen und Baden. Damit war aber die politische Homogenität von Reich und Ländermehrheit aufgelöst: Gegensätze, wie sie sich etwa zwischen einem deutschnationalen Reichsinnenminister und einem sozialdemokratischen Innenminister in Preußen auftun mußten, ließen sich nicht mehr im Rahmen hergebrachter Koalitionspolitik überbrücken.
Der Dualismus Preußen-Reich, der sich bis dahin mehr als ein institutionelles Koordinierungsproblem zwischen parteipolitisch gleichgerichteten Akteuren dargestellt hatte (dazu besonders *Schulz*, S. 322ff.), wurde nun zu einer politischen Spannungsquelle. Bezeichnend für die Intensität dieser Spannungen war z. B. der scharfe Zusammenstoß zwischen dem preußischen Ministerpräsidenten *Braun* und dem Reichskanzler *Marx*, als im November 1927 der deutschnationale Reichsinnenminister *von Keudell* der »Deutschen Studentenschaft« zu einer Kundgebung gegen den preußischen Volksbildungsminister ein provozierendes Sympathietelegramm sandte, worauf *Braun* damit drohte, jeden Verkehr zwischen der preußischen Regierung und dem Reichsinnenminister abzubrechen. Gelegentlich trat nun auch der Reichsrat in Opposition zur Reichsregierung. Dabei ging es nicht immer nur um spezifische Länderinteressen, wie etwa im Biersteuerstreit des Jahres 1927, als die von Preußen geführten Gegner der Reichsregierung nur knapp in der Minderheit blieben (vgl. *Schulz*, S. 547); derartige Kontroversen waren von Anfang an immer wieder vorgekommen. Vielmehr traten die Gegensätze auch bei ausgesprochen politischen Richtungsentscheidungen zutage. Deutlich wurde das z. B. in dem berühmten Streit um den Panzerkreuzer A, der auch einen bundesstaatlichen

Aspekt hatte: Er begann damit, daß Ende 1927 bei der Beratung des Reichshaushaltsplanes für 1928 eine von Preußen geführte Mehrheit des Reichsrats im ersten Durchgang die Streichung der ersten Finanzierungsrate für den politisch so umstrittenen Kriegsschiffbau verlangte. (Allerdings verzichtete der Reichsrat in der abschließenden Beratung dann angesichts der Zustimmung der Reichstagsmehrheit auf einen Einspruch.)

Nachdem die Reichstagswahlen von 1928 zu Verlusten der Rechten und zum Wiedereintritt der SPD in eine neue Große Koalition geführt hatten, entspannte sich das Verhältnis von Reich und Preußen wieder. Zwar gab es neue Komplikationen, weil die Deutsche Volkspartei ihren Koalitionseintritt zunächst an die Bedingung knüpfen wollte, auch in Preußen in die Koalition aufgenommen zu werden – also die volle politische Homogenität zwischen beiden Regierungen herzustellen; und im Gegenzug gegen die Verschiebung der Reichstagsmehrheit nach links schlossen sich die Bürgerblockregierungen von Bayern und Württemberg zu einer konservativen süddeutschen Länderfront zusammen (dazu *Besson*, S. 35 ff.). Für die Politik des Reiches aber war der politische Gleichklang mit Preußen zunächst ausreichend wiederhergestellt. Er überdauerte auch den Bruch der Großen Koalition im Jahre 1930 jedenfalls insoweit, als die sozialdemokratische Tolerierungspolitik gegenüber *Brüning* auch vom preußischen Kabinett getragen wurde. Erst mit dem eindeutig reaktionär-konservativ orientierten Reichskanzler *Papen* brach die Kooperation zusammen. Durch die Aufhebung des SA-Verbots, das 1931 unter *Brüning* vom damaligen Reichswehrminister *Groener* auf Drängen der Länderregierungen verhängt worden war, geriet *Papen* schnell zu diesen in Gegensatz.

Es folgte am 20. 7. 1932 die schon früher erwähnte verfassungswidrige Absetzung des preußischen Ministerpräsidenten *Braun* und der übrigen Regierungsmitglieder. Damit war nicht nur der politische Richtungsgegensatz beider Regierungen, sondern auch der Dualismus Preußen-Reich im Wege des Staatsstreichs ausgeschaltet. Den so geebneten Weg beschritt *Hitler* dann nach seiner Machtübernahme mit der ihm eigenen Konsequenz: Nicht nur Preußen, sondern alle Länder wurden – meist durch Reichskommissare – politisch »gleichgeschaltet«.

Diese Wendung der Dinge muß nun aber im Zusammenhang der Zerstörung der parlamentarischen Demokratie überhaupt gesehen werden, die schon *Papen* offen angesteuert hatte. Sie beweist keineswegs etwa die Lebensunfähigkeit des Weimarer Föderalismus. Vielmehr war bis zum »Preußenschlag« der Bundesstaat trotz der durch die Parlamentarisierung und die parteipolitische Differenzierung entstandenen Spannungsverhältnisse durchaus funktionsfähig geblieben. Die globale Behauptung einer Unvereinbarkeit von parlamentarischem System und Föderalismus, wie sie in der Staatslehre des Kaiserreichs verbreitet gewesen war, wurde durch die Weimarer Erfahrungen zwar nicht – wie weiter unten noch zu zeigen sein wird – völlig widerlegt, wohl aber erheblich relativiert. (Das Problem der Ungleichgewichtigkeit der Länder und der mit dem Dualismus Preußen-Reich gegebenen institutionellen Reibungsverluste, also das Problem der Reichsreform, kann in diesem Zusammenhang außer Betracht bleiben; es geht hier nur um die Frage der prinzipiellen Vereinbarkeit von parlamentarischer Parteiregierung und bundesstaatlicher Ordnung.)

Es läßt sich nun eine Reihe von Ursachen dafür angeben, warum der Parteienwettbewerb nach der durch die Weimarer Verfassung erfolgten Parlamentarisierung das Funktionieren des Bundesstaates trotz unleugbarer Friktionen nicht gravierend zu beeinträchtigen vermocht hat. Da sind zunächst einige institutionelle Besonderheiten der Reichsratskonstruktion zu nennen: zum einen die gegenüber dem Bundesrat schwächere Position dieses Organs, zum andern die Schwächung der preußischen Stellung innerhalb des Gremiums. Es war ja nicht nur die staatsrechtliche Hegemonie Preußens aufgehoben. Hinzu kam auch die Vorschrift des Art. 61 RV, daß kein Land im Reichsrat durch mehr als zwei Fünftel aller Stimmen vertreten sein dürfe – also auch nicht Preußen, das 61 % der Bevölkerung des Reiches umfaßte. Darüber hinaus schrieb Art. 63 noch vor, daß – abweichend von der Regel, daß die Länder im Reichsrat durch instruierte Mitglieder ihrer Regierungen vertreten wurden – die Hälfte der preußischen Stimmen von den preußischen Provinzialverwaltungen zu bestellen sei. Da diese Vertreter an Instruktionen nicht gebunden waren, befanden sich unter ihnen auch Exponenten der mehrheitlich konservativen Provinzen des Ostens und Nordens, und diese stimmten nicht selten in entgegengesetztem Sinne wie die preußischen Regierungsvertreter. (In der erwähnten Angelegenheit des Panzerkreuzers A z. B. stimmten im Reichsrat die Vertreter von Berlin, der Grenzmark Posen-Westpreußen, von Oberschlesien, der Provinz Sachsen, von Hannover, Westfalen, der Rheinprovinz und von Hessen-Nassau für den preußischen Antrag, die von Ostpreußen, Pommern, Brandenburg, Niederschlesien und Schleswig-Holstein dagegen.) Damit war im Reichsrat das Übergewicht des Landes Preußen recht wirkungsvoll neutralisiert.

Wichtiger aber waren zwei andere Aspekte: zum einen die starke Überlappung der Koalitionen in einem Vielparteiensystem, das zur Mehrheitsbildung um die Mitte tendierte, und zum andern das starke Gewicht gouvernemental-administrativer Orientierungen in der Länderpolitik. Im Reich hat es, von der rein sozialistischen Regierung der »Volksbeauftragten« um die Wende 1918/19 abgesehen, bis zu *Papen* keine reine Links- oder Rechtsregierung gegeben, die als solche entgegengesetzt orientierten Länderregierungen hätte gegenüberstehen können. Vielmehr oszillierte die Mehrheit von der Weimarer Koalition bis zu dem in »Mitte/Rechts« angesiedelten Bürgerblock (in dem auch die Deutschnationale Volkspartei nur so lange mitarbeitete, als die gemäßigt-gouvernementalen Konservativen dort das Übergewicht gegenüber Extremisten und Reaktionären vom Schlage eines *Hugenberg* oder *Oldenburg-Januschau* hatten). Andererseits waren diejenigen Länderregierungen, die klar rechts oder links eingeordnet werden mußten, in der Minderheit, wenn nicht gar isoliert; die sozialistischen Regierungen (Sachsen, Thüringen) waren dabei allerdings stärker isoliert als die konservativen (Bayern). Selbst in den Zeiten der politischen Spannung zwischen der Reichsregierung mit ihrer Bürgerblockmehrheit und der preußischen Regierung unter *Otto Braun* überlappten sich die Koalitionen im Reich und im größten Land, besonders dank der Regierungsteilnahme der Zentrumspartei, die als »Scharnier« *(Gerhard Schulz)* zwischen beiden Regierungen fungierte. Die zwischen ihnen zutage tretenden Gegensätze konnten sich daher nie zur parteipolitischen »Polarisierung« steigern. Aushandeln, Kompromißfindung und Koalitionsbildung behielten so im Vielparteienparlamentarismus das Übergewicht gegenüber den zentrifugalen Effekten des Parteienwettbewerbs, der nie zum grundlegenden Konfliktregelungsmechanismus werden konnte. Und diese fortbestehende Dominanz des Aushandelns im Parteiensystem ging eine Symbiose mit den kooperativen Traditionen des deutschen Föderalismus ein.

Dies wurde noch dadurch befördert, daß auch nach der Parlamentarisierung der Länderregierungen diese sich weithin nur in sehr eingeschränktem Maße oder gar nicht als »Parteiregierungen« verstanden. *Waldemar Besson* hat in seiner Untersuchung über »Württemberg in der deutschen Staatskrise« exemplarisch gezeigt, wie in der Politik der Länderkabinette administrative und – auch auf die Reichsregierung bezogen – gouvernementale Orientierung gegen »Parteipolitik« ausgespielt wurden. Er hat das u. a. darauf zurückgeführt, »daß in einigen Ländern, besonders aber in Bayern und Württemberg, die Landesregierungen seit 1924 über die Jahre hin ein konstantes politisches Gesicht zeigten. Ein weniger fluktuierender Parlamentarismus schien hier stabilere Regierungen als im Reich hervorbringen zu können. Das mochte die Landesregierungen in ihren Reichsratsentscheidungen bestärken, Vertreter der Länder und nicht Vertreter von Parlamentsmehrheiten zu sein . . .« Und er hat weiter darauf aufmerksam gemacht, daß der von der Regierung im gouvernemental-etatistischen Sinne interpretierte Wille des Landtags dann »im Reichsrat, wenn er sich auf die bürokratische Seite seiner Struktur besann, noch einmal gebrochen werden [konnte], da höhere Beamte und nicht Politiker hier miteinander verhandelten« (*Besson*, S. 57 f.). Man könnte hier vielleicht versucht sein, diese gouvernementale Politik, die sich in eine Ideologie der »Sachlichkeit« drapierte, als Spezifikum der politisch konservativen Regierungen Süddeutschlands zu verstehen. Aber sozialdemokratische Länderpolitiker wie *Otto Braun* und sein Innenminister *Severing* haben sich davon gerade in den Krisenjahren in ihrer Politik gegenüber dem Kabinett *Brüning* doch nicht wesentlich unterschieden.

Es ist daher nicht verwunderlich, daß in der Weimarer Republik der Bundesstaat in der wissenschaftlichen Diskussion und dann auch in der politischen Praxis gern als eine Art Einflußreserve der Exekutive gegenüber einem als nur beschränkt handlungsfähigen Parteienparlament gesehen wurde. Der Staatsrechtler *Carl Bilfinger* hat 1924 unter diesem Aspekt die Stärkung des Reichsrats gegenüber dem Reichstag gefordert: Die Gesetzgebung sowie die Rechts- und Verwaltungsverordnungen der Reichsregierung sollten wieder von seiner Zustimmung abhängig gemacht werden. *Bilfinger* sah dabei durchaus die Möglichkeit, daß eine Mehrheit des Reichsrats in Gegensatz zur Reichstagsmehrheit geriete, aber er nahm das in Kauf. Ja, er wollte eine »politische Verantwortlichkeit« der Reichsregierung und des Kanzlers nicht nur gegenüber dem Reichstag, sondern auch gegenüber dem Reichsrat in der Verfassung statuiert sehen. Das lief offensichtlich auf eine Rückbildung des parlamentarischen Regierungssystems hinaus. Denn gegenüber dem Reichstag mit seinen »unsicheren, wechselnden Mehrheiten« erwartete er vom Reichsrat die Chance größerer politischer Kontinuität. Auch die Auswahl der Person des Kanzlers sollte nicht mehr bloß vom »Diktat der Reichstagsmehrheit« abhängen. (Dabei hielt *Bilfinger* freilich weiterhin eine Wiederherstellung der preußischen Hegemonie für erforderlich und die Personalunion der Ämter des Reichskanzlers und des preußischen Ministerpräsidenten für wünschenswert, also die weitgehende Wiederherstellung der Bismarckschen Konstruktion; die Gefahr eines »schädlichen Dualismus Preußen-Reich« schätzte er bei der »inzwischen erreichten Parallelität der Regierungs- und Wahlsysteme« geringer ein.)

In der Tat haben in den Krisenjahren der Weimarer Republik der Reichsrat und informelle bundesstaatliche Gremien einen deutlichen Zuwachs an Einfluß gegenüber dem Parlament gewonnen. Unter

Brüning spielte der Reichsrat zeitweise geradezu die Rolle eines »Ersatzgesetzgebers« anstelle des zur Mehrheitsbildung nicht mehr fähigen Reichstags: Im Herbst 1930 handelte der Reichskanzler seinen wirtschafts- und finanzpolitischen Sanierungsplan mit den Ländervertretern im Reichsrat aus (*Besson,* S. 195 ff.). Später verkümmerte zwar auch die legislative Funktion des Reichsrats; aber dafür traten die Reichs-Länder-Konferenzen in den Vordergrund »und wurden für beide Seiten zu einem unentbehrlichen Faktor in der Vorbereitung und Gestaltung der Notverordnungen« (*Besson,* S. 206).

9. Die Konstruktion des Bundesrats als Widerlager zur »Parteipolitik«

Die Erfahrungen, die man in der Schlußphase der Weimarer Republik mit dem Reichsrat und mit der Politik der Länderregierungen als stabilisierenden Faktoren gegenüber einem handlungsunfähig gewordenen Parlament gemacht zu haben glaubte, haben noch die Verfassungsdiskussion der Jahre 1948/49 bestimmt. Damals wurden ja in der Auseinandersetzung um die künftige Mitwirkung der Länder an der Politik des Bundes die Alternativen des Jahres 1919 wiederbelebt: Auf der einen Seite standen die Verfechter eines »Senats«, der (wie seinerzeit das »Staatenhaus« im Verfassungsentwurf von *Hugo Preuß*) aus Abgeordneten bestehen sollte, die von den Landtagen zu wählen wären. Auf der anderen Seite standen die Befürworter der traditionellen Bundesratslösung, die im übrigen beim Gesetzgebungsverfahren die volle Gleichberechtigung des Bundesrats mit dem Bundestag herstellen wollten.

Diese zweite Position wurde besonders nachdrücklich von Teilen der CDU vertreten, und zwar vor allem vom »Ellwanger Kreis«, in dem sich seit 1947 einflußreiche süddeutsche CDU-Politiker von dezidiert föderalistischen Überzeugungen zusammengefunden hatten. In einem Arbeitspapier mit dem Titel »Länderkammer oder Länderrat« plädierten sie für die zweite Alternative mit der Begründung, die Erfahrungen der Vergangenheit und Gegenwart ließen es nicht zu, den Volkswillen in einem Bundesstaat nur durch die Parteien und zufällige Parlamentsmehrheiten zu repräsentieren. Es seien die Länderregierungen gewesen, die nach dem Zusammenbruch den Aufbau eines neuen deutschen Staates in Angriff genommen hätten, und die Zurückdrängung föderalistischer Gesichtspunkte durch die zentralisierten Parteien werde die Gefahr heraufbeschwören, daß die Parteiführungen starken Einfluß auf die Fraktionen in der Volks- wie in der Länderkammer erringen würden (*Heidenheimer* 1960, S. 164). Das richtete sich in erster Linie zwar gegen Kurt Schumachers deutlichen Ehrgeiz, den Führungsanspruch der Parteizentrale in Hannover gegenüber den Parteiorganisationen in den neu- oder wiedererstandenen Ländern durchzusetzen. Aber es brachte den Ellwanger Kreis auch in scharfen Gegensatz zu *Adenauer*, der sich von Köln aus bemühte, seine Führungsposition innerhalb der Partei aufzubauen.

Überlegungen dieser Art dominierten dann auch im Verfassungskonvent von Herrenchiemsee, der von der Konferenz der Ministerpräsidenten der Länder eingesetzt worden war. Hier hatten die Anhänger eines Bundesrats (oder »Länderrats«) ein starkes Übergewicht, und wiederum wurde dem Bundesrat die Funktion eines Widerlagers zur »Parteipolitik« zugedacht. Der hessische Sozialdemokrat *Hermann Brill*, neben seinem Parteifreund *Carlo Schmid* der einzige Fürsprecher der Senatslösung, kritisierte im Laufe der Verhandlungen, es erscheine in der Debatte das Parlament »als der Sammelpunkt aller Bösewichte des Parteiwesens und der Länderrat als die Inkarnation aller Weisheit und Güte«. Daß dies bei aller rhetorischen Zuspitzung die Tendenz zutreffend charakterisierte, macht der Bericht über den Verfassungskonvent deutlich. In der Begründung für den Bundesratsvorschlag hieß es hier u. a., daß ein Senat »denselben Querschnitt« durch die »politischen Kräfte des Volkes« darstelle wie das Parlament, während der Bundesrat »gewissermaßen durch Längsschnitte« zustande komme, und zwar nicht nur in den Ländern mit Koalitionsregierungen. »Auch wo nur eine Partei die Regierung stellt, werden die Entschließungen dieser Regierung doch von dem objektiven Gesetz ihrer Stelle geprägt, und die von ihr entsandten Mitglieder werden in Distanz zur Tagespolitik ihrer Partei die politischen Gesamtkräfte des Landes und seine dauernden Interessen zum Ausdruck bringen. Das Bundesratsprinzip sichert daher *eine höhere Objektivität der zweiten Kammer gegenüber der laufenden Parteipolitik*, als sie durch Senatoren gewährleistet sein könnte.« Und dann wird ausdrücklich auf die Erfahrung mit dem traditionellen Organ Bezug genommen: Es bestehe bei allen Kennern der Verhältnisse Einmütigkeit, »daß sowohl der Bundesrat des Bismarckreichs als auch der Reichsrat der Weimarer Republik eine hochwertige, *vom Willen absoluter Sachlichkeit bestimmte Arbeit* geleistet haben. Als der Reichstag im Jahre 1930 bereits funktionsunfähig geworden und weder zur Bildung einer parlamentarischen Regierung noch zur Durchführung seiner legislativen Aufgaben imstande war, war der Reichsrat noch voll arbeitsfähig und ist es bis zu seiner Auflösung im Jahre 1933 geblieben« (Bericht über den Verfassungskonvent, S. 37f.; Hervorhebungen von mir, G. L.). Schon die Ausdrucksweise ist ungemein bezeichnend: Im Topos von der »Sachlichkeit« begegnen wir einem traditionellen Versatzstück gouvernemental-bürokratisch orientierten Denkens, das stets auch die Abwertung von »Parteipolitik« impliziert.

Die Befürworter der Senatslösung machten in Herrenchiemsee demgegenüber klar, daß es ihnen auf eine wohlverstandene Politisierung der zweiten Kammer ankam, die Konfliktaustragung nicht unterdrückt hätte. Doch so stark war der Anti-Parteien-Affekt im Verfassungskonvent, daß auch sie nur noch defensiv argumentierten:

Das Senatssystem werde »ein Mittel zur Personalisierung des Politischen sein und im Ergebnis einen traditionsgebundenen Personentyp schaffen, der durch die Wahl auf einen längeren Zeitraum nicht nur gegenüber der Staatsbürokratie, sondern auch gegenüber den Landtagen und den Parteien eine wirkliche innere Unabhängigkeit erhält und damit in einem dialektischen oder polaren Gegensatz zur Parteibürokratie steht und letzten Endes zu einer Reform des deutschen Parteiwesens und des politischen Lebensstils überhaupt führen kann.«

Im Parlamentarischen Rat griffen die Befürworter der Bundesratslösung diese Argumentation von neuem auf. *Adolf Süsterhenn,* einer der entschiedensten Anhänger des traditionellen Föderalismus, argumentierte, die Mitglieder eines Senats würden sich »parteiideologisch, parteitaktisch und parteidisziplinär« gebunden fühlen, während die Landesregierungen die ihnen gestellten Aufgaben weniger nach grundsätzlichen als nach sachlichen Gesichtspunkten lösen würden. Das war nun freilich nicht mehr repräsentativ für die Mehrheit der Ratsmitglieder. Anders als in Herrenchiemsee bestimmten ja hier die Parteien in starkem Maße den Gang der Diskussion. Und zunächst neigte neben SPD und FDP auch ein Teil der CDU eher dem Senatsprinzip zu, so insbesondere der spätere Bundesinnenminister *Robert Lehr*, doch auch andere eher zentralistisch und unitarisch gesonnene CDU-Parlamentarier aus der britischen Zone, zu denen im Grunde auch *Adenauer* gehörte. Sie wurden jedoch durch den bayerischen Ministerpräsidenten *Ehard* ausmanövriert. Bei einem Essen mit dem nordrhein-westfälischen Innenminister *Walter Menzel*, einem der wichtigsten Sprecher der SPD, gelang es ihm, die Sozialdemokraten für die Bundesratslösung zu gewinnen. Vermutlich spielte dabei der Gesichtspunkt eine Rolle, daß die SPD angesichts ihrer starken Stellung in den Ländern Aussicht hätte, über die Länderbürokratie die Bundesverwaltung zu kontrollieren. Im Gegenzug setzte die SPD durch, daß die Ländervertretung keine dem Bundestag gleichberechtigte Stellung erhielt; dem beschlossenen Verfassungstext lag die Absicht zugrunde, die zustimmungspflichtige Gesetzgebung auf einen relativ schmalen Bereich zu begrenzen. In der Praxis vollzog sich allerdings recht bald ein folgenreicher Verfassungswandel, denn der Bundesrat behauptete sich mit einer sehr extensiven Auslegung von Art. 84 Abs. 1 GG, der zufolge alle Gesetze, die Vorschriften über die Ausführung durch die Länderverwaltung enthielten, als ganze zustimmungspflichtig wurden. Damit hatten sich im Ergebnis die Vorstellungen des föderalistischen CDU-Flügels weitgehend durchgesetzt, obwohl der Parlamentarische Rat das gar nicht beabsichtigt hatte.

Man muß allerdings berücksichtigen, daß sich in der Konzeption des Bundesrates als Widerlager zur »Parteipolitik« nicht etwa bloß eine ideologische Sonderentwicklung innerhalb der CDU niederschlug. Während auf der Ebene des »Vereinigten Wirtschaftsgebiets« die Steuerungsfunktion des Parteienwettbewerbs infolge der Polarisierung, die im Wirtschaftsrat zwischen SPD und CDU eingesetzt hatte, nicht übersehen (sondern allenfalls beklagt) werden konnte, blieben in den Ländern mit ihren breiten Koalitionen die Funktionen des Parteiensystems weniger klar umrissen. Hinzu kam, daß die Regierungen der Länder zunächst nicht aus den Parteien hervorgegangen waren. Die Ministerpräsidenten und Regierungsmitglieder, von denen viele aus der Verwaltung kamen, hatten großenteils keine Machtbasis in Parteiorganisationen, waren vereinzelt sogar parteilos und verdankten ursprünglich ihre Stellung in erster Linie dem Vertrauen der Militärregierung. Die Länderchefs hielten sich denn auch i. a. frei von Versuchen der Parteiführungen, ihre Politik zu beeinflussen. Sie fühlten sich nicht als »Parteipolitiker«, betonten vielmehr mit Vorliebe den Primat der »sachlichen Arbeit«, die eben als Gegenbegriff zur »Parteipolitik« fungierte. Länderpolitik wurde also von einem spezifischen politischen Stil geprägt, der gekennzeichnet war durch »eine weitgehende Ablehnung des Parteienkonflikts und damit die Ausklammerung politischer Grundsatzentscheidungen« (*Foelz-Schroeter,* S. 11). Daher die schon weiter oben erwähnte Vorliebe für Allparteienregierungen oder Große Koalitionen, verstanden als Kabinette der nationalen Konzentration oder als Regierungen der Persönlichkeiten und Experten (vgl. *Foelz-Schroeter*, S. 41). Vor allem die Zusammenarbeit der Ministerpräsidenten im »Länderrat« der amerikanischen Besatzungszone, unabhängig von jeder Beeinflussung durch Parteiorganisationen, wurde in diesem Zusammenhang wichtig für die Konzeption eines föderalistischen Widerlagers zur »Parteipolitik«.

Die Machtverschiebung hin zu den Parteien begann allmählich mit dem Zusammentritt der ersten gewählten Parlamente, vor allem aber mit der Errichtung des Frankfurter Wirtschaftsrats für das Vereinigte Wirtschaftsgebiet im Frühsommer 1947. Das zeigt in sehr bezeichnender Weise die Kontroverse über die Besetzung des Direktoriums, von der schon früher die Rede war. Die Bizonenorganisation bestand seither aus einer parlamentarischen Versammlung, dem »Gesetzgebenden Rat« (oder Wirtschaftsrat im engeren Sinne), aus dem »Exekutivrat« (später »Länderrat«), der von den Länderregierungen beschickt wurde, und den fünf Direktoren der Verwaltungen. Für die Verwaltungsspitze hatte der Exekutivrat, also das Gremium der Ländervertreter, dem Gesetzgebenden Rat eine Proporzbesetzung aus Sozial- und Christlichen Demokraten vorgeschlagen. In dieser parlamentarischen Körperschaft hatten jedoch erstmals die zentralen Parteiorganisationen eine den Ländern gegenüber autonome institutionelle Operationsbasis, die ihnen bis dahin in der Bizone gefehlt hatte, und das gab der sozialdemokratischen Parteiführung unter *Schumacher* die Gelegenheit, ihren Führungsanspruch direkter vorzutragen, als das je zuvor möglich gewesen war. Damit wurde eine Auseinandersetzung über die Grundlinien der künftigen Wirtschaftspolitik ausgelöst, in der die CDU die Unterstützung der FDP fand und die zu der früher erwähnten Konsequenz führte, daß die SPD, von einer »bürgerlichen« Mehrheit überstimmt, sich in die Opposition zurückzog. Diese Polarisierung in wirtschaftspolitischen Grundsatzfragen traf aber bei einem großen Teil der Länderpolitiker – und zwar bei Sozialdemokraten wie Christlichen Demokraten – auf Ablehnung. *Erich Roßmann*, der (der SPD angehörende) Generalsekretär des Stuttgarter Länderrats, formulierte diese Auffassung so: »Ich bin nach wie vor der Meinung, daß Deutschland noch viel zu krank ist, um sich den Luxus parteipolitischer Machtkämpfe gestatten zu können« (*Foelz-Schroeter*, S. 41). Hier verband sich offensichtlich die Überzeugung, daß die Notlage der Nachkriegszeit nur pragmatische Lösungen unter Ausklammerung prinzipieller Gegensätze zulasse, die von den politischen Richtungen einvernehmlich gefunden werden müßten, mit dem bürokratisch-gouvernementalen Pathos der »Sachlichkeit«, das schon für die Länderpolitik in der Weimarer Republik so bezeichnend gewesen war. Doch die Parteiführungen, unter *Schumacher* einerseits, *Adenauer* andererseits, setzten dagegen einen grundsätzlich andersartigen und neuen Stil der Austragung von Konflikten, nämlich den Wettbewerb um Entscheidungspositionen, also die von *Roßmann* so abschätzig apostrophierten »parteipolitischen Machtkämpfe«.

Bei der Gründung der Bundesrepublik haben sich aber die Länderpolitiker, insbesondere die süddeutschen Föderalisten, dagegen partiell behaupten und die Bundesratslösung durchsetzen können mit der erklärten Absicht, eine institutionelle Basis für den ihnen eigentümlichen traditionellen Stil der Konfliktregelung durch bürokratisch gesteuerte Aushandlungsprozesse zu bewahren. Daß der Bundesrat als Widerlager zur »Parteipolitik« konstruiert war, erklärt auch die eigenartige Regelung des »Gesetzgebungsnotstandes« in Art. 81 GG. Die traumatischen Erinnerungen an die Endphase der Weimarer Republik, die sowohl den Herrenchiemseer Verfassungskonvent als auch den Parlamentarischen Rat in so starkem Maße prägten, verdichteten sich zu der Furcht vor einem handlungsunfähigen, weil nicht mehr zur Bildung »konstruktiver« Mehrheiten fähigen Parlament. Die – niemals praktisch gewordenen – Regelungen für die Prozedur der Kanzlerwahl in Art. 63 Abs. 3–4 und die restriktive Regelung des Mißtrauensvotums in Art. 67 setzen die Existenz eines Vielparteiensystems mit obstruktiven Flügelparteien voraus und sollten die Bildung und das Überdauern von Minderheitsregierungen ermöglichen. Da diese aber nicht mehr von einem mit Diktaturgewalt (wie in Art. 48 WRV) ausgestatteten Präsidenten abhängig sein sollten, war der Bundesrat als »Legalitätsreserve« konzipiert. Der Herrenchiemseer Verfassungsentwurf hatte auch noch bei der Regelung der Ernennung des Bundeskanzlers für den Fall der Handlungsunfähigkeit des Bundestags die Möglichkeit der Ernennung durch den Bundespräsidenten auf Vorschlag des Bundesrats als eine mögliche Variante vorgeschlagen. Dem ist zwar der Parlamentarische Rat nicht gefolgt; er übernahm jedoch die Konstruktion des Bundesrates als »Legalitätsreserve« im Gesetzgebungsprozeß: Eine Minderheitsregierung sollte, die Erklärung des »Gesetzgebungsnotstandes« durch den Bundespräsidenten vorausgesetzt, auf den Bundesrat als Ersatzgesetzgeber zurückgreifen können, wenn der Bundestag versagte. Diese Prozedur konnte nun aber nur unter Bedingungen funktionieren, wie sie noch Anfang der dreißiger Jahre und dann wieder in den ersten Nachkriegsjahren im deutschen Föderalismus gegeben waren: Zum einen war vorauszusetzen, daß sich in Bund und Ländern zur Mitte des Parteienspektrums hin gravitierende Koalitionen ausbilden würden, mit »Scharnierparteien«, die überall und ständig an der Regierungsmacht beteiligt wären und ein Minimum an politischer Homogenität garantieren könnten. Zum anderen mußte von der Erwartung ausgegangen werden, daß diese Länderregierungen ihre Rolle vor allem unter gouvernemental-administrativen Aspekten verstehen und – wie das bei solchen Koalitionen naheläge – kontroverse politische Grundüberzeugungen zurücktreten lassen würden. Die »Polarisierung« des Bundesrats war also in dieser Konstruktion nicht vorgesehen; vielmehr setzte der Grundgesetzgeber voraus, daß das bundesstaatliche System weitgehend autonom gegenüber dem Parteiensystem bleiben und die ihm zugedachte Rolle eines »Widerlagers« tatsächlich spielen könnte. Das aber sollte sich als eine folgenreiche Fehleinschätzung erweisen. Vielmehr wurde mit dem als letztes Refugium vor dem Parteienwettbewerb gedachten Bundesrat der mögliche »Strukturbruch« gleichsam in die Verfassungskonstruktion eingebaut.

10. Das Wiederaufleben des »bündischen Unitarismus« in der Aufbauphase der Bundesrepublik

Das Widerlager-Konzept hat sich in der Entwicklung der Bundesrepublik zwar in begrenztem Maße bewährt, doch längst nicht so, wie das vielen Länderpolitikern und vor allem den Föderalisten des Ellwanger Kreises vorgeschwebt zu haben scheint. Man hatte die neugewonnene Dynamik des Parteienwettbewerbs nicht vorhergesehen, und daher hatte man auch die Interdependenz von Parteiensystem und Bundesstaat unterschätzt, die durch die Bundesratskonstruktion bewirkt wurde. Im Prinzip gab es diese institutionell bedingte Interdependenz ja schon, wie oben gezeigt wurde, seit der Parlamentarisierung der Länderregierungen nach dem Sturz der Monarchien. Nur war sie für den Föderalismus und insbesondere für die Arbeit des Reichsrats eben deshalb noch nicht sehr folgenreich geworden, weil die weitgehende Überlappung der Regierungskoalitionen das politische Konfliktniveau niedrig halten half und dazu beitrug, die gouvernemental-administrative Orientierung auf »sachliche Arbeit« zu konservieren.
Nach dem Zweiten Weltkrieg ergab sich jedoch, wie wir im einzelnen sehen werden, ein zunehmendes Spannungsverhältnis von Föderalismus und Parteienwettbewerb. Dazu aber sollten nicht nur gewandelte gesellschaftliche Rahmenbedingungen, insbesondere die Konzentrationsbewegung im Parteiensystem, beitragen. Vielmehr traten auch auf der anderen Seite charakteristische Merkmale der bismarckischen Bundesstaatskonstruktion stärker hervor als in der Vergangenheit, so daß schon von daher die Inkongruenz der beiden Funktionszusammenhänge größer werden mußte. *Theodor Heuss* hat im Parlamentarischen Rat davon gesprochen, daß der neugeschaffene Bundesrat »bismärckischer« zu werden verspreche als sein Vorgänger. Dies kann man insbesondere auf die Strategien von Kooperation und Aushandeln beziehen. Die »staatenbündischen« Praktiken des Bismarckschen Föderalismus waren, wie wir gesehen haben, insbesondere dazu bestimmt, den Mittelstaaten die preußisch bestimmte Unitarisierung erträglich zu machen; von einem auch nur annähernden Kräftegleichgewicht konnte aber keine Rede sein. In der Weimarer Republik trat zwar auch Preußen dem Reich als ein autonomer Faktor gegenüber, doch wurde das durch die fortgeschrittene Zentralisierung etwa in der Finanzverwaltung oder im Eisenbahnwesen kompensiert. Im Vergleich dazu waren die Länder bei der Gründung der Bundesrepublik in einer in mehrfacher Hin-

sicht stärkeren Ausgangsposition, so daß der Bund geradezu unter Kooperationszwang geraten mußte.

Die Länder traten ja in die Bundesrepublik mit einem klaren organisatorischen Vorsprung ein. Anders als 1918 war mit dem Ende des Zweiten Weltkriegs die Zentralgewalt zusammengebrochen. Nur die britische Besatzungsmacht faßte in ihrer Zone erhalten gebliebene Teile der Reichsverwaltung zu einer relativ stark zentralisierten Zonenverwaltung zusammen, die von den Länderregierungen in gewissem Maße unabhängig war. In der amerikanischen Besatzungszone dagegen konnte sich eine Zonenautorität nur durch die Kooperation der Länderregierungen etablieren, deren Organ der »Länderrat« war. Die französische Militärregierung wollte in ihrer Zone selbst eine solche bündische Autorität nicht zulassen. Bis zur Installierung von Bundesregierung und Bundesverwaltung hatte sich aber über die Zonengrenzen hinweg eine Kooperationsroutine der Länderregierungen und ein entsprechendes Instrumentarium entwickelt. Demgegenüber tat sich die neu entstehende Bundesorganisation lange Zeit sehr schwer, die Klaviatur der bundesstaatlichen Kontaktpflege und Zusammenarbeit zu beherrschen. Neben diesen institutionellen Vorgaben hatten die Länder auch eine starke Position in der öffentlichen Meinung: Die Rehabilitierung föderalistischer Ideologien, nicht zuletzt unter Berufung auf das Subsidiaritätsprinzip, und die Gleichsetzung solcher Lehren mit Demokratie trugen das ihre dazu bei, die Seite der Länder im bundesstaatlichen Machtgefüge zu stärken.

Zwar wurde die verfassungsrechtliche Machtverschiebung zuungunsten der Länder, die sich 1919 in Weimar vollzogen hatte, nur partiell rückgängig gemacht; die weitgehenden Forderungen der Föderalisten, insbesondere die nach der Gleichberechtigung des Bundesrats mit dem Bundestag, drangen nicht durch. Aber ein erster Erfolg war ja schon, daß es bei der Bundesratslösung blieb und damit bei der institutionalisierten Mitwirkung der Länder an den Entscheidungsprozessen im Bund. Hinzu kam, daß die Länder sich im Bundesrat noch stärker aus der Führung durch die Zentralregierung emanzipierten. Der Bismarcksche Bundesrat war ja in Wirklichkeit ein Instrument der Reichsregierung gewesen. Und noch im Reichsrat der Weimarer Republik fiel ihr jedenfalls der Vorsitz zu, wenngleich, wie wir gesehen haben, die Beseitigung der preußischen Hegemonie dazu führte, daß diese Institution nicht mehr so wie früher vom Reich aus politisch gelenkt werden konnte. Dieser Vorgang setzte sich mit dem Grundgesetz noch fort und fand einen symbolischen Ausdruck darin, daß nun der Bundesrat autonom seinen Präsidenten wählte. Vor allem aber hatte die Auflösung des preußischen

Staates durch die Besatzungsmächte zur Folge, daß sich die Bundesregierung nicht mehr wie die Reichsregierungen der Weimarer Republik vornehmlich auf die Verständigung mit *einem*, dem weitaus größten Land stützen konnte. Vielmehr hatte der Bund es nun mit einer Mehrzahl von Ländern mittlerer Größe zu tun, die sich untereinander weit eher in einem Gleichgewicht befanden, als das je im Reich der Fall gewesen war. Die Bundesregierung war seither oft genug darauf angewiesen, Koalitionen zusammenzubringen, die ihre Politik stützten – beispielsweise solche der »armen« gegen die »reichen« Länder. Das bedeutete wiederum eine Verstärkung des Kooperations- und Aushandlungszwanges. Das »bündische« Strukturelement war jetzt nicht mehr, wie zur Bismarckzeit, ein Instrument, dessen sich die Zentralregierung gegenüber dem Parlament bedienen konnte, sondern wurde – und zwar eindeutiger als in der Weimarer Republik – zu einer Schranke, die den Aktionsspielraum der Bundesregierung einengte und die erst im Wege des Verhandelns überwunden werden konnte. Der Bundesrat übertrifft daher an politischem Einfluß seine beiden Vorgänger. Das wurde um so bedeutsamer, als der Bundesrat die Begrenzungen seines Mitspracherechts, wie sie zwischen *Ehard* und *Menzel* verabredet worden waren, in erheblichem Umfang zu sprengen vermocht hat. Es ist oft dargestellt worden (vgl. *Neunreither*, 1959 a), wie das vor allem über eine extensive Auslegung des Art. 84 Abs. 1 GG geschehen ist: »Führen die Länder die Bundesgesetze als eigene Angelegenheit aus, so regeln sie die Einrichtung der Behörden und das Verwaltungsverfahren, soweit nicht Bundesgesetze mit Zustimmung des Bundesrates etwas anderes bestimmen.« Damit sollten die Länder gegen eine einseitige Aushöhlung ihrer Verwaltungszuständigkeit durch den Bund geschützt werden; es handelte sich in der Vorstellung des Parlamentarischen Rates um eine Sicherungsklausel für Ausnahmefälle. Nun ergab sich aber in der Folgezeit, daß ein großer Teil der Bundesgesetze auch Vorschriften über die Ausführung durch die Landesbehörden enthielt, und der Bundesrat hat mit Erfolg den Anspruch geltend gemacht, daß dies dann immer seiner Zustimmung bedürfe. Noch mehr fiel ins Gewicht, daß nach Auffassung des Bundesrates das gesamte Gesetz zustimmungspflichtig wurde, also auch dessen materielle Teile und nicht nur die Verfahrensvorschriften, die die Länderverwaltung tangierten. Und daraus leitete er das Recht ab, nicht nur Verfahrensvorschriften, sondern auch materielle Bestimmungen in solchen Gesetzen abzulehnen, also unter Umständen einem Gesetz auch dann die Zustimmung zu versagen, wenn er nicht gegen Verfahrensvorschriften Einwände hatte, die die Länder tangierten, sondern wenn er die materiellen Gesetzesvorschriften mißbilligte. Diese extensive Auslegung, die vom Grundgesetzgeber offenbar nicht vorgesehen worden ist, hat auch das Bundesverfassungsgericht gebilligt. (Nur eine lange offengebliebene Streitfrage hat es unlängst im Sinne einer stärker restriktiven Auslegung entschieden: Wird ein Gesetz, das seinerzeit mit Zustimmung des Bundesrates verabschiedet worden ist, lediglich in materiellen, nicht zustimmungspflichtigen Teilen geändert, dann bedarf das Änderungsgesetz nicht auch der Zustimmung.) Diese Interpretation hat nun zum Ergebnis gehabt, daß der Anteil der Gesetze, die der Zustimmung des Bundesrates bedurften, stark angestiegen ist und weit über dem liegt, was 1949 offenbar erwartet worden war: Standen 1950 noch 69 einfachen Gesetzen nur 19 Zustimmungsgesetze gegenüber, so war 1951 das Verhältnis auf 110 zu 41, 1952 auf 65 zu 66 und 1973 auf 76 zu 94 gestiegen (*Hesse* 1962, S. 22). Seither schwankt das Verhältnis von Jahr zu Jahr, doch kann langfristig gesagt werden, daß, grob gesprochen, die Hälfte der Bundesgesetze der Zustimmung des Bundesrats bedarf. Es liegt auf der Hand, daß dies den Kooperationszwang weiter verstärken mußte: Die Gesetzgebung wird zwischen Bund und Ländern ausgehandelt, desgleichen die große Mehrzahl der Rechtsverordnungen (Art. 80 Abs. 2 GG) und die allgemeinen Verwaltungsvorschriften für die Ausführung der Bundesgesetze durch die Länder (Art. 84 Abs. 2 GG, 85 Abs. 2 GG).

Diese institutionelle Stärkung der Länder gegenüber dem Bund ist freilich nur die eine Seite der Medaille. Die andere ist der Fortgang der Unitarisierungstendenzen, mit dem sich seit den fünfziger Jahren eine ähnliche Entwicklung vollzogen hat wie schon unter der Verfassung von 1871, nur in wesentlich schnellerem Tempo. *Konrad Hesse* hat in einer 1962 erschienenen vielbeachteten Skizze, in deren Titel »Der unitarische Bundesstaat« schon die früher zitierte Formulierung *Erich Kaufmanns* anklingt, an die Analysen des Föderalismus der ausgehenden Monarchie angeknüpft und deutlicher gemacht, daß zwischen Zentralisierung (also Konzentration von Kompetenzen beim Bund auf Kosten der Länder) und Unitarisierung (durch Vereinheitlichung von materiellen Regelungen) begrifflich unterschieden werden muß. Wie im Bismarckreich, so spielt auch in der Bundesrepublik die direkte Zentralisierung eine zunehmende Rolle, sei es durch Ausschöpfung und Ausdehnung der Gesetzgebungskompetenzen des Bundes, sei es durch den Ausbau der Bundesverwaltung (vgl. *Köttgen* 1954 und 1962). Daneben erfolgt eine rapide Unitarisierung des Verwaltungsverfahrens auch da, wo die Länder Bundesgesetze als eigene oder Auftragsangelegenheiten ausführen. Es hat aber den Anschein, daß die Behauptung, dies geschehe insbesondere mittels des dafür von der Verfassung bereitgehaltenen »zentralistischen« Instrumentariums, besonders der »allgemeinen Verwaltungsvorschriften« (Art. 84 Abs. 2, Art. 85 Abs. 2 GG), übertrieben ist (vgl. gegen *Köttgen: Blümel* 1968). Abgesehen davon, daß schon die allgemeinen Verwaltungsvorschriften mit den Ländern ausgehandelt werden müssen, da sie der Zustimmung des Bundesrats bedürfen, haben in der Verwaltungspraxis Prozeduren an Bedeutung gewonnen, die noch viel stärker »bündischen« Charakter haben: So hat man in der Straßenbauverwaltung (die zu den Auftragsangelegenheiten zählt) dem Erlaß von Verwaltungsvorschriften nach Art. 85 Abs. 2 GG das flexiblere Instrument von »Richtlinien« vorgezogen, die »regelmäßig im Zusammenwirken zwischen der Abteilung Straßenbau des Bundesverkehrsministeriums und den obersten Straßenbaubehörden der Länder« erarbeitet werden und dann z. B. als Einführungserlasse von den Länderministerien in etwa gleichlautender Form veröffentlicht, also gewissermaßen in Landesvorschriften transformiert werden. Die Praxis ist im einzelnen vielgestaltig, und sie entspricht durchaus alter Verwaltungstradition seit der Monarchie. Ein Autor, der ihre verfassungsrechtliche Zulässigkeit zumindest für den Bereich der Auftragsverwaltung sehr kritisch beurteilt, hat dabei anerkannt, daß sie in der »Rücksichtnahme auf die Empfindlichkeiten der Länder« (sprich: Länderbürokratien) begründet sei (*Blümel* 1968). »Freiwillig gesteht die Landesbürokratie mehr zu als sie anordnungsmäßig hinzunehmen hätte« (*Schneider,* S. 21). Die Unitarisierung ist also auch bei der Ausführung der Bundesgesetze keine den Ländern auferlegte, sondern gewissermaßen verabredet, wobei unter Umständen der Länderadministration ein mehr oder weniger weiter Spielraum verbleibt.

In diesem Zusammenhang gehört weiter die ausgedehnte Praxis von Verwaltungsabkommen zwischen Bund und Ländern, die *Rolf Grawert* in seiner kritischen verfassungsrechtlichen Analyse so beurteilt: »Dem Vertrag, das heißt hier: dem Verwaltungsabkommen, wird vielfach der Vorzug vor dem Bundesgesetz gegeben; allgemeinverbindliche, leitende Entscheidungen werden durch handhabbare exekutive Maßnahmen ersetzt. Verfassungsrechtliche Zuständigkeitsdifferenzen werden auf Regierungsebene partnerschaftlich beigelegt oder durch vertragliche Umorganisation in der Schwebe gehalten und neutralisiert. Damit wird . . . eine lediglich vertraglich gesicherte, sachliche und organisatorische Verzahnung von Bundes- und Landesexekutive errichtet und zugleich ein institutionell-organisatorischer Pluralismus aus der staatlichen Ordnung herausfallender Institutionen geschaffen« (*Grawert* 1967, S. 296). Der größere Zusammenhang, in dem diese Verlagerung auf Vertrag und Verabredung steht, ist in verfassungsrechtlicher Perspektive als »Übergang von einer stärker vertikalen Koordinierung durch die selbständige Aufsicht [wie in der älteren Praxis der Reichsaufsicht über die Länder, G. L.] zu einer mehr horizontalen in Gestalt einer offenen Bund-Länder-Kooperation« (*Frowein* 1973, S. 17) charakterisiert worden.

Ein weiteres, zunehmend wichtig werdendes Instrument der Unitarisierung durch Aushandeln zwischen Bund und Ländern wurde die vieldiskutierte »Dotationswirtschaft« des Bundes: Der Bund gewährte seit den fünfziger Jahren in steigendem Maße finanzielle Zuschüsse zu Länderaufgaben, z. B. in der regionalen Wirtschaftsförderung, in der Agrarstrukturpolitik (»Grüner Plan«) oder in der Bildungspolitik (Ausbildungsförderung nach dem »Honnefer Modell«). Diese Zuschüsse wurden in der Regel nicht nur von einer prozentualen Beteiligung der empfangenden Länder abhängig gemacht, sondern auch an die Erfüllung bestimmter, unitarisierend wirkender Verwendungsauflagen gebunden. Grundsätzlich war auch das kein neues Phänomen, sondern die Wiederaufnahme einer seit der Monarchie geläufigen Praxis, freilich in immer größer werdendem Umfang. Formell handelte es sich bei solchen Zuschüssen um ein Instrument des Bundes, mit dem er die Länder einseitig lenken konnte, und man hat geradezu von seiner »Angebotsdiktatur« gesprochen. Das ist insofern richtig, als in der Tat der autonome Entscheidungsspielraum des einzelnen Landes sich hier auf die – politisch normalerweise ganz unrealistische – Möglichkeit reduziert, die Geschenke des Bundes wegen der daran geknüpften Bedingungen zurückzuweisen. In der Realität aber wurden solche Zuschüsse vom Bund nicht den Ländern oktroyiert, sondern sie waren vielfach das Ergebnis von Wünschen, die letztere an den Bund herantrugen (und zwar besonders die steuerschwachen Länder mit ihren meist schwerwiegenden Strukturproblemen). Und nicht nur die Formulierung der Programme geschah in Verhandlungen zwischen Bund und Ländern; auch an der administrativen Durchführung waren die Länder keineswegs nur als passive Weisungsempfänger beteiligt. Hier entstand eine »Mischverwaltung«, die zur institutionellen Komplexität der bundesstaatlichen Organisation nicht unerheblich beigetragen hat.

Die Mechanismen der Kooperation von Bund und Ländern sind in der Tat ziemlich unübersichtlich und entbehren zu einem großen Teil der verfassungsrechtlichen Formalisierung. Im Text des Grundgesetzes war bis 1969 überhaupt nur von *einer* bundesstaatlichen Einrichtung die Rede, dem Bundesrat. Und auch dessen Arbeitsweise entsprach im Grunde nicht ganz den Erwartungen, die seinerzeit die Verfassungsväter gehegt hatten. Denn der Parlamentarische Rat wollte, als er diese überlieferte Einrichtung in das Grundgesetz übernahm, nicht zugleich die bürokratische Prägung des alten Bundes- oder Reichsrats ohne weiteres restaurieren. Obgleich, wie wir gesehen haben, der Bundesrat als Gegengewicht zur »Parteipolitik« gedacht war, sollte er doch eben nicht ein »Parlament der Oberregierungsräte« *(Theodor Heuss)* werden, sondern die Vertretung der Länder*politiker*. Daher die Vorschrift des Art. 51 Abs. 1 GG, daß die Bundesratsmitglieder (nur) »durch andere Mitglieder ihrer Regierungen vertreten werden« können, also (im Unterschied zur gewohnheitsrechtlichen Praxis von 1871–1933) nicht durch Beamte. Dies gilt jedoch nur für das Plenum, während in den Ausschüssen die Vertretung durch »Beauftragte der Regierungen«, also Beamte, zulässig geblieben ist. Nun haben aber die Plenarsitzungen des Bundesrats nur in Ausnahmefällen eine effektive Entscheidungsfunktion. Vielmehr werden hier in der Regel nur Entscheidungen, die materiell schon vorher gefallen sind, formell verabschiedet, und die Tagesordnung wird dementsprechend i. a. zügig und ohne lebhafte Kontroversen abgewickelt. Weit wichtiger ist die Arbeit der Ausschüsse des Bundesrates, und die Ausschußempfehlungen präjudizieren fast immer auch die Beschlüsse des Plenums. (Nur wenn zwei mit einer Materie befaßte Ausschüsse abweichende Empfehlungen abgeben, bleibt noch ein Entscheidungsspielraum; aber auch hier kann er schon in Vorklärungen ausgefüllt werden.) Da nun die Länderminister schon zeitlich überfordert wären, sollten sie auch noch die gesamte Ausschußarbeit persönlich bestreiten, ist es ganz unvermeidlich, daß hier von der Möglichkeit der Vertretung durch Beamte in starkem Maße Gebrauch gemacht wird. Das aber bedeutet im Ergebnis, daß auch der Bundesrat des Grundgesetzes weitgehend von der Bürokratie geprägt wird und die Gesichtspunkte der Verwaltung in den Entscheidungsprozeß einbringt.

Die *politischen* Entscheidungen im bundesstaatlichen Beziehungsgefüge fallen – wie schon zu Bismarcks Zeiten – i. a. außerhalb des Bundesrats. Hier sind vor allem die Konferenzen der Ministerpräsidenten und der Ressortminister zu nennen. Es handelt sich dabei eigentlich um Instrumente der »Selbstkoordinierung« im Bereich der Länderpolitik, und in diesem Zusammenhang wird noch von ihnen die Rede sein. Aber sie haben zunehmend auch für die »vertikale« Bund-Länder-Koordination Bedeutung erlangt. Wie es der Übung seit der Monarchie entspricht, sind auf den verschiedenen Fachministerkonferenzen meistens auch die entsprechenden Bundesressorts vertreten. Auch die Ausschußberatungen des Bundesrates werden zunehmend durch die Fachministerkonferenzen vorbereitet und präjudiziert. (Die Zuordnung beider kommt schon darin zum Ausdruck, daß die Geschäftsführung der Ressortministerkonferenzen zum Teil bei den Sekretären der entsprechenden Bundesratsausschüsse liegt.)

Verwickelter liegen die Dinge auf der Ebene der Regierungschefs. Die Ministerpräsidenten der Länder benutzen ihre regelmäßigen Arbeitsbesprechungen seit der Mitte der fünfziger Jahre nicht zuletzt zur Abklärung ihrer Positionen in Fragen der Bundespolitik. Dabei muß man aber solche Besprechungen, bei denen die Länder ihre Stellungnahmen gegenüber dem Bund absprechen (z. B. bei finanzpolitischen Auseinandersetzungen in Form einer föderativen Blockbildung), von Gesprächen *mit* dem Bund unterscheiden. Besprechungen der Regierungschefs mit dem Bundeskanzler waren lange Zeit selten. Zwar hat § 31 der Geschäftsordnung der Bundesregierung vom 11. 5. 1951 die alte Vorschrift aus der Weimarer Republik (§ 26 der Geschäftsordnung der Reichsregierung) fast wörtlich wieder aufgenommen. Aber *Adenauer* hat sich dieses Instruments nur gelegentlich bedient, und auch die Kanzler *Erhard* und *Kiesinger* haben es nicht im Sinne der Geschäftsordnung kontinuierlich gehandhabt. Erst die Kanzler der sozialliberalen Koalition scheinen diesen institutionalisierten Kontakt systematisch zu pflegen. Insgesamt haben die Länderregierungen das vorhandene Koordinierungsinstrumentarium offenbar seit jeher aktiver und intensiver genutzt als die Bundesregierung. Doch auch mit dieser Einschränkung kann seine Bedeutung für den bundesstaatlichen Entscheidungsprozeß nicht hoch genug veranschlagt werden.

Nicht vergessen darf man in diesem Zusammenhang die wichtige Rolle der Ländervertretungen beim Bund. Auch sie stehen in einer alten Tradition: Die Bevollmächtigten der Länder sind an die Stelle der einstigen Ländergesandten am Sitz der Reichsregierung getreten. In der Mehrzahl sind sie Mitglieder der jeweiligen Landesregierungen, einige haben Beamtenstatus. Personelle Ausstattung und Aufgaben der Ländervertretungen sind zwar von Land zu Land unterschiedlich, aber i. a. haben die Bevollmächtigten selbst eine wichtige politische Verbindungsfunktion, und der Referentenstab der Vertretungen ist an den interbürokratischen Clearingprozessen im Bundesrat und in den mehr informellen Koordinierungsgremien zum Teil stark beteiligt. Nach dem Urteil eines wohlinformierten Autors hat die »Tätigkeit der Landesvertretungen der praktischen Arbeit des Bundesrates ganz entscheidend ihr Gepräge gegeben. Sie hat es im wesentlichen ermöglicht, daß die Landespolitiker sich weitgehend aus der Arbeit der Bundesratsausschüsse zurückgezogen haben und sich damit der Willensbildungs- und Entscheidungsprozeß aus den Ausschüssen und dem Plenum des Bundesrates heraus in hohem Maße in die Ressorts, die Staatskanzleien, die koordinierenden Referenten- und Staatssekretärskonferenzen und in die Kabinettssitzungen in den Landeshauptstädten hineinverlagert hat . . . Der legislative Prozeß insgesamt wurde dadurch weit mehr noch als bisher auf Kosten der politischen Führung von der Ministerialbürokratie in Bund und Ländern bestimmt« (*Fröchling*, S. 331).

Der Bundesrat selbst hat dieser wichtigen Kommunikationsfunktion der Landesvertretungen in seiner Geschäftsordnung Rechnung getragen. Sie sieht einen »Ständigen Beirat« beim Präsidium des Bundesrates vor, der aus den Bevollmächtigten der Länder beim Bund besteht. Nach § 9 der Geschäftsordnung vom 1. 7. 1966 hat er die Aufgabe, den Präsidenten »bei der Vorbereitung der Sitzungen und der Führung der Verwaltungsgeschäfte des Bundesrates« zu beraten und zu unterstützen. In der Praxis geschieht das in Zusammenkünften der Referenten aus den Ländervertretungen mit dem Direktor und den Ausschußsekretären des Bundesrats jeweils vor den Plenarsitzungen. Hier wird anhand der vorläufigen Tagesordnung der Sitzungsablauf durchgesprochen; dabei informiert man sich gegenseitig über das beabsichtigte Abstimmungsverhalten und mögliche Mehrheitsverhältnisse. Unter Umständen kommt es sogar zu »Probeabstimmungen«. Doch Entscheidungen fallen in der Referentenbesprechung nicht; sie hat eher eine »technische« als politische Kommunikationsfunktion, vergleichbar der des Ältestenrats im Bundestag. Gewichtiger ist das sog. »Kränzchen«, in dem – jeweils im Anschluß an Sitzungen des Bundeskabinetts – die Länderbevollmächtigten beim Bundesdirektor zusammenkommen. Dieses Gremium dient auch der politischen Abklärung von offengebliebenen Streitfragen; darüber hinaus nimmt es die zweite Funktion des Ständigen Beirats nach der Geschäftsordnung wahr, nämlich bei »der Aufrechterhaltung der laufenden Verbindung zwischen Bundesrat und Bundesregierung« mitzuwirken.

Schließlich darf auch nicht vergessen werden, daß schon im legislativen Vorverfahren, bei der Erarbeitung der Referentenentwürfe in den Bundesministerien, die Länderbürokratie vielfach stark beteiligt ist. Es gibt eine beträchtliche Anzahl von interministeriellen Bund-Länder-Ausschüssen auf Beamtenebene, die für laufenden Kontakt und Interessenabgrenzung sorgen und vielfach mögliche politische Konfliktstoffe in einem frühen Stadium entschärfen helfen können. Angesichts dieser Einbettung der Bundesratsarbeit in ein dichtes, vorwiegend bürokratisches Kommunikationsnetz ist es dann auch nicht verwunderlich, daß sich die Plenarsitzungen des Bundesrats –

jedenfalls vor der parteipolitischen Polarisierung in den siebziger Jahren – durch eine »sachliche«, leidenschaftslose Atmosphäre auszeichneten: Die Tagesordnung wurde rasch abgewickelt, Kontroversen nur in sehr gedämpftem Ton behandelt. Dahinter stand das Bewußtsein, daß die eigentliche Konfliktaustragung und Entscheidung schon im informellen, dem Blick der Öffentlichkeit entzogenen Prozeß der Vorklärung stattgefunden hatte.
Diese Verlagerung der Prozesse der Entscheidungsfindung aus dem Bundesrat hinaus in ein komplexes Geflecht mehr oder weniger informeller, zudem dem Blick der Öffentlichkeit weitgehend entzogener Koordinierungsgremien, mit den Sitzungen der Länderregierungen als letzter Station dieses Prozesses, hat manche Kritik auf sich gezogen. Der ehemalige niedersächsische Ministerpräsident *Alfred Kubel* sagte z. B. in einem Interview: »Der Bundesrat ist kein echtes Parlament, wenn seine Mitglieder am Freitag dort sitzen und schwungvolle Erklärungen abgeben, wohl wissend, daß die Entscheidungen längst am Dienstag zuvor in allen Kabinetten gefällt worden sind« (Kieler Nachrichten vom 11. 12. 1971). Man könnte die Frage aufwerfen, ob mit der skizzierten Koordinationspraxis nicht die institutionellen Regelungen und Kompetenzzuweisungen des Grundgesetzes unterlaufen werden. Bei der Kooperation von Bund und Ländern im Bereich der Bundesangelegenheiten – wir wollen von der »Selbstkoordinierung« hier zunächst absehen – ist sie aber, wie wir gesehen haben, jedenfalls durch die Tradition sanktioniert: Bundesstaatliche Politik ist seit Bismarcks Zeiten so betrieben worden, und manche Mitglieder des Parlamentarischen Rates haben aus der Weimarer Republik ja noch politische und administrative Erfahrungen mit solcher Kooperation gehabt. Das Bedürfnis, diese Praxis zu unterbinden, ist offenbar nicht sehr ausgeprägt gewesen. Vielmehr läßt der Umstand, daß man es auch für die Ausschüsse des Bundesrats bei der herkömmlichen Möglichkeit der Vertretung durch Beamte beließ, den Schluß zu, daß man es für wenig aussichtsreich gehalten hat, die hergebrachten Verfahrensweisen radikal (also auch über das Bundesratsplenum hinaus) zu »politisieren«.
Zwar haben sich einerseits die Ausgangsbedingungen, die einst die Verlagerung der politischen Entscheidungen aus dem Bismarckschen Bundesrat bestimmt haben, geändert: An die Stelle der preußischen Hegemonie ist die Gleichgewichtigkeit der Länder getreten. Andererseits aber hat die Arbeitsbelastung des Bundesrats mit dem enorm gestiegenen Umfang staatlicher Regelungstätigkeit erheblich zugenommen, und der Bundesrat allein könnte die erforderlichen Kommunikations-, Abstimmungs- und Entscheidungsprozesse gar nicht bewältigen. Das verhindern schon die knappen Fristen, die

ihm im Gesetzgebungsverfahren durch die Verfassung gesetzt sind: Für den ersten Durchgang – vor der Beratung im Bundestag – standen bis 1968 nur drei Wochen zur Verfügung. Seither beträgt die Frist zwar sechs Wochen, sie wird aber halbiert, wenn die Bundesregierung eine Vorlage für besonders eilbedürftig erklärt (Art. 76 Abs. 2 GG). Und die Regierung kann das Verfahren auf Kosten des Bundesrats noch mehr beschleunigen, wenn sie eine Vorlage durch die Regierungsfraktionen im Bundestag als parlamentarischen Initiativentwurf einbringen läßt. Nach dem Beschluß des Bundestages bleiben dann im »zweiten Durchgang« für die Beschlußfassung des Bundesrates bei Zustimmungsgesetzen drei, bei Einspruchsgesetzen zwei Wochen (Art. 77 GG). Nun üben ja die Mitglieder des Bundesrats diese Funktion gewissermaßen »nebenamtlich« aus; ihr Zeitbudget wird vor allem durch ihre Regierungsfunktionen in den Ländern in Anspruch genommen. Angesichts der Fülle der Agenden und der knappen Fristen müßte der Bundesrat zusammenbrechen wie ein überlastetes Telefonnetz, wenn er sich nicht der vielen entlastenden Kommunikationskanäle bedienen könnte, die mit den informellen Konsultations- und Koordinierungsverfahren bereitgestellt werden.

Daneben haben diese aber offenbar noch eine weitere, speziell für unseren Zusammenhang bedeutsame Funktion: Sie neutralisieren in mehr oder weniger starkem Maße das Mehrheitsprinzip, das ja auch im Verfahren des Bundesrates gilt, zugunsten von Einigungsprozessen, die eher »staatenbündischen« Charakter haben. Wie sehr sich schon *Bismarck* der informellen Kontakte bediente, um formelle Majorisierung kleinerer Einzelstaaten möglichst zu vermeiden, wurde oben gezeigt. Zu jener Zeit spielte dabei gewiß unter anderem das Bemühen um Courtoisie gegenüber den »verbündeten« Monarchen eine Rolle. Aber gewichtiger war doch wohl die Rücksichtnahme auf das Selbstbewußtsein der autonomen Länderbürokratien. Ein Bundesstaat, in dem administrative Verflechtungen so ausgeprägt sind, wie dies in Deutschland bis in die bundesrepublikanische Gegenwart der Fall ist, bleibt für das reibungslose Funktionieren des Staatsapparates auf Prozesse der Verständigung angewiesen, über denen nicht ständig das Fallbeil der Mehrheitsentscheidung schwebt. Und genau das leisten die informellen Beratungsformen, die dem Bundesrat vor- und nebengeschaltet sind. Insbesondere die Ministerkonferenzen verfahren, wie dies den Spielregeln in der Selbstkoordinierung der Länder entspricht, i. a. nach dem Prinzip der Einstimmigkeit, setzen also die Schwelle der Konsensbildung hoch. Man wird daher sagen können, daß für einen großen Teil des interbürokratischen Clearing im bundesstaatlichen System das

Mehrheitsprinzip des Bundesrates eher eine subsidiäre Rolle spielt.

Insgesamt zeichnet sich also die institutionelle Rekonstruktion des Föderalismus in der Bundesrepublik zunächst dadurch aus, daß sie weitgehend an die tragenden Prinzipien des Bismarckschen Bundesstaates anknüpft, mit den dafür charakteristischen Verflechtungen der Verwaltungs- und Regierungsorganisation von Zentralstaat und Gliedstaaten. Ferner gibt es erstmals ein ziemlich ausgeprägtes Gleichgewicht der Länder untereinander, damit aber auch eine stärkere institutionelle Ausgangsposition der Länder im Verhältnis zum Bund. Daraus erklärt sich, daß – verglichen mit dem Bismarckschen Bundesstaat – das Verhältnis zwischen hierarchischer und kooperativer Konfliktregelung und Problemlösung sich weiter zugunsten des kooperativen Moments verschoben hat, daß, mit anderen Worten, die Aushandlungszwänge noch stärker ins Gewicht fallen. Das wird besonders deutlich werden, wenn wir uns im folgenden mit der gleichzeitig erfolgten Intensivierung der »horizontalen« Kooperation in der »Selbstkoordinierung« der Länder und mit der von der Großen Koalition eingeleiteten Entwicklung beschäftigen, die man als kooperative Zentralisierung bezeichnen kann.

11. Die wachsende Bedeutung der Selbstkoordinierung der Länder

Neben der Zusammenarbeit von Bund und Ländern im Bereich der Bundesaufgaben gibt es eine Zusammenarbeit der Länder auf den Gebieten, die ihnen als verfassungsmäßiger Zuständigkeitsbereich verblieben sind. Dafür hat sich neuerdings der Terminus »Selbstkoordinierung« durchgesetzt. Die Sache selbst ist aber so alt wie der deutsche Bundesstaat: Auch hier werden Traditionen aus der Ära der Monarchie fortgesetzt, allerdings in stark angewachsenem Umfang.

Obgleich die Bismarckverfassung den Weg für eine frühzeitige Unitarisierung großer staatlicher Regelungsbereiche durch die Reichsgesetzgebung geöffnet hatte, waren den Einzelstaaten doch noch umfangreiche autonome Kompetenzen verblieben, insbesondere den süddeutschen Ländern mit ihren »Reservatrechten«. Daß dies zugleich eine teilweise beträchtliche Heterogenität gesellschaftlicher Lebensverhältnisse und administrativer Regelungen konservierte, hat frühzeitig die Forderung nach freiwilliger Abstimmung zwischen den Ländern hervorgerufen. Zum Beleg sei hier aus der teilweise galligen Kritik eines Tübinger Universitätsprofessors preußischer Herkunft an seiner schwäbischen Umwelt zitiert, die zuerst 1877 anonym in einem Leipziger Verlag erschien und neun Jahre später noch eine 4. Auflage erlebte: »Culturbilder aus Württemberg, von einem Norddeutschen.« Der Autor beklagt hier nicht nur das Tübinger Winterwetter und die geringe Verfeinerung der schwäbischen Küche, sondern vor allem auch administrative Eigenbrötelei und Rückständigkeit, insbesondere im Unterrichts- und im Verkehrswesen. Die Langsamkeit der Züge, die mangelhafte Koordinierung der Fahrpläne zwischen den badischen und württembergischen Bahnverwaltungen und die Schwierigkeiten beim Lösen einer Schnellzugzuschlagskarte auf den Grenzbahnhöfen versetzen ihn dabei ebenso in Wallung wie die Vernachlässigung der Mathematik im Gymnasialunterricht, die Mängel in der Ausbildung der Gymnasiallehrer und die unverständlichen Ferientermine.

Bemerkenswert dabei ist nun, daß der Verfasser einerseits für die Eisenbahnverwaltung erhofft, daß »der rettende Engel in Gestalt des deutschen Reiches erscheinen und diesem Unwesen mit einem Schlage ein Ende machen wird« und daß auch die württembergischen Reservatrechte im Postwesen zugunsten der deutschen Reichspost ein Ende finden. Andererseits aber geschieht der Vergleich des württembergischen mit dem preußischen Schulwesen hier »mit Rücksicht auf die alljährlich stattfindenden Conferenzen von Vertretern des höheren Schulfachs und der Schulbehörden, welche eine allmähliche Vereinbarung der Lehrerverhältnisse in Deutschland und wohl in letzter Instanz eine Freizügigkeit, wie sie bei den Medicinern bereits vollzogen ist, im deutschen Reich erstreben wollen.« Es wird also zwischen der Zentralisierung und der »Uniformierung« mittels Selbstkoordinierung offensichtlich unterschieden.

In der Tat hat neben der früher skizzierten, gleichsam klassischen bundesstaatlichen Unitarisierung, die vom Reich und der Hegemonialmacht Preußen auf dem Wege der Rechtssetzung des Reiches vorangetrieben wurde, auch die Vereinheitlichung landesrechtlicher Regelungen durch Vereinbarungen zwischen den Einzelstaaten schon in der Monarchie eine zunehmende Bedeutung gewonnen. So geschah es z. B. mit den Vorschriften über die Straßenverkehrspolizei oder die Rechtschreibung. Solche Vereinbarungen kamen häufig als »übereinstimmende Bundesratsbeschlüsse« zustande, d. h. es wurden im Bundesrat nach den Regeln seiner Geschäftsordnung Verordnungen oder Verwaltungsvorschriften vereinbart und dann von den einzelnen Gliedstaaten in Kraft gesetzt. Als Voraussetzung galt in der Regel die einstimmige Beschlußfassung. Diese Praxis gab es auch noch im Reichsrat der Weimarer Republik.

Daneben spielten Referenten- und Ministerbesprechungen, wie sie für die »vertikale« Koordinierung mit dem Reich charakteristisch waren, auch in der »horizontalen« Koordinierung der Länderangelegenheiten eine Rolle. Es gab gewisse ständige Kommissionen, in der Bildungspolitik z. B. die Reichsschulkommission (freilich unter dem Vorsitz eines Reichsbeamten) sowie die Hochschulkonferenz der Länder. Ministerkonferenzen scheinen nicht allzu häufig gewesen zu sein und haben wohl, soweit sich das überblicken läßt, nur von Fall zu Fall anläßlich besonders wichtiger politischer Fragen stattgefunden. So hat die erste Kultusministerkonferenz der Weimarer Republik im Oktober 1919 die Grundsatzentscheidungen über die Einberufung der Reichsschulkonferenz von 1920 und über die Gründung eines Reichsschulausschusses getroffen. Eine weitere Konferenz der Kultusminister galt dann im Oktober 1924 praktisch der Liquidierung des Versuchs einer Schulreform unter Führung des Reiches und leitete die Rückkehr zur überwiegenden Länderkoordinierung auf Beamtenebene ein.

Wenn wir nun die Praxis der Selbstkoordinierung in der Bundesrepublik dagegen halten, dann sind neben der unverkennbaren Kontinuität einige bemerkenswerte neue Züge festzustellen. Da ist zunächst die organisatorische Verselbständigung der »horizontalen« oder Selbstkoordinierung gegenüber der »vertikalen« oder Bund-Länder-Koordinierung. Im Unterschied zur Übung vor 1933 besteht heute Übereinstimmung, daß der Bundesrat mit der Selbstkoordinierung nichts zu tun hat. Er gilt als reines Bundesorgan, dessen Funktionen in der Verfassung erschöpfend beschrieben sind. Es hat sich hier also eine funktionale Differenzierung und Spezialisierung vollzogen. Ein solcher Vorgang hat vielfach damit zu tun, daß die zu bewältigenden Aufgaben umfangreicher und komplexer geworden sind und von differenzierten und spezialisierten Strukturen besser bewältigt werden können. Zwar ist bisher nie der Versuch gemacht worden, den Umfang der Selbstkoordinierung vor 1933 und nach 1949 systematisch zu vergleichen. Es spricht jedoch manches dafür, daß in der Tat der Umfang vereinbarter Regelungen erheblich zugenommen hat.

Ferner ist die Selbstkoordinierung politisch erheblich aufgewertet worden, wie man am Beispiel der Kulturpolitik sehen kann: Der Reichsschulausschuß und die Hochschulkonferenz waren auch in der Weimarer Zeit Beamtengremien. Dergleichen gibt es natürlich auch heute, und zwar in reicher Zahl – sie mögen »Arbeitsgemeinschaften«, »Arbeitskreise«, »Kommissionen« oder »Ausschüsse« heißen. Wie die interministeriellen Ausschüsse im Bereich der Bundesregierung, so dienen diese Gremien im Bereich der Länderzusammenarbeit der Abstimmung auf Referentenebene. Doch ihnen übergeordnet ist heute die Ebene der Ministerkonferenzen als ständige Einrichtungen. Besonders ausgeprägt ist die Institutionalisierung und interne Differenzierung im Fall der »Ständigen Konferenz der Kultusminister der Länder« (KMK): Sie hat ein eigenes ausgebautes Sekretariat, und ihre zahlreichen Beschlüsse werden in einer Loseblattsammlung veröffentlicht, wie dies im Bereich der Gesetzgebung üblich ist. Bei ihr ist auch der bürokratische Unterbau am stärksten entwickelt: Sie besitzt vier ständige Ausschüsse (aus den Leitern der Fachabteilungen in den Ministerien) sowie eine Reihe von Unterausschüssen, die die Plenarentscheidungen vorbereiten und in starkem Maße präjudizieren. Die Innenministerkonferenz hat ebenfalls drei Arbeitskreise, in denen die Abteilungsleiter der Ministerien zusammenkommen. Aber über diesem Unterbau stehen deutlich als letztentscheidende politische Instanz die Besprechungen der Minister.

Zwar hat die Mehrzahl der Fachministerkonferenzen keinen so aufwendigen Apparat wie die KMK. Doch wenn man ihre Beschlüsse in Augenschein nimmt, wird man auch ihnen das politische Gewicht nicht absprechen können. So haben z. B. die Justizminister in den

zurückliegenden Jahren die Vorschriften über den Strafvollzug und die Untersuchungshaft, die Dienstordnung für Notare oder die Vorschriften über die Blutalkoholfeststellung bei Verkehrsvergehen vereinheitlicht; sie haben ferner die »Zentralstelle zur Aufklärung nationalsozialistischer Gewaltverbrechen« in Ludwigsburg und ihr Gegenstück in Salzgitter errichtet. Die Innenministerkonferenz hat sich mit Fragen des Verfassungsschutzes ebenso beschäftigt wie mit der Polizeiorganisation – z. B. hat sie die Einführung einheitlicher Polizeiuniformen beschlossen – und hat die Behandlung von Ausländern und die Handhabung des Ausländerpolizeirechts koordiniert. Die Arbeitsgemeinschaft der für das Gesundheitswesen zuständigen Länderminister hat beispielsweise die Polioschutzimpfung eingeführt und die Reform der Approbationsordnung für Ärzte vorbereitet.
Zugenommen hat vor allem die Bedeutung der Zusammenkünfte der Ministerpräsidenten. Neben einer »Konferenz«, die jedes Jahr in einer anderen Landeshauptstadt in einem ausgeprägt repräsentativen Rahmen abgehalten wird, haben sich »Arbeitsbesprechungen« eingebürgert, die alle 6–8 Wochen in Bonn stattfinden und mit Besprechungen beim Bundeskanzler (nach Art. 31 GO BReg) verbunden sein können. Die Bedeutung dieser Beratungen ergibt sich aus der Richtlinienkompetenz und politischen Koordinierungsfunktion des Regierungschefs. Politisch wichtige Vereinbarungen werden zunehmend auf dieser Ebene getroffen; es sei hier nur an den Beschluß der Regierungschefs des Bundes und der Länder über die Nichteinstellung verfassungsfeindlicher Bewerber für den öffentlichen Dienst (vom 28. 1. 1972) erinnert. Die Fachministerkonferenzen erarbeiten zum Teil nur Vorlagen, die dann von den Ministerpräsidenten (in der Regel unter Hinzuziehung der Ressortminister) in letzter Instanz beraten und verabschiedet werden. Insbesondere haben die Regierungschefs über wichtige Fragen der Kulturpolitik nach Vorberatung in der Kultusministerkonferenz Beschlüsse gefaßt. Sie haben auf diesem Gebiet Staatsverträge und Verwaltungsabkommen abgeschlossen, vom Düsseldorfer Abkommen von 1955 und dem Hamburger Abkommen von 1964 zur Vereinheitlichung des Schulwesens bis zum Vertrag über das Zulassungsverfahren an den Universitäten. Neuerdings ist der Ministerpräsidentenkonferenz zudem die Entscheidung bei Konflikten zwischen Fachministerkonferenzen zugefallen. Und schließlich hat sie über ihre ursprüngliche Domäne, die reine Selbstkoordinierung, hinaus eine Schlüsselposition in der vertikalen Koordination mit dem Bund erhalten, so z. B. ganz ausgeprägt bei der Beratung der Finanzreform in den Jahren 1968 und 1969. Im Abkommen über die Bund-Länder-Kommission für

Bildungsplanung von 1970 ist gar ausdrücklich vorgesehen, daß die Empfehlungen und Minderheitsvoten »den Regierungschefs zur Beratung und Beschlußfassung« (mit mindestens neun von zwölf Stimmen) vorgelegt werden.
Will man diese stärkere Ausdifferenzierung und das erhöhte politische Gewicht der institutionalisierten Selbstkoordinierung erklären, dann bietet sich dafür zunächst die Entstehungsgeschichte an: Die Ministerkonferenzen sind überwiegend schon vor der Gründung der Bundesrepublik entstanden und gehen vor allem auf den Länderrat der amerikanischen Zone zurück, in gewissem Sinne auch auf die Länderkonferenz des britischen Besatzungsgebiets. Hier war zwischen den Kompetenzen der Zentralorgane (Zonenbeirat und Zonenzentralämter, die von den Länderregierungen unabhängig waren) und der Länder deutlicher unterschieden worden; die letzteren sollten von der Länderkonferenz (aus den Ministerpräsidenten) koordiniert werden, was freilich nie recht gelang. Dagegen war in der amerikanischen Zone der Länderrat praktisch die Zentralinstanz, die zoneneinheitliche Gesetze und Verordnungen beschloß. Er bestand aus dem »Ständigen Rat« oder »Rat der Ministerpräsidenten«, der die Grundsatzentscheidungen traf, und – neben einem bürokratischen Apparat – aus einer Reihe von Fachausschüssen, denen für jedes Land jeweils ein stimmberechtigtes Regierungsmitglied angehörte. Ständiger Rat und Ausschüsse konnten nur einstimmige Beschlüsse fassen. Dieses System der Ministerkonferenzen wurde dann auch in die Organisation der Bizone, des späteren Vereinigten Wirtschaftsgebiets übernommen, zunächst in Gestalt der »Verwaltungsräte«, später als Fachausschüsse des Bizonen-Länderrats. Und diese Einrichtungen sind nach Gründung der Bundesrepublik in der Form der Fachministerkonferenzen weitergeführt worden. Daneben entstand 1948 auch die »Ständige Konferenz der Kultusminister des Vereinigten Wirtschaftsgebiets« als freiwilliger Zusammenschluß, der dann durch den »Bernkasteler Beschluß« vom 19. 10. 1949 fortgeführt wurde.
Es würde aber nicht ausreichen, die fortdauernde Existenz der Ministerkonferenzen etwa aus dem bloßen Beharrungsvermögen von Organisationen zu erklären, die vor der Wiedererrichtung einer Zentralregierung eine Lücke ausfüllten und nun in der Selbstkoordinierung im Bereich der Länderkompetenzen eine Aufgabe gefunden hatten, die es erlaubte, sie am Leben zu erhalten. Die Geschichte der Ministerpräsidentenkonferenz zeigt, daß es sich hier offenbar auch um fortbestehende und neu zugewachsene Koordinierungsbedürfnisse handelt. Denn nach der Gründung der Bundesrepublik hatte die Konferenz der Ministerpräsidenten zunächst ihre Arbeit einge-

stellt und ihr Büro aufgelöst, weil es nun ja den Bundesrat gab. Es fand nur 1950 noch eine Konferenz statt, auf der man sich über eine Geschäftsordnung des Bundesrates einigte. Ende 1952 kamen die Ministerpräsidenten zwar noch einmal zusammen, um über die Frage einer Erhöhung des Bundesanteils an der Einkommen- und Körperschaftsteuer sowie über die Konflikte um den Vertrag zur Gründung einer »Europäischen Verteidigungsgemeinschaft« zu beraten, aber man verzichtete auf Beschlüsse, weil dies Sache des Bundesrats sei. Erst im Februar 1954 wurde die Konferenz auf Initiative des bayerischen Ministerpräsidenten *Ehard* zu neuem Leben erweckt, anfänglich mit expliziter Beschränkung auf die Selbstkoordinierung in Länderangelegenheiten, und seither ist sie eine regelmäßige Einrichtung geblieben. Offenbar hatten die Erfahrungen der ersten Jahre der Bundesrepublik gezeigt, daß ein Bedürfnis für eine solche Institution neben dem Bundesrat vorhanden war. Andererseits läßt sich an dem schon angedeuteten Funktionszuwachs im Laufe der Jahre auch ablesen, daß die reine Selbstkoordinierung zurücktritt und die Ministerpräsidentenkonferenz eine zunehmend wichtige Rolle in der Kooperation der Länder mit dem Bund spielt. Hier zeigt sich ein Phänomen, das uns noch beschäftigen wird, nämlich das Vordringen der »vertikalen« Koordinierung, die in der Entwicklung des Bundesstaats seit der Mitte der sechziger Jahre das Übergewicht erhält.

Bevor auf diese neueren Trends eingegangen wird, muß aber noch einmal gefragt werden, welche Faktoren denn – außer dem dargestellten »Startvorsprung« der Länderministerkonferenzen – zu dem erhöhten politischen Gewicht der Selbstkoordinierung beigetragen haben. Man wird hier insbesondere zwei komplementäre Entwicklungen hervorheben müssen: Auf der einen Seite ist das Bedürfnis nach Unitarisierung offensichtlich stark gewachsen (wovon im folgenden Abschnitt noch die Rede sein soll). Auf der anderen Seite aber ist eine Unitarisierung angesichts der Gewichtsverschiebungen, die sich nach 1945 im bundesstaatlichen Gefüge ergeben haben, weit stärker auf funktionierende horizontale Koordinationsgremien mit politischem Gewicht angewiesen, als das in der Vergangenheit der Fall war.

Die Selbstkoordinierung der Länder war in der Vergangenheit nämlich charakterisiert durch die ausgeprägte Führungsrolle Preußens. An der Geschichte der Bildungspolitik seit dem 19. Jahrhundert ist das besonders deutlich abzulesen. In einer wichtig gewordenen Denkschrift über »kulturpolitische Zuständigkeiten des Reiches«, die der Staatssekretär im preußischen Kultusministerium (und nachmalige Kultusminister) *Carl Heinrich Becker* dem Verfassungsausschuß der Weimarer Nationalversammlung vorgelegt hat, ist dieser Einfluß sehr klar dargestellt worden: »Wenn z. B. Preußen die drei höheren Schularten [nämlich Gymnasium, Realgymnasium und Oberrealschule, G. L.] als gleichberechtigt anerkannte oder den Grad eines Doktor-Ingenieurs schuf, so blieb den kleinen Staaten, schon um konkurrenzfähig zu bleiben, gar nichts anderes übrig, als das gleiche zu tun. Wenn Mißstände im Universitätsbereich einrissen (Doktorfabriken), so erklärte Preußen einfach, die Doktordiplome des betreffenden Bundesstaates nicht mehr anzuerkennen, was zur Folge hatte, daß die strengere preußische Praxis auch dort alsbald eingeführt wurde« (*C. H. Becker,* S. 23). Insbesondere die norddeutschen Kleinstaaten sahen sich meist zur engen Anlehnung an das preußische Vorbild veranlaßt. Aber auch die Mittelstaaten pflegten, wenngleich meist erst nach einem gewissen Zeitabstand, mit den preußischen Innovationen in der Bildungspolitik gleichzuziehen.

Diese Führungsrolle Preußens hat in der Bundesrepublik kein Äquivalent, weil sich hier, wie schon gesagt, eine Mehrzahl von etwa gleich starken Ländern gegenübersteht und weil diese Machtbalance zugleich den kleineren Ländern (besonders den Stadtstaaten, wie die Schulpolitik gezeigt hat) gewisse Freiräume ließ. Unitarisierung kann hier also nur noch durch Aushandlungsprozesse zustande kommen. Das hergebrachte Einstimmigkeitsprinzip in der »Zwischen-Länder-Koordinierung« unterstreicht den bestehenden Aushandlungszwang, der sich schon daraus ergibt, daß bei freiwilliger Selbstkoordinierung keine rechtlich bindenden Beschlüsse gefaßt werden können, kein Land also zur Unterwerfung gezwungen ist. Es liegt aber auf der Hand, daß in einer Situation, in der etwa gleich starke Partner eine freiwillige Übereinkunft erreichen müssen, auch ein größeres politisches Gewicht der Verhandlungspartner erforderlich wird: Gravierende Interessengegensätze können nicht auf Referentenebene ausgeglichen werden. Entscheidungen müssen in der Regel von den Inhabern der politischen Führungspositionen in den Ressorts zumindest gebilligt und verantwortet, wenn nicht gar auf dieser politischen Ebene überhaupt erst ausgehandelt werden. Die Aufwertung der Selbstkoordinierung durch die Praxis der Ministerkonferenzen trägt also einerseits der für den Nachkriegsföderalismus charakteristischen Einflußbalance Rechnung, andererseits dem gestiegenen Kooperations- und Koordinierungsbedarf. Damit ist noch nicht gesagt, daß es sich um unvermeidliche Vorgänge handelt. Vielmehr wird jetzt zu fragen sein, ob eigentlich der von den politischen Akteuren angenommene Koordinierungs- und Unitarisierungsbedarf eine objektive Größe ist.

12. Unitarisierung als administrative Abwehrstrategie

Wenn hier die neueren Entwicklungen im kooperativen Föderalismus aus dem Trend zur Zunahme von Unitarisierung erklärt werden, dann wird damit eine Hypothese aufgenommen, die in der Literatur über den Föderalismus der Bundesrepublik – insbesondere in der staatsrechtlichen Diskussion – eine beherrschende Rolle spielt. Zwar bleibt es dort oft bei der deskriptiven Feststellung, ein solcher Trend existiere und sei von erheblicher Bedeutung, und wo nach Erklärungen des behaupteten Trends gesucht wird, geschieht das vielfach unsystematisch, wenn nicht gar in bloß beiläufigen Bemerkungen. Doch dominiert jedenfalls der Hinweis auf gesamtgesellschaftliche Entwicklungstendenzen, die, wie es heißt, ein unabweisbares Bedürfnis nach »Einheitlichkeit der Lebensbedingungen« hervorrufen. Kaum eine der neueren staatsrechtlichen Arbeiten über den Föderalismus unterlasse es, so wird in einer zusammenfassenden Charakterisierung dieses Schrifttums gesagt, »auf den egalisierenden Trend demokratischer Industriegesellschaften hinzuweisen sowie auf die Mobilität der modernen Gesellschaft, auf die Weiträumigkeit und Zentralisierungstendenz wirtschaftlicher Dynamik, auf die vereinheitlichende und zentralisierende Wirkung sozialstaatlicher und wirtschaftsinterventionistischer Prozesse und allgemein auf die Schwächung der territorialen Bestimmtheit des Einzelnen und der Gruppen gegenüber ihrer verstärkten Eingliederung in sachlich-funktionale Zusammenhänge« (*Hempel,* S. 211, mit zahlreichen Nachweisen). Diese Erklärung der Unitarisierung aus allgemeinen Entwicklungstendenzen der »Industriegesellschaft« führt vielfach dazu, die dadurch bewirkte Strukturveränderung des Bundesstaats als zwangsläufig anzusehen. Daß die Länder ihren autonomen Handlungsspielraum weitgehend einbüßen, daß insbesondere die Länderparlamente mehr und mehr darauf beschränkt werden, Abmachungen zu ratifizieren, die von den Regierungs- und Verwaltungsapparaten ausgehandelt werden, erscheint als notwendiger Tribut an gesellschaftlichen Wandel, der zwar bedauert, aber nicht vermieden werden kann. Für unsere Fragestellung ist das insofern von Bedeutung, als die zunehmende Unitarisierung ganz offensichtlich auch den autonomen Spielraum für alternative politische Lösungen in den Ländern verringern muß. Parteienwettbewerb kann dann auf dieser Ebene allenfalls noch sekundäre, untergeordnete Entscheidungsalternativen zum Gegenstand haben, und zwar innerhalb des abgesteckten unitarischen Rahmens.

Eine systematische Überprüfung der Hypothese, die in der Unitarisierung eine zwangsläufige Folge gesellschaftlichen Wandels sieht, ist bisher allerdings nicht unternommen worden. Das mag daran liegen, daß sie so plausibel klingt. Nicht zuletzt der internationale Vergleich scheint sie zu stützen: In Bundesstaaten wir den USA und der Schweiz beobachten wir gleichfalls eine erhebliche Zunahme der Zentralisierungstendenzen und eine Intensivierung von Kooperation (vor allem »vertikal«, also zwischen Zentral- und Gliedstaaten), und es ist naheliegend, die Erklärung dieser Gleichsinnigkeit von Trends in den gleichartigen gesellschaftlichen Wandlungstendenzen zu suchen, die diese hochindustrialisierten Länder auszeichnen.
Derartige Beobachtungen verleiten aber allzu leicht zu voreiligen Folgerungen, die der Komplexität des Phänomens nicht gerecht werden. Daß Formeln wie »egalisierender Trend der demokratischen Industriegesellschaften« von einer fragwürdigen Allgemeinheit sind, zeigt beispielsweise die Entwicklung des deutschen Bildungssystems, in dem die Unitarisierung ebensogut der sozialen Privilegierung wie der Herstellung demokratischer Gleichheit gedient hat. Bis 1918 gab es, von Preußen ausgehend, eine (gemäßigte) Unitarisierung, die im wesentlichen auf den Hochschulbereich und das höhere Schulwesen beschränkt war, und zwar über die Angleichung von Lehrplänen und die Vereinheitlichung von Berechtigungsausweisen (insbesondere dem »Einjährigen« und der Reifeprüfung). Diese Unitarisierung bewirkte wohl die Herstellung von Chancengleichheit für das aufstrebende gehobene und mittlere Bürgertum und schuf zugleich ein einheitliches Standesbewußtsein, das den alten Vorrang des Adels nivellierte; dadurch wurde aber auch eine neue Statusbarriere gegenüber den »Nichtakademikern« der unteren Schichten aufgebaut. *Friedrich Paulsen* hat das seinerzeit den »Sozialaristokratismus« genannt (S. 682ff.). Das Berechtigungswesen – dieses für die deutsche Gesellschaft so charakteristische Surrogat und zugleich Erbe ständischer Gliederungskriterien – war bis zum Ende der Monarchie von ausschlaggebender Bedeutung für die Angleichung der Schulsysteme: Bezeichnenderweise bestand die Aufgabe der »Reichsschulkommission«, die schon 1868 im Norddeutschen Bund geschaffen worden war, in der Vereinheitlichung der Zeugnisse (und der entsprechenden Ausbildungsgänge), die zum Einjährig-Freiwilligen Militärdienst berechtigten, einem wichtigen sozialen Privileg des Bürgertums. Nach 1918 setzte sich dann zeitweilig eine gegenläufige Unitarisierungsbewegung durch, die es gerade auf den Abbau derjenigen Strukturen im Schulwesen abgesehen hatte, die solche Privilegierungen begründeten (in neuerer, freilich unscharfer Terminologie also auf »Demokratisie-

rung«): Wichtigstes Datum ist hier die Vereinheitlichung der Grundschule und die Aufhebung der (der höheren Schule vorgeschalteten) »Vorschulen« durch die Weimarer Verfassung und die Reichsgesetzgebung. Solche Unitarisierungsphänomene sind natürlich auch auf gesellschaftlichen Wandel zurückzuführen, doch gewiß nicht dessen notwendige und einzig mögliche Folge; die Hypothese vom »egalisierenden Trend moderner Industriegesellschaften« ist viel zu allgemein gefaßt, als daß sie hier viel zu erklären vermöchte. In den USA hat der zweifellos mindestens ebenso ausgeprägte »egalisierende Trend« eine weitaus größere Heterogenität des Bildungssystems bis heute zugelassen.

Schon dieses Beispiel zeigt, daß man die Unitarisierung nicht einfach mit so diffusen Begriffen wie »Leistungs-« oder »Sozialstaat« erklären kann. Schon die darin implizierte Gegenüberstellung zum bürgerlich-liberalen Gesetzgebungsstaat, der sich auf die »klassische« Eingriffsverwaltung beschränkt, zeigt die Verkürzung der Perspektive. (Ich nehme diese geläufige Gegenüberstellung hier auf und vernachlässige dabei den Umstand, daß diese angeblich »klassische« Periode in den meisten europäischen Ländern nur wenige Jahrzehnte gedauert hat.) Denn gerade in Deutschland ist der große Unitarisierungsschub der siebziger Jahre (der liberalen Periode!) vornehmlich dem Bedürfnis des Bürgertums nach einheitlichen Wettbewerbsbedingungen für die kapitalistische Wirtschaft zu verdanken – ein Bedürfnis, das angesichts des perzipierten Entwicklungsrückstandes gegenüber Westeuropa besonders ausgeprägt war. Der Übergang zum »interventionistischen« Staat der »Daseinsvorsorge« ist hier gerade darum, weil die liberale Periode schon unitarische Prädispositionen geschaffen hatte, mit einer kräftigen Verstärkung der gesellschaftlichen und staatlichen Vereinheitlichungstendenz verbunden.

Gerade der internationale Vergleich zeigt aber, daß es nicht ausreicht, auf allgemeine gesellschaftliche Entwicklungstendenzen – gewissermaßen ein »ehernes Gesetz« der »demokratischen Industriegesellschaft« – zu rekurrieren, wenn man die Unitarisierungstendenzen im deutschen Föderalismus erklären will. Denn bei genauerem Hinschauen fallen beachtliche Unterschiede im Ausmaß der Unitarisierung auf. Insgesamt ist sowohl in den USA als auch in der Schweiz das Gefälle in den gesellschaftlichen Lebensbedingungen bislang viel ausgeprägter als in der Bundesrepublik. Vielleicht am bekanntesten ist der Umstand, daß die Steuersysteme dort auch heute zu recht erheblichen Ungleichheiten in der Besteuerung zwischen den Einzelstaaten oder Kantonen führen können, während hierzulande ja die großen Steuern überwiegend (Einkommen-, Körperschafts-, Umsatz-, Mineralölsteuer) vom Bund geregelt werden und unterschiedliche Besteuerung nur da vorkommt, wo die Gemeinden (wie insbesondere im Fall der Hebesätze bei Gewerbe- und Grundsteuer) eine gewisse Autonomie haben. Aber auch das Bildungssystem ist in diesen Ländern äußerst vielgestaltig. Und darüber hinaus kennt ein so kleines Land wie die Schweiz selbst in Bereichen, deren Unitarisierung uns längst selbstverständlich geworden ist, wie z. B. Prozeßrecht und Gerichtsverfassung, dank der fortbestehenden Zuständigkeit der Kantone nicht unerhebliche Unterschiede. Zwar spielen hier interkantonale Verträge (»Konkordate«) seit jeher eine große Rolle, gibt es auch recht intensive Kooperationen zwischen den kantonalen Verwaltungen, und die Zentralisierungstendenzen, insbesondere der Kompetenz- und Einflußzuwachs des Bundes, sind unverkennbar. Man wird aber nicht behaupten können, daß dies zu einer so weitgehenden Uniformität kantonaler Regelungen führe wie in der Bundesrepublik. Im Gegenteil, sogar bei der Ausführung der Bundesgesetze gibt es eine ausgeprägte Heterogenität. Zwar ist sie, wie in Deutschland und Österreich, weitgehend Sache der Gliedstaaten, also der Kantone. Im Unterschied zu den beiden genannten Ländern aber folgt in der Schweiz daraus nicht auch eine Zuständigkeit des Bundes für die Regelung der Verwaltungseinrichtungen und des Verfahrens; vielmehr verbleibt den Kantonen auch beim Vollzug der Bundesgesetze neben der Personalhoheit die Organisationshoheit, und sie verteidigen diese Autonomie mit Nachdruck. Dieser sog. »Vollzugsföderalismus« ist zwar in den letzten Jahren zum Gegenstand politischer Auseinandersetzungen geworden, in denen auf der einen Seite die Kantone ihre zunehmende Überforderung durch die vom Bund übertragenen Vollzugsaufgaben beklagen (so insbesondere eine Konferenz der Ostschweizer Regierungen am 11. 4. 1973), während auf der anderen Seite die Eigenwilligkeit der Kantone bei der Gesetzesausführung beklagt wird; so ist z. B. der »dringliche Bundesbeschluß« (ein der Schweiz eigentümliches Verfahren der befristeten Ausnahmegesetzgebung) über Maßnahmen auf dem Gebiet der Raumplanung aus dem Jahre 1972 von den Kantonen höchst unterschiedlich vollzogen und in einem Kanton (Wallis) geradezu unterlaufen worden (vgl. *Germann*). Obgleich aber solche Vorgänge zu der Forderung geführt haben, die Kooperation zwischen Bund und Kantonen zu verstärken (insbesondere durch Institutionalisierung einer Konferenz der kantonalen Regierungspräsidenten), wird doch an eine Unitarisierung der Gesetzesausführung, die auch nur entfernte Ähnlichkeit mit dem hätte, was in der Bundesrepublik als erforderlich gilt, bisher offensichtlich nicht gedacht.

In den Vereinigten Staaten verfügt die Bundesregierung zwar – verglichen mit der Schweiz – über größere Ressourcen und ein weitaus umfangreicheres Instrumentarium für eine Politik zur Durchsetzung einheitlicher Lebensbedingungen, und Untersuchungen des kooperativen Föderalismus in den USA arbeiten dessen unitarisierende Komponente sehr wohl heraus; sie zeigen aber auch, daß dies in einem pragmatischen Stil geschieht, der eine nicht unbeträchtliche Heterogenität der Regelungen zu verkraften imstande ist. Darüber hinaus müssen ja die USA mit einer Kompetenzverteilung leben, die den Einzelstaaten selbst Straf- und Zivilrecht beläßt. Schon das erzwingt natürlich ein weitaus höheres Toleranzniveau in bezug auf regionale Disparitäten im Output an Politik und in den Verfahrensweisen politischer und administrativer Regelungen.

Es ist naheliegend, diesen »Unitarisierungsrückstand« der beiden erwähnten Bundesstaaten auf eigentümliche verfassungsrechtliche Voraussetzungen und politisch-kulturelle Traditionen (z. B. »Kantönligeist«) zurückzuführen, die den unitarisierenden und zentralisierenden Einfluß der zuvor erwähnten Entwicklungstendenzen der »Industriegesellschaft« bremsen. Es wäre aber methodisch höchst fragwürdig, wollte man etwa so tun, als ob im Falle der Bundesrepublik diese Tendenzen sozusagen direkter, ohne die Bremswirkung solcher Traditionen, auf die politischen Strukturen durchschlagen. Vielmehr muß man die Möglichkeit in Rechnung stellen, daß auch in der Bundesrepublik andere modifizierende Faktoren am Werk sind, die zu der ausgeprägten Unitarisierung (mit ihren problematischen Folgeerscheinungen) beitragen und möglicherweise trendverstärkend wirken. Sollte diese Vermutung richtig sein, dann stellt sich die Frage, ob das Ausmaß der Unitarisierung in Deutschland (und deren Rückwirkungen auf die Institutionen des Verfassungssystems) tatsächlich eine unvermeidliche Folge von gesellschaftlichem Wandel sind, zu der es keine Alternative gäbe.

Nicht selten scheinen die beiläufigen Erklärungsversuche in der deutschen Föderalismusliteratur von der naiven Annahme auszugehen, daß politische Strukturveränderungen als ein unmittelbarer Reflex von Veränderungen der gesellschaftlichen Bedürfnislagen vorzustellen sind, etwa so, wie die ältere behavioristische Psychologie Verhalten als unmittelbare Reaktion auf äußere Reize verstand. Bei näherer Überlegung muß es aber als sehr unzulänglich scheinen, Unitarisierung nach der Analogie dieses »Reiz-Reaktions-Schemas« als unmittelbare Reaktion auf gesellschaftlichen Wandel zu verstehen. Vielmehr hängen die strukturellen »Reaktionen« ja offensichtlich davon ab, wie die politischen Akteure gesellschaftliche Problemlagen wahrnehmen und bewerten. Wir werden also von der

Frage ausgehen müssen, warum in Deutschland, insbesondere in der neueren Entwicklung der Bundesrepublik, von den politischen und administrativen Eliten ebenso wie von wichtigen gesellschaftlichen Führungsgruppen die durch den gesellschaftlichen Wandel geschaffenen Problemlagen als solche definiert werden, die gleichförmige Regelungen verlangen, und zwar offenbar in stärkerem Maße, als das in den anderen erwähnten Bundesstaaten der Fall ist.

Hier wird man sich zunächst an den Umstand erinnern, daß ja schon in den Anfängen des Bundesstaates in der Problemperzeption der entscheidenden politischen Akteure eine zentralisierend-unitarische Entwicklung des Reiches als gesellschaftliches Bedürfnis erschien. Die nationalliberale Reichstagsmehrheit stimmte mit der liberalen Hochbürokratie, die bis 1878 die Politik des Reiches bestimmte, hierin überein und hat damals im Wege der Reichsgesetzgebung jenen großen Unitarisierungsschub durchgesetzt. Dadurch kam schon früh in Deutschland ein Maß an »Einheitlichkeit der Lebensverhältnisse« zustande, das ältere Bundesstaaten auf manchen Gebieten bis heute noch nicht erreicht haben. Das Übergewicht Preußens und die bei seinen Führungsgruppen weitverbreitete Überzeugung, daß die preußischen Regelungen (etwa im Bildungssystem) überlegen seien, daß folglich eine »großpreußische« Angleichung der Entwicklung in den Mittel- und Kleinstaaten an dieses Vorbild erfolgen müsse, haben sicher das Ihre zur Ausbildung unitarischer Orientierungen beigetragen. Man darf aber auch nicht übersehen, daß Preußen selbst, obgleich als Einheitsstaat organisiert, doch für wichtige Bereiche regional höchst unterschiedliche Regelungen konservierte – so im Schulwesen (besonders der Volksschule) bis 1919 und in der Kommunalorganisation gar bis zur nationalsozialistischen Zeit. Und es hat auch einen preußischen Partikularismus gegeben, der z. B. die Vereinheitlichung des Eisenbahnwesens bis zum Ersten Weltkrieg behinderte.

Mit der Weimarer Republik hat sich da nun einiges geändert, und das nationalsozialistische Regime hat eine ausgesprochen zentralistische Politik der Vereinheitlichung betrieben. Es braucht in unserem Zusammenhang darauf nicht eingegangen zu werden. Wichtig sind diese Vorgänge aber insofern, als sie offensichtlich die verstärkten Unitarisierungstendenzen nach dem Zweiten Weltkrieg erheblich mitbestimmt haben. Damals erfolgte zwar eine erneute Dezentralisierung von Kompetenzen, und in einigen wichtigen Bereichen, so vor allem im Schulsystem und in der Kommunalverfassung, gibt es eine neue Vielgestaltigkeit innerhalb der Bundesrepublik. In anderen, politisch weniger exponierten Bereichen aber hat es offenbar starke Bestrebungen gegeben, ein Auseinandergehen der Regelun-

gen in den Ländern nach Möglichkeit zu vermeiden. Beispielsweise haben sich die Finanzverwaltungen der Länder frühzeitig bemüht, für ihre Ressorts die erreichte Rechtseinheit und die Übereinstimmung in der Verwaltungspraxis weitgehend zu bewahren. Andere uniforme Regelungen, die mit Hilfe des zentralistischen Instrumentariums der nationalsozialistischen Zeit eingeführt worden waren, wurden zum Teil nur einige Jahre nach dem Kriege im Wege der Ländervereinbarung wiederhergestellt, so etwa im Strafvollzug (bis zur erst neuerlich erfolgten bundesgesetzlichen Regelung).
Bei dieser kooperativen Perpetuierung ursprünglich zentralistischer Vereinheitlichung ist offensichtlich die Verwaltung die treibende Kraft. Die personelle Kontinuität der Beamtenschaft ist ja nach dem Zusammenbruch des Dritten Reiches auch durch die Entnazifizierung nicht dauerhaft beeinträchtigt worden. Mit Ausnahme derjenigen nationalsozialistischen Beamten, die ihre Positionen als »Außenseiter« mit Hilfe der Partei errungen hatten, und der kleinen Gruppe politisch schwer belasteter Spitzenbeamten wurde die alte Bürokratie in die Dienste zunächst der Länder, dann auch des Bundes übernommen. Das heißt, auch die neue Länderbürokratie war großenteils durch die Schule eines hochgradig zentralistischen Verwaltungsapparats gegangen. Die Finanzbeamten der Länder rekrutierten sich aus der alten Reichsfinanzverwaltung, und es war ganz natürlich, daß sie an den dort erlernten Standards festhielten. Aus ihren Erfahrungen und erworbenen Gewohnheiten heraus lag es für die Bürokratie auch der Länderministerien nahe, die Bedürfnisse einer sich wandelnden und mobilen Gesellschaft im Sinne eines ausgeprägten Unitarisierungskonzepts zu interpretieren. Die organisatorische Aufspaltung der Bürokratie in Länderverwaltungen, die wieder autonom geworden waren, konnte dem zwar teilweise entgegenwirken: Einerseits konnte die Homogenität des Verfahrens und der Lösungen nicht mehr durch eine hierarchische Spitze garantiert werden, und andererseits bewirkten in politisch exponierten Bereichen, wie eben im Schulwesen, heterogene gesellschaftliche Interessen und parlamentarische Mehrheitsverhältnisse eine Differenzierung und neue Heterogenität der Lösungen. Die Kommunikation der Bürokratien untereinander war aber intensiver geworden: Die Mechanismen der Kooperation waren, wie oben gezeigt, schon vor der Gründung der Bundesrepublik beachtlich verstärkt worden, und zudem steht ja eine ganz andere Kommunikationstechnik zur Verfügung. Die Beamten der Bismarckzeit waren auf die Eisenbahn angewiesen; inzwischen haben Auto und Flugzeug, Telefon und Fernschreiber die Kontakte erheblich erleichtert. Und sie haben in der Tat einen solchen Umfang angenommen, daß schon allein von

daher die Angleichung der Perspektiven, aus denen man gesellschaftliche Problemlagen interpretiert, stark befördert wird.
Diese entwicklungsgeschichtliche »Konditionierung« der Bürokratie auf unitarische Lösungen hin ist natürlich deshalb von besonderer Bedeutung, weil eben der deutsche Föderalismus seit jeher in so starkem Maße auf der Verflechtung von Bundes- und Länderverwaltungen beruht. Wenn wir dieses System mit dem amerikanischen oder schweizerischen Föderalismus konfrontieren, wird seine Eigenart deutlich: Hier hat die demokratisch-parlamentarische Komponente nicht nur im historischen Prozeß der Föderierung eine entscheidende Rolle gespielt; sie bestimmt auch die institutionelle Struktur dieser Bundesstaaten in der Gegenwart. Regionale Interessen werden nicht nur durch die Verwaltungsbehörden und Regierungen von Einzelstaaten bzw. Kantonen vertreten, sondern – in viel ausgeprägterem Maße als in der Bundesrepublik – durch parlamentarische Politiker; insbesondere die territoriale Basis des US-Senats und des eidgenössischen Ständerats ist nach wie vor von Bedeutung und hemmt die – auch dort vorhandenen – Unitarisierungstendenzen, weil die Bindung dieser Politiker an regionale Sonderinteressen sehr viel direkter ist. Deutsche Länderverwaltungen sind zwar auch gegenüber den Forderungen solcher Sonderinteressen in gewissem Maße offen, zumal wenn diese über die Organisation der Regierungsparteien in den Ländern eingebracht werden. Doch sie können sich des Koordinierungs- und Unitarisierungspostulats als Instrument bei der Abwehr solcher Forderungen bedienen.
Sie werden aber auch um so eher dazu neigen, als das mit bevorzugten administrativen Regeln der Problembearbeitung und Problemvereinfachung in Einklang ist. Zu den Hypothesen der sozialwissenschaftlichen Organisations- und Bürokratieforschung, die hohe Plausibilität und relativ allgemeine Gültigkeit beanspruchen können, kann man u. a. folgende Sätze rechnen: (1) Konfrontiert mit komplexen gesellschaftlich-politischen Problemlagen wird der Verwaltungsapparat bemüht sein, diese auf verwaltungsintern bearbeitbare Probleme zurechtzuschneiden; (2) dabei wird insbesondere auf Regelhaftigkeit und Standardisierung von Verfahren und folglich tendenziell auf die Uniformierung von Problemlösungen zurückgegriffen. Hier soll nicht etwa behauptet werden, daß die Unitarisierungstendenzen im Bundesstaat ausschließlich oder überwiegend aus administrativen Strategien der Problemvereinfachung und Konfliktreduktion erklärt werden. Unbestreitbar spielen – und zwar in Deutschland stärker als in den USA oder der Schweiz – die Forderungen gesellschaftlicher Gruppen nach »Gleichwertigkeit der Lebensverhältnisse« (so die Zielformel des Bundesraumordnungsge-

setzes) und andere »gesellschaftliche« Bedingungen eine erhebliche Rolle. Aber in diesem Zusammenhang spricht auch vieles für die Vermutung, daß die – im deutschen Föderalismus besonders einflußreiche – Verwaltung dazu neigt, unter möglichen Problemlösungen i. a. eher die mehr unitarischen auszuwählen, zu Lasten von Heterogenität.

Darüber hinaus ist ein Teil der Unitarisierungsprozesse von vornherein eindeutig durch die Dominanz spezifisch administrativer Kriterien bestimmt. Das gilt für nicht wenige Vorgänge der Vereinheitlichung von Behördenaufgaben und verwaltungsinternen Abläufen. Ferner hat die Koordinierungspraxis nicht selten die Funktion, die Abwehr von Forderungen an das politische System dadurch zu erleichtern, daß die effektive materielle Zuständigkeit vom einzelnen Land auf die Ländergesamtheit, womöglich unter Einschluß und Führung des Bundes, verlagert wird. Ein besonders markantes Beispiel dafür ist die Vereinheitlichung der Besoldungsgesetzgebung mit Hilfe der durch Verfassungsänderung dem Bund eingeräumten Gesetzgebungskompetenz (Art. 74 a GG, der 1971 ein kurzes Experiment mit einer entsprechenden Rahmengesetzgebungskompetenz abgelöst hat). Ein »Gefälle« in der Besoldung oder »Wildwuchs« in der Ämterbewertung, die dadurch verhindert werden sollen, würden die Einheitlichkeit »gesellschaftlicher Lebensverhältnisse« im Bundesgebiet nicht wesentlich berühren. Vielmehr erleichtert die Neuregelung die Abwehr von Forderungsstrategien der Beamtengewerkschaften, bei denen (wie z. B. ganz deutlich im Fall der Richter- und Lehrerbesoldung) in der Vergangenheit von den Verbänden einzelne Bundesländer gegeneinander und gegen den Bund ausgespielt wurden. Die Unitarisierung hat hier also fiskalische Funktionen und stellt die Flankensicherung zur Koalitionsbildung der öffentlichen Arbeitgeber dar, wie sie bei den Tarifverhandlungen mit den organisierten Angestellten und Arbeitern des öffentlichen Dienstes längst in der Form der Tarifgemeinschaft des Bundes, der Länder und der Gemeinden funktioniert. Aber auch zur Abwehr diffuser, ohne starken organisatorischen Rückhalt vorgetragener Forderungen kann sich Unitarisierung als hilfreich erweisen. Wenn nicht alles täuscht, hat die freiwillige Koordinierung des Strafvollzugs (vor Erlaß des Bundesgesetzes) den Ländern einiges an Kosten, an organisatorischem Aufwand und an inneradministrativen Konflikten erspart, die autonome Reformen auf diesem Gebiet voraussichtlich mit sich gebracht hätten.

Das Bedürfnis des Verwaltungsapparats nach Konfliktreduktion und Entlastung vom Druck gesellschaftlicher Forderungen wird noch verstärkt durch die gestiegene Bedeutung des Rechtsstaatsprinzips, insbesondere in Form eines weit ausgebauten Rechtsschutzes für den Bürger gegenüber Verwaltungsentscheidungen. Jeder Kenner unseres Schulwesens weiß, wie verbreitet bei der Schulverwaltung eine vorwiegend defensive Erwartungshaltung gegenüber der Justiz, insbesondere der Verwaltungsgerichtsbarkeit, ist und wie sehr dies zu einer Betonung von Regelhaftigkeit auf Kosten von pädagogischer Initiative und Innovationsbereitschaft führt. Konfrontiert mit einem System des Rechtsschutzes, das einzelnen und gesellschaftlichen Gruppen verstärkte Chancen beim Geltendmachen von Forderungen bietet, reagiert die Bürokratie mit einer abstrakten, oft genug mechanischen und konservativen Handhabung des Gleichheitssatzes.

Besonders deutlich zeigt sich die mögliche Funktion von Unitarisierung als einer administrativen Abwehrstrategie an der Reaktion der Kultusverwaltungen auf das Numerus-clausus-Urteil des Bundesverfassungsgerichts vom 18. 7. 1972. Zweifellos handelt es sich hier um ein extremes Beispiel, insofern die Verwaltung hier einer Krisensituation gegenüberstand, die sie unter starkem politischem Handlungsdruck und bei ausgeprägter Zeitknappheit bewältigen mußte. Gerade darum aber ist dieser Fall so bezeichnend, denn hier war eben die Unitarisierung der gewissermaßen »natürliche« Abwehrreflex: In dem in großer Eile ausgearbeiteten Staatsvertrag über die Vergabe von Studienplätzen vom 20. 10. 1972 wird das Ziel formuliert, »für die Bewertung der Reifezeugnisse . . . einheitliche Maßstäbe zu entwickeln, um im gesamten Geltungsbereich des Staatsvertrags eine gerechte Zulassung nach dem Grad der Qualifikation zu gewährleisten« (Art. 11 Abs. 8). Die Länder wollten damit jene »einheitlichen Auswahlkriterien« für die Studienplatzvergabe schaffen, die das Gericht für erforderlich hielt. Es kann hier dahingestellt bleiben, inwieweit schon mit diesem abstrakten Postulat das Rechtsstaatsprinzip selbst in den Dienst der abwehrenden Entlastung von Forderungen gestellt worden ist. Denn das Gericht hatte damit keineswegs auf die Uniformierung von Abschlüssen gedrängt, vielmehr in der Urteilsbegründung die Problematik der Abiturnoten in differenzierter Weise erörtert und sich gehütet, für den von ihm gewünschten »kooperativen Grundrechtsschutz« etwa eine solche Objektivierung zu verlangen. Es hat auch in dem hier anknüpfenden Beschluß zur Bonus-Malus-Regelung vom 3. 4. 1974 diese Zielsetzung des Staatsvertrags in der Begründung nur mit der eher skeptischen Formulierung gewürdigt, die individuellen Noten würden unmittelbar vergleichbar sein, »*gelänge es wirklich*, die Abiturleistungen im ganzen Bundesgebiet ›übereinstimmend‹ nach objektivierten Kriterien zu bewerten« (Hervorhebung von mir, G. L.). Dagegen hat es hier den Bedenken gegen eine solche Anknüpfung an das Abiturzeugnis breiten Raum gewidmet und zu erkennen gegeben, daß es sie für gewichtig hält. Desungeachtet haben die Kultusminister und das Hochschulrahmengesetz inzwischen das Ziel der Normierung des Abiturs weiterverfolgt, und zwar offenbar deshalb, weil dies der Weg des geringsten Widerstandes war (verglichen etwa mit den organisatorischen und finanziellen Problemen spezieller Hochschulzugangsprüfungen). Dafür aber werden – und das macht den Fall in unserem Zusammenhang so bedeutsam – äußerst schwerwiegende Folgewirkungen in Kauf genommen: Die Vereinheitlichung der Abiturmaßstäbe – ein bis dahin im deutschen Schulwesen zu Recht höchst untergeordnetes, weil für Erziehung und Ausbildung gänzlich funktionsloses, wenn nicht gar nachteiliges Ziel – erfordert die weitgehende Vereinheitlichung der zum Abitur führenden Ausbildungsgänge innerhalb des Bundesgebiets, folglich eine Umstrukturierung des gesamten Schulwesens in Richtung auf eine bisher ganz unbekannte Uniformität. Damit wird nicht nur der autonome Gestaltungs- und Veränderungsspielraum der Länder in der Schulpolitik – bisher ein wesentliches Element ihres »Hausguts« – stillschweigend geopfert; zugleich muß auch der Parteienwettbewerb in den Ländern zunehmend leerlaufen, da er sich bei einem Fortgang dieser Entwicklung nur noch auf die Besetzung von Ämtern richten kann, aber nicht mehr auf die Ausfüllung von politisch gestaltbaren Spielräumen.

13. Die bürokratische Räterepublik der Großen Koalition

Die Große Koalition hat in den Jahren 1966–1969 einen neuen Entwicklungsabschnitt des deutschen Föderalismus eingeleitet. Er zeichnet sich durch das Vordringen eines neuen Zentralisierungsmodus, eine Zunahme von Kompetenzverflechtungen, zugleich auch durch eine Ausdehnung des Mitspracherechts des Bundes aus, verbunden mit einer Akzentuierung der Kopflastigkeit bundesstaatlicher Zusammenarbeit zugunsten der Exekutive. Damit wird auch die dominante »bismarckische« Komponente des Bundesstaates zu Lasten der parlamentarisch-demokratischen Komponente verstärkt, und im Ergebnis verschärfen sich die strukturellen Spannungen im politischen System.

Einige für diese Entwicklung besonders charakteristische Phänomene sind diese: Die herkömmliche Trennung von Kompetenzen und von finanzpolitischen Verantwortlichkeitsbereichen zwischen Bund und Ländern wird aufgeweicht. Neben die Bereiche der Bundes- und Landeszuständigkeit tritt der Bereich der »Gemeinschaftsaufgaben« im weiteren Sinne, und zu gleicher Zeit wird der traditionelle Grundsatz der haushaltswirtschaftlichen Unabhängigkeit von Bund und Ländern (alte Fassung des Art. 109 GG) aufgegeben. Damit aber verliert zugleich die Selbstkoordinierung der Länder, die bis dahin das wichtigste unitarisierende Surrogat für eine Zentralisierung (als Übertragung von Kompetenzen auf den Bund) war, ihre bisherige Bedeutung. Nicht nur erhält in einigen Ministerkonferenzen der Bund ein stärkeres Mitspracherecht (so hat die Innenministerkonferenz 1972 beschlossen, den Bundesminister des Innern gleichberechtigt in ihre Zusammenarbeit zu integrieren); vor allem auch wird die horizontale Kooperation zugunsten der Bund-Länder-Kooperation zunehmend zurückgedrängt in neuen Koordinierungsgremien der Exekutiven. Es verschiebt sich, um ein wichtiges Beispiel zu nennen, die Zuständigkeit für die Bildungspolitik von der Kultusministerkonferenz teilweise auf neue Gremien wie die Bund-Länder-Kommission für Bildungsplanung (BLK) und den Planungsausschuß für den Ausbau und Neubau von wissenschaftlichen Hochschulen (und daneben auf den Bund, der die Rahmenkompetenz für das Hochschulwesen erhält). Auch das in der Selbstkoordinierung üblich gewesene Prinzip der einstimmigen Beschlußfassung wird zurückgedrängt. Es gilt zwar noch für die Empfehlungen des Finanzplanungsrates, denn da diese rechtlich nicht bindend sind, kann Effektivität hier nur dadurch erreicht werden, daß man die vorherige Zustimmung aller Beteiligten im Aushandlungsprozeß zu erwirken sucht; und im Konjunkturrat für die öffentliche Hand wird sogar Einhelligkeit ohne formelle Abstimmung angestrebt. Doch in anderen neuen Kooperationsgremien werden Mehrheitsentscheidungen möglich. Die Konsensschwelle ist dabei vergleichsweise hoch angesetzt: In den Planungsausschüssen für die drei Gemeinschaftsaufgaben »Hochschulbau«, »Regionale Wirtschaftsförderung« sowie »Verbesserung der Agrarstruktur und Küstenschutz« (Art. 91 a GG) hat der Bund ebenso viele Stimmen wie die Gesamtheit der Länder, und da für Beschlüsse eine Dreiviertelmehrheit erforderlich ist, kann der Bund niemals überstimmt werden und einzelne Länder (oder eine Gruppe von Ländern) nur dann, wenn der Bund und die Mehrheit der Länder sich geeinigt haben. Eine analoge Regelung gibt es für die (durch ein Abkommen aufgrund von Art. 91 b GG eingesetzte) Bund-Länder-Kommission für Bildungsplanung, mit der zusätzlichen Komplikation, daß über ihre Empfehlungen in letzter Instanz die Regierungschefs (mit mindestens 9 von 12 Stimmen) beschließen. Es gibt allerdings auch Gremien, die mit weniger hohen Abstimmungshürden arbeiten: So beschließt die 1967 durch Staatsvertrag eingesetzte Ministerkonferenz für Raumordnung nach ihrer Geschäftsordnung mit einfacher Mehrheit, was – da der Bund hier nur eine Stimme hat – auch die Möglichkeit eröffnet, daß eine Mehrheit der Länder den Bund überstimmt.

Diese Veränderungen zeigen insgesamt das Aufkommen eines neuen Zentralisierungsmodus an. Bis dahin waren die Selbstkoordinierung und die Zentralisierung zwei äquivalente Formen von Unitarisierung gewesen, letztere in Form der Konzentration staatlicher Aufgaben und Kompetenzen beim Bund (vgl. *Hesse* 1962). Nun bekommt aber auch die Bund-Länder-Kooperation einen stark zentralisierenden Charakter, wie er der Selbstkoordinierung eben noch nicht eigen war. Im Unterschied zum klassischen Modus von Zentralisierung, der – dem Hierarchiemodell entsprechend – die Aufgaben und Kompetenzen von den Ländern auf den Bund verlagert, werden hier diese Aufgaben und Zuständigkeiten in enger Verflechtung beider Seiten im Wege der Kooperation wahrgenommen. Die Konfliktregelung durch Aushandeln wird damit noch weiter institutionalisiert. Sie muß jedoch, damit der angestrebte zentralisierende Effekt nicht durch Vetorechte einzelner Länder zu sehr beeinträchtigt werden kann, mittels Zulassung von Mehrheitsentscheidungen flexibler gestaltet werden.

Zu dem neuen Typus von Kooperationsgremien zählen neben den schon erwähnten Planungsausschüssen für die Gemeinschaftsaufgaben und der BLK vor allem der Konjunkturrat für die öffentliche Hand (nach § 18 des Stabilitäts- und Wachstumsgesetzes von 1967) und der Finanzplanungsrat (nach § 51 des Haushaltsgrundsätzegesetzes von 1969), die sich übrigens dadurch auszeichnen, daß ihnen auch je vier Vertreter der Gemeinden und Gemeindeverbände angehören. Die Beschlüsse der verschiedenen Gremien sind von unterschiedlicher Verbindlichkeit: Aufgabe des Finanzplanungsrats ist es, die mittelfristigen Finanzplanungen von Bund, Ländern und Gemeinden zu koordinieren und »einheitliche volks- und finanzwirtschaftliche Annahmen für die Finanzplanung und Schwerpunkte für eine den gesamtwirtschaftlichen Erfordernissen entsprechende Erfüllung der öffentlichen Aufgaben« zu ermitteln. Dabei ist zwar gleichermaßen für Bund und Länder die Aufstellung fünfjähriger (gleitender) Finanzpläne vorgeschrieben, für die auch eine einheitliche Systematik erarbeitet worden ist; deren Koordinierung kann aber nicht erzwungen werden. Vielmehr ist der Rat darauf beschränkt, Empfehlungen an die Adresse der verschiedenen Gebietskörperschaften zu richten. Stärker ist die Position des Konjunkturrates, der (in Weiterentwicklung der zuvor begonnenen Praxis von »Kapitalmarktgesprächen« der öffentlichen Hand) bei den konjunkturpolitischen Maßnahmen nach dem Stabilitätsgesetz und der Kreditpolitik der öffentlichen Hand zwar formell nur beratende Funktionen ausübt, dessen Beratungsergebnisse zur Bildung von Konjunkturausgleichsrücklagen und zur Kreditplafondierung aber rechtliche Bindungswirkung in der Form von Rechtsverordnungen mit Zustimmung des Bundesrats erlangen können. Am intensivsten ist die direkte Bindungswirkung bei den Beschlüssen der Planungsausschüsse für die Gemeinschaftsaufgaben (nach Art. 91 a GG), die auf den genannten drei Gebieten die Dotationswirtschaft des Bundes legalisiert und stärker institutionalisiert haben: Der einmal beschlossene Rahmenplan verpflichtet die Exekutiven von Bund und Ländern, die vorgesehenen Mittel in die Etatentwürfe aufzunehmen (was die Parlamente theoretisch zwar nicht bindet, aber faktisch unter Zustimmungszwang setzt); den Ländern bleibt bloß die Freiheit, ein Vorhaben nicht anzumelden, also auch die Förderungsmittel des Bundes nicht in Anspruch zu nehmen.

Schon die Namen dieser Gremien zeigen deutlich, daß die mit ihnen eingeleitete neue Entwicklungsphase des deutschen Föderalismus ihre Entstehung dem Planungsdenken verdankt, das in den sechziger Jahren die Politik in der Bundesrepublik zu bestimmen begann. Planung wird damals mit einer charakteristischen Akzentuierung versehen: Es geht, ähnlich wie bei der Einführung des »Planning-Programming-Budgeting-Systems« (PPBS) in den USA einige Jahre zuvor, um die Durchsetzung von »Systempolitik« anstelle der hergebrachten dezentral-pluralistischen »Prozeßpolitik« (*Schick* 1969). Letztere hatte ihre expliziteste theoretische Rechtfertigung in der »neopluralistischen« Schule der amerikanischen Politikwissenschaft gefunden: Der »process of government«, verstanden als Konkurrenz autonomer Interessengruppen (und institutioneller Akteure), sollte zu einem zufriedenstellenden Interessenausgleich durch »partisan mutual adjustment« *(Charles Lindblom)*, durch wechselseitige Anpassung führen. Wie im Wettbewerbsmodell des klassischen ökonomischen Liberalismus sollte das Optimum dadurch zustande kommen, daß jeder Akteur seine Eigeninteressen verfolgt. Es liegt auf der Hand, daß ein System der institutionellen Balancen zwischen Zentral- und Gliedstaaten und unter den Gliedstaaten selbst sowie weitgehende Autonomie dieser Einheiten für solche dezentrale Prozeßpolitik besonders günstige Bedingungen schaffen. Systempolitik ist demgegenüber von der »holistischen«, ganzheitsorientierten Vorstellung geleitet, daß es übergreifende Kollektivziele gäbe, die nicht einfach durch die Verfolgung autonomer Gruppenziele im Wege des Ausbalancierens verwirklicht werden können, sondern bewußte Koordinierung der Akteure und zugleich (in der Sprache der französischen »planification«) die »Kohärenz« der einzelnen Maßnahmen voraussetzen – eine Vorstellung, die sowohl in der präventiven Krisenabwehr (etwa der keynesianisch inspirierten Konjunkturpolitik) als auch in der wachstumsorientierten Zukunftsplanung eine wichtige Rolle spielt. Koordinierung muß hier einerseits im Verhältnis der großen autonomen Interessengruppen untereinander und mit dem Staat erfolgen (in Form einer »konzertierten Aktion«), andererseits auch zwischen den verschiedenen staatlichen Ebenen und Entscheidungsträgern. Dahinter steht die Vorstellung, daß die Gesellschaft ein hochgradig interdependentes Gefüge aus Elementen darstellt, zwischen denen komplexe Abhängigkeitsbeziehungen und Wechselwirkungen bestehen – eben ein »System«, das nur solange im Gleichgewicht bleibt, als die »Kohärenz« von Maßnahmen und damit auch die Koordinierung der einzelnen Akteure sichergestellt bleibt.

Das systemorientierte Planungsdenken der sechziger und frühen siebziger Jahre stellt in der Bundesrepublik vor allem eine Antwort auf die Probleme dar, die sich aus dem Nachlassen des Wirtschaftswachstums, also dem Ende der Wiederaufbauphase und des »Wirtschaftswunders« seit den ausgehenden fünfziger Jahren ergeben hatten: Der kontinuierliche Rückgang der Wachstumsraten war offenbar nicht nur eine Normalisierungserscheinung nach der Befriedigung des Nachholbedarfs in den Anfangsjahren der Bundesrepublik, sondern deutete auch auf wachstumspolitische »Engpässe« hin (vgl. insbesondere *Schröder* 1972). Forderungen, die Wirtschafts- und die Finanzpolitik wirkungsvoller an der Überwindung solcher Engpässe und an der Vermeidung von Wachstumsdisparitäten und -schwankungen zu orientieren, fanden daher zunehmende Aufmerksamkeit und bestimmten die Vorschläge des »Gutachtens zur Finanzreform«, das die 1964 von der Regierung Erhard gemeinsam mit den Länderministerpräsidenten eingesetzte Sachverständigenkommission unter dem früheren hessischen Finanzminister und späteren Bundesbankvizepräsidenten Troeger Anfang 1966 erstattete und das zur Grundlage der Bundesstaatsreform der Großen Koalition wurde. In der Formulierung der Kommission war das Problem dieses: »Die für die politische und wirtschaftliche Zukunft entscheidenden Aufgaben, namentlich die Sicherung der finanziellen Stabilität und des in sich ausgewogenen Wirtschaftswachstums, erfordern eine planmäßige und konstruktive Wirtschafts- und Finanzpolitik, die auf eine volle Ausnutzung des gegebenen Wachstumsspielraums hinwirken, aber auch seiner Überforderung begegnen soll und die außerdem langfristig Maßnahmen zur Raumordnung, zur Milderung der regionalen Strukturunterschiede und zur Sicherung der Einheitlichkeit der Lebensverhältnisse im Bundesgebiet umfaßt« (Gutachten, Tz. 11). Es sollten also wirtschaftliche Struktur- und Infrastrukturpolitik wie auch Konjunkturpolitik unter dem »systemischen« Gesichtspunkt des ausgewogenen Wachstums rationeller und effizienter gestaltet und weiterhin im Hinblick darauf und zugleich auf den fühlbarer werdenden staatlichen Finanzbedarf auch die Finanzpolitik rationalisiert werden. Hierzu aber schienen der Kommission relativ weitgehende Eingriffe in das bundesstaatliche Gefüge mit dem Ziel einer stärkeren Zentralisierung sowie Koordinierung der Gebietskörperschaften erforderlich.

Am deutlichsten tritt das »systempolitische« Ziel bei den Vorschlägen der Kommission für eine »wirksame Fiskal- und Kreditpolitik« hervor, die dann im »Gesetz zur Förderung der Stabilität und des Wachstums der Wirtschaft« vom 8. 6. 1967 ihren Niederschlag gefunden haben. Um eine auf Krisenvermeidung und auf »Verstetigung« des Wirtschaftswachstums gerichtete Konjunkturpolitik zu ermöglichen, wird hier auf das keynesianische Konzept einer antizyklischen Globalsteuerung mit Hilfe des staatlich kontrollierten Anteils am Sozialprodukt zurückgegriffen, insbesondere mit den Mitteln der Fiskalpolitik (variable Steuerlast) und der Kreditpolitik (Regulierung der öffentlichen Verschuldung). Der Bund kontrolliert aber, grob gesprochen, nur knapp die Hälfte dieser Finanzmas-

se, und eine wirksame antizyklische Gegensteuerung müßte daher die Haushalte der Länder und Gemeinden im selben Umfang und gleichgerichtet einbeziehen, zumal diese den Löwenanteil der öffentlichen Investitionen tätigen.
Die finanzpolitische Autonomie der Länder war also ein Hindernis für systempolitisch-gesamtwirtschaftlich orientierte Konjunkturpolitik. Sie ist daher durch die Ergänzung des Art. 109 GG so modifiziert worden, daß Bund und Länder »bei ihrer Haushaltswirtschaft den Erfordernissen des gesamtwirtschaftlichen Gleichgewichts Rechnung zu tragen« haben (Abs. 2) und daß demzufolge auch der Bundesgesetzgeber die Kreditaufnahme der öffentlichen Haushalte steuern und Bund und Länder zur Unterhaltung unverzinslicher Guthaben bei der Bundesbank als »Konjunkturausgleichsrücklagen« verpflichten kann. Da aber hier die Zustimmung des Bundesrats erforderlich ist und zudem durch das Stabilitäts- und Wachstumsgesetz der erwähnte Konjunkturrat als Beratungsgremium vorgeschaltet wird, ist damit sichergestellt, daß derartige Regelungen im hergebrachten Wege des Aushandelns erarbeitet werden.
Eine ähnliche Konstellation ergibt sich bei der mittelfristigen Finanzplanung. Solange Finanzplanung sich darauf beschränkt, im fiskalischen Interesse die längerfristige Haushaltsgestaltung so festzulegen, wie es der erwartbaren Einnahmenentwicklung entspricht, kann jede Ebene autonom planen. Wenn aber darüber hinaus mit Hilfe der öffentlichen Finanzen das Wirtschaftswachstum gesteuert werden soll, so drängt sich die Notwendigkeit auf, alle Ebenen in eine konsistente Finanzplanung einzubeziehen. Die auf den ersten Blick rationellste Lösung, nämlich die Aufstellung eines verbindlichen Gesamtfinanzplanes durch die Bundesregierung, wäre aber mit der Bestandsgarantie für den Bundesstaat (Art. 79 Abs. 3 GG) nicht zu vereinbaren. Die Gutachterkommission für die Finanzreform ebenso wie eine Reihe namhafter Finanzwissenschaftler sahen daher die naheliegende Lösung ganz selbstverständlich in einer freiwilligen Abstimmung zwischen Bund und Ländern, einer »wechselseitigen ›moral suasion‹« *(Fritz Neumark)*. Diese Vorstellung – der die Einrichtung des Finanzplanungsrats entspricht – impliziert nun, daß der Abstimmungsprozeß, wenn eine konsistente aufgabenorientierte Gesamtfinanzplanung möglich sein soll, auf einen Konsens über gemeinsame Zielvorstellungen und Prioritätenskalen gerichtet sein muß. Sie impliziert also einen wechselseitigen Anpassungszwang, so daß der Spielraum für parteipolitische Alternativen und effektiven Wettbewerb in der Länderpolitik empfindlich eingeengt wird.
Eine solche Einengung ergäbe sich im übrigen bei einer funktionierenden »Mifrifi« schon daraus, daß im Prozeß der Zielfindung der

Bundesregierung zwangsläufig eine führende Rolle zufällt. Nach dem Haushaltsgrundsätzegesetz sollen der Finanzplanung »einheitliche volks- und finanzwirtschaftliche Annahmen« zugrunde gelegt werden. Daß dabei in der Praxis die mehrjährigen Zielprojektionen, die die Bundesregierung ihrer Finanzplanung zugrunde legt, als Ausgangsbasis dienen, ist naheliegend, denn das ist das am ehesten praktikable Verfahren. Aber die Bundesregierung ist in ihrem Verhältnis zu den Ländern kein interesseloses Neutrum. Und ihre Zielprojektionen können keine »objektiven« Grundlagen sein, die jedem möglichen Streit entzogen wären, sondern enthalten nicht unerheblichen Manipulationsspielraum; das zeigt sich ähnlich wie bei den Jahresprojektionen der Jahreswirtschaftsberichte an ihren systematischen Schätzfehlern (im Sinne eines gezielten Wunschdenkens). Man darf sich daher nicht wundern, daß in der Praxis die Erarbeitung einheitlicher Annahmen nur zeitweise gelungen ist, weil schon hier die Interessengegensätze zwischen Bund und Ländern (etwa hinsichtlich der Steueraufteilung) den Mechanismus blockierten.

Wie sehr der Konsensbedarf der föderativen Finanzplanung unterschätzt worden ist, zeigt sich auch daran, daß der Finanzplanungsrat es nicht vermocht hat, entsprechend dem gesetzlichen Auftrag »Schwerpunkte für eine den gesamtwirtschaftlichen Erfordernissen entsprechende Erfüllung der öffentlichen Aufgaben« zu bilden. Statt solcher Prioritätenbestimmung begnügte er sich mit dem Versuch, den öffentlichen »Bedarf«, insbesondere bei Leistungen der Daseinsvorsorge, durch Hochrechnungen zu ermitteln. Dabei lag das Schwergewicht aber insofern weiterhin beim Bund, als dieser die Beratung durch die vorgelegten Materialien bestimmte, während Länder und Gemeinden ohne wesentliche eigene Initiative lediglich reagierten, indem sie auf Abänderung von Projektionen und Daten in ihrem Sinne hinzuwirken suchten. Insofern ist der Finanzplanungsrat und ebenso der Konjunkturrat vor allem ein »interessenwahrendes Konsultativorgan« (*Matzerath*, S. 265). »Die Richtung dieser Koordination geht damit eindeutig von oben nach unten, nicht gleichzeitig auch von unten nach oben. Stil der Interessenauseinandersetzung ist eine weitgehend ›unpolitische‹, sachbezogene und faktenorientierte Auseinandersetzung, was den Bundesministerien mit ihren zahlreichen spezialisierten Referaten erneut ein Übergewicht gegenüber den Partnern gibt . . . Die Empfehlungen [sind] im allgemeinen Ergebnis von Konsensbildungen auf relativ niedriger Ebene in Arbeitsgruppen . . ., die Entscheidungen ohne abgesicherte politische Legitimation vorstrukturieren. Daraus ergibt sich die Tendenz, Konsens nur im Rahmen weitgehender Interessen-

übereinstimmung anzustreben, inhaltliche Konflikte zu vermeiden oder auszuklammern und den kleinsten gemeinsamen Nenner zu suchen« (*Matzerath*, S. 265ff.).
Die »Gemeinschaftsaufgaben« zeigen eine vergleichbare Problematik an. Zwar ist zur Einfügung des Art. 91 a in das Grundgesetz des öfteren kritisch angemerkt worden, daß damit eigentlich bloß die längst etablierte Praxis der Mitfinanzierung von Länderaufgaben durch den Bund und der damit verbundenen, durch Dotationsauflagen ermöglichten Mitbestimmung des Bundes auf eine verfassungsrechtliche Grundlage gestellt worden sei (die ihr bis dahin oft bestritten worden war). Es darf aber nicht übersehen werden, daß hinter dem Konzept der »Gemeinschaftsaufgaben«, wie es in den sechziger Jahren in der Diskussion von Wissenschaft und Verwaltungspraktikern entwickelt worden war und dann von der Troeger-Kommission aufgenommen wurde, u. a. auch Zielvorstellungen über notwendige neue Orientierungen der Wirtschaftspolitik im Bundesstaat standen. Diese Überlegungen liefen letzten Endes ebenfalls darauf hinaus, daß föderative »Prozeßpolitik« durch an gesamtwirtschaftlichen Effektivitäts- und Rationalitätskriterien orientierte »Systempolitik« abgelöst werden sollte. Die Finanzreform ist solchen Erwartungen schließlich nur beschränkt gerecht geworden. Die Absicht, mit Hilfe der finanziellen Beteiligung des Bundes an den Länderaufgaben eine stärkere Berücksichtigung überregionaler, auf das Gesamtsystem bezogener Ziele zu erreichen, hat in die neuen Konstruktionen in sehr unterschiedlichem Maße Eingang gefunden.
Das Hochschulbauförderungsgesetz vom 1. 9. 1969 hebt in seinen »allgemeinen Grundsätzen« für die Förderung (§ 2) die erstrebte Orientierung besonders deutlich hervor, indem es als Ziel formuliert, daß »die wissenschaftlichen Hochschulen nach Fachrichtung, Größe und Standort ein zusammenhängendes System bilden, durch das ein ausreichendes und ausgeglichenes Angebot an Forschungs- und Ausbildungsplätzen gewährleistet wird«, und daß »eine möglichst günstige Ausnutzung der vorhandenen und neuen Einrichtungen unter Berücksichtigung der voraussehbaren Nachfrage nach Studienplätzen und des langfristig zu erwartenden Bedarfs gewährleistet ist.« Im Fall der regionalen Wirtschaftsförderung und der Agrarstrukturverbesserung hat sich föderative Prozeß- und Verteilungspolitik gegen die »systempolitischen« Intentionen recht weitgehend behauptet; solche Intentionen hatten aber auch hier den Übergang zu den neuen kooperativen Planungsgremien in starkem Maße bestimmt. Man muß dabei im Auge behalten, daß in den Ursprüngen der regional- wie der agrarpolitischen Förderungsmaßnahmen in den fünfziger Jahren sozialpolitische Ziele und die Be-

rücksichtigung spezifischer, insbesondere regionaler Klientelinteressen eine große Rolle spielten. Die Agrarförderung richtete sich unter diesem Aspekt vor allem auf den Abbau von »Einkommensdisparitäten« der Landwirtschaft, gemessen an den Einkommen in der Industrie, während in der Regionalförderung insbesondere die Schaffung von Arbeitsplätzen im »Zonenrandgebiet« und in den »Notstandsgebieten« angestrebt wurde. Der verteilungspolitische Charakter zeigte sich recht deutlich an der Verwendung von Länderquoten als Verteilungskriterien und an der breiten Streuung der Förderung (»Gießkannensystem«): So wuchs in der Regionalpolitik der Flächenumfang der Förderungsgebiete schließlich auf über die Hälfte des Bundesgebiets an, und obwohl relativ frühzeitig eine Konzentration auf »zentrale Orte« in den geförderten Regionen angestrebt wurde, kam es auch hier zu einer inflationsartigen Vermehrung der »Bundesausbauorte«. Angesichts dieser Entwicklung setzte nun eine Kritik ein, die die Förderung der regionalen Wirtschaft und der Landwirtschaft an »gesamtwirtschaftlichen«, besonders wachstumspolitischen Gesichtspunkten ausgerichtet sehen wollte. Es komme darauf an, mit begrenzten finanziellen Mitteln einen möglichst hohen gesamtwirtschaftlichen Effekt zu erzielen und deshalb denjenigen Förderungsmaßnahmen den Vorrang zu geben, die den höchsten Beitrag zur Steigerung des Bruttosozialprodukts zu leisten versprächen. Es ging in dieser Perspektive weniger um das (sozialpolitische) Ziel gleichwertiger Lebensverhältnisse, sondern in erster Linie darum, unzureichend genutzte Produktionsfaktoren für das allgemeine Wirtschaftswachstum zu mobilisieren und ihre räumliche Verteilung im Hinblick auf dieses Ziel optimal zu steuern. Das mußte zu der Konsequenz führen, daß bestimmte Klientelgruppen der bisherigen Regionalförderung zurückgesetzt würden, beispielsweise solche aus der mittelständischen gewerblichen Wirtschaft und kleinere Gemeinden in Randlage. Es sollten, wie schon angedeutet, in den Fördergebieten stärkere räumliche Verdichtungstendenzen angestrebt werden, weil erst eine gewisse Agglomerationsgröße die ausreichende Ausnutzung der Infrastruktur und damit einen optimalen Beitrag zum Wachstum versprach; es lag in der Logik dieser Betrachtungsweise, auch die »passive Sanierung« von ländlichen Randgebieten (durch Abwanderung) ins Kalkül zu ziehen. Ferner wurde im Anschluß an neuere Entwicklungen in der ökonomischen Wettbewerbstheorie *(Kantzenbach)* argumentiert, daß von einer stärkeren Konzentrationsorientierung eine – im Vergleich zu kleinbetrieblich-mittelständischen Strukturen – höhere Wettbewerbsintensität zu erwarten sei *(Weller)*. Auch der für die Raumordnung zunehmend propagierte schwerpunktmäßige Ausbau von großen »Entwicklungsachsen«, die »Zentren« miteinander verbinden, paßte zu einem solchen, in seiner Orientierung an gesamtwirtschaftlichen Indikatoren deutlich systempolitisch orientierten Konzept. Da aber seine Realisierung bei der dezentralen und fragmentierten bundesstaatlichen Einflußverteilung auf erhebliche Schwierigkeiten stoßen mußte, schien eine Zentralisierung der Entscheidungsprozesse erforderlich.

In der Kritik, die in der Folgezeit an den »Gemeinschaftsaufgaben« geübt worden ist, hieß es des öfteren, man hätte lieber durch einen verbesserten Finanzausgleich die finanzielle Ausstattung der Länder stärken und halbwegs egalisieren sollen, so daß sie ihren Aufgaben ohne Bundeshilfe gewachsen wären. Oder: Eine Neugliederung mit dem Ziel, leistungsfähige, gleich starke Länder zu schaffen, könne (ganz oder teilweise) denselben Effekt erzielen. Das wäre richtig, wenn es nur darum ginge, »Gefälle« abzubauen. Der Wettbewerb könnte dann die Anpassung fördern, orientiert am Vergleich mit den Nachbarn. Diesen Mechanismus demonstriert die Devise »Hessen vorn« des »Großen Hessenplans«: »Die politische Entscheidungsregel . . . des hessischen Infrastrukturinvestitionsplans heißt folgendermaßen: Schaue nach Sollwerten in den vergleichbaren Bundesländern . . ., nimm den besten Wert und addiere Eins« (*Wettmann,* S. 410). Eine solche Regel ist aber alles andere als an einer Verstärkung des gesamtwirtschaftlichen Steuerungsinstrumentariums ausgerichtet. Setzte man sich diese zum Ziel, so konnte es nicht genügen, die Länder zur angemessenen Erfüllung ihrer (getrennten) Aufgaben finanziell instand zu setzen. Vielmehr mußte die getrennte Aufgabenerfüllung überhaupt abgelöst werden durch eine (zumindest kooperative) Zentralisierung. Gerade in der Regionalförderung waren die Länder beispielsweise dem Vorwurf ausgesetzt, sie seien für Sonderinteressen mittelständischer Klientelen stärker aufgeschlossen, als sich mit wachstumspolitischen Konzeptionen vertrug.

So machte denn die Finanzreformkommission unter dem Gesichtspunkt des gesamtwirtschaftlichen Wachstumsziels (Gutachten, Tz. 130 u. ö.) und des »rationellen Mitteleinsatzes« (Tz. 77) den Vorschlag, für eine Reihe von Gemeinschaftsaufgaben allgemeine Grundsätze durch Bundesgesetz sowie Pläne und Richtlinien für die Erfüllung dieser Aufgaben durch übereinstimmende Beschlüsse von Bundesregierung und Bundesrat aufzustellen. (Der Bundesrat wäre dadurch zu einem exekutiven Planungsorgan geworden.) Die Durchführung sollte »unter einer eng gehaltenen Aufsicht des Bundes« als eigene Angelegenheit bei den Ländern bleiben. Gegen Einzelheiten dieser Vorschläge leisteten die Länder allerdings zähen

Widerstand, und die Auseinandersetzungen brachten ein kompliziertes Ergebnis: einerseits die Planungsausschüsse aufgrund von Bundesgesetz (nach Art. 91a GG) oder (im Fall der Bildungsplanung nach Art. 91b) von Bund-Länder-Abkommen, andererseits für die restlichen vom Bund mitfinanzierten Aufgaben die schlichte verfassungsrechtliche Legitimierung der Dotationswirtschaft (in Art. 104a Abs. 4). Doch auch die Gremienlösung aufgrund der Art. 91a und b versuchte der Bundesregierung dadurch eine Schlüsselposition einzuräumen, daß sie, wie schon weiter oben gesagt, nicht überstimmt werden kann.

Das Ergebnis entsprach einem »systempolitisch« orientierten Planungskonzept nur ansatzweise. Gerade bei den Gemeinschaftsaufgaben vermochte es sich gegen etablierte verteilungspolitische Strukturen, mit denen starke Klientelinteressen verbunden waren, nur beschränkt durchzusetzen. Die Einrichtung der Planungsausschüsse brachte insbesondere die Bundesregierung unter institutionellen Verhandlungs- und Kompromißzwang, der zuvor jedenfalls formell in dieser Weise nicht bestanden hätte. Aber auch die Finanzplanung hat, trotz begrenzter Rationalitätsgewinne, die herkömmlichen Aushandlungsprozesse der Haushaltspolitik nicht grundlegend verändern können und vermochte keine gesellschafts- und wachstumspolitische Steuerungsfunktion zu übernehmen. Und schließlich erwies sich das neue konjunkturpolitische Instrumentarium angesichts weltweiter Rezession und einer gravierenden Finanzkrise des Staates als nur begrenzt wirksam.

Der Versuch einer Anpassung des Bundesstaats hat also die Steuerungsfähigkeit des politischen Systems nicht nachhaltig verbessert. Die Segmentierung der Entscheidungsstrukturen, die Fragmentierung der Perspektiven und die Begrenzungen des Zeithorizonts der politischen Akteure hat er nicht entscheidend verändern können, und Systempolitik »aus einem Guß« erscheint als unrealistische Zielvorstellung. Um so mehr fallen die negativen Auswirkungen ins Gewicht: Die Gewichtsverschiebungen zur Exekutive erfahren durch diese Version des kooperativen Föderalismus eine weitere Verstärkung, denn die zentralisierenden Kompetenzverflechtungen schaffen gewissermaßen einen »geschlossenen Kreislauf« im Exekutivbereich: Die Verwaltungsapparate müssen untereinander Festlegungen treffen und Engagements eingehen, die wegen der Vielzahl der Verhandlungspartner und der Komplexität und Schwerfälligkeit der Aushandlungsprozesse einer korrigierenden Kontrolle durch die Parlamente und erst recht einer demokratischen Legitimation praktisch weitgehend entzogen bleiben. Der Parlamentarismus und mit ihm die Parteien werden ausgeschaltet zugunsten einer bürokratischen Räterepublik, und zwar nicht zuletzt auch durch die ergänzenden Verflechtungen zwischen Staatsverwaltung und Großorganisationen in der »neokorporatistischen« Steuerung der Konjunkturpolitik (»konzertierte Aktion«). Dieses System ist jedoch einer zweifachen Spannung ausgesetzt: Auf der einen Seite produzieren die bundesstaatlichen Verflechtungen neuen Koordinationsbedarf, während auf der anderen Seite der Parteienwettbewerb als »dysfunktionaler« Störfaktor wirkt.

14. Auf dem Wege zum integrierten Planungsverbund?

Die Friktionen in dem von der Großen Koalition geschaffenen System haben sehr bald Erwägungen ausgelöst, die Planungsstrukturen des kooperativen Föderalismus weiterzuentwickeln. Das geschah zunächst noch im Zeichen einer Orientierung an quantitativem Wirtschaftswachstum als der Voraussetzung für die Beschaffung der für politische Stabilität wie für Gesellschaftsreform erforderlichen Ressourcen. Diese Orientierung ist zwar in den letzten Jahren durch die Energiekrise, durch eine weltweite Depression und durch das Scheitern ehrgeiziger Infrastrukturprojekte an der staatlichen Finanzkrise in Frage gestellt worden. Damit ist aber die Konzeption einer weiteren »systempolitischen« Rationalisierung des Bundesstaats nicht erledigt. Im Zeichen einer fühlbaren Ressourcenverknappung kann sie vielmehr erhöhte Aktualität gewinnen.

Die Kritik an der »Planungseuphorie« ist zwar mittlerweile weit verbreitet. Die Erklärungsversuche für das weitgehende Scheitern der bisher intendierten Systempolitik gehen jedoch weit auseinander, und es besteht kein Konsens darüber, ob sie zwangsläufig scheitern *mußte* oder ob vielmehr nur zusätzliche Bedingungen erfüllt sein müßten, wenn vorausschauende Politikkoordinierung funktionieren soll. Die weitestgehende kritische Position, die sich – in unterschiedlichem theoretischen Begründungszusammenhang und mit sehr unterschiedlicher Einschätzung der Effizienz alternativer Modelle – sowohl in der »neomarxistischen« politischen Ökonomie als auch bei Neoliberalen findet, beruht auf der mit plausiblen Argumenten begründeten Behauptung, daß systemorientierte, bewußt koordinierte und Kohärenz anstrebende Planung (»aus einem Guß«) ihre Grenzen an einer Wirtschaftsordnung findet, deren grundlegender Steuerungsmechanismus sich der über den Markt und das Preissystem vermittelten Gewinnerwartungen autonomer Unternehmer bedient, daß also der Wirtschaft der »funktionelle Primat« *(Luhmann)* zukommt. Daneben steht eine Position, die auf der entscheidungstheoretischen und organisationssoziologischen Ebene Begrenzungen des Planungspotentials herausarbeitet. Der internationale Vergleich scheint gegen die monokausale Bevorzugung eines dieser Erklärungsansätze und für die Vermutung zu sprechen, daß die verschiedenen genannten Bedingungszusammenhänge kumulativ wirksam sind. Diese Frage braucht hier aber nicht entschieden zu werden.

Für uns ist vielmehr zunächst von Interesse, daß in der Praxis die sich abzeichnenden Schwächen des neuen Planungsinstrumentariums im kooperativen Föderalismus erneute Reformüberlegungen vorwiegend organisationstheoretischer Provenienz auslösten. Sie mündeten in die Empfehlung, dann eben die exekutiv zentrierten Planungsverflechtungen auf noch höherer Ebene zu einem integrierten System des »Planungsverbunds« von Bund und Ländern zu entwickeln. Dabei spielte der Umstand eine besondere Rolle, daß die vorwiegend sektorale, ressortorientierte Bund-Länder-Koordination nun einen zusätzlichen Koordinationsbedarf geschaffen hatte, der in der Logik des Planungsdenkens durch die Entwicklung von Querschnittsfunktionen zu befriedigen war.
Dabei ist schon jetzt darauf hinzuweisen, daß die kooperative Zentralisierung, wie sie in der Bundesstaatsreform der Großen Koalition eingeleitet worden war, einen hohen politischen Konsensbedarf schafft, wenn die zugrunde liegenden Planungsintentionen auch nur annäherungsweise realisiert und nicht Konflikte zugunsten der Einigung auf dem kleinsten gemeinsamen Nenner ausgeklammert werden sollen. Die Große Koalition selbst war zwar auf die Bildung eines breiten Konsens gerichtet und verfügte mit dem Koalitionsausschuß, dem »Kreßbronner Kreis«, über ein Aushandlungsgremium der Spitzenpolitiker beider großen Parteien, das zusammen mit den bundesstaatlichen Kooperationsgremien ein Verbundsystem der Konsensbildung darzustellen geeignet war: Parteienwettbewerb war – im Stil der »Konkordanzdemokratie« – durch ein kooperatives »Elitenkartell« ersetzt. (Daß mit der Quasi-Koalition in den neu eingeführten bundesstaatlichen Kooperationsgremien die erklärte Absicht der Großen Koalition, sich selbst mit Hilfe einer weiteren institutionellen Reform, nämlich der Einführung eines »mehrheitsbildenden« Wahlsystems, überflüssig zu machen, tendenziell nicht ohne weiteres vereinbar war, sei hier nur am Rande bemerkt.)
Was nun den Konsensbedarf des kooperativen Föderalismus langfristig noch steigern mußte, war aber die ressortmäßige Segmentierung der vertikalen Koordination von Bund und Ländern. Sie schuf zusätzlichen Bedarf nach einer »horizontalen« Koordination der (vertikal mehr oder weniger koordinierten) Ressortpolitiken. Auf der Ebene des Bundes hatten schon zur Zeit der Großen Koalition die Bemühungen um eine wirkungsvollere Koordination der Ressorts eingesetzt, vorangetrieben von der »Projektgruppe Regierungs- und Verwaltungsreform« beim Bundesminister des Innern, und sie wurden dann im ersten Kabinett *Brandt* vom Kanzleramtsminister *Ehmke* vor allem mit der Schaffung der Planungsabteilung im Bundeskanzleramt (unter Staatssekretär *Jochimsen*) weiterverfolgt. Aber

hier war man von vornherein in einer günstigeren Ausgangsposition als bei den föderativen Kooperationsgremien, weil es ja im Bund (wie in den einzelnen Ländern) eine Reihe von institutionellen Ansatzpunkten gibt – in erster Linie die Richtlinienkompetenz des Bundeskanzlers und die Koordinierungskompetenz des Kabinetts (Art. 65 Satz 1 und 3 GG), daneben vor allem die Befugnisse, die dem Finanzminister durch die Geschäftsordnung der Bundesregierung und die Haushaltsordnung zugewiesen werden. Im Verhältnis von Bund und Ländern gab es nichts dergleichen.
Das Desiderat einer ressortübergreifenden Koordinierung zeigt sich etwa an der Überschneidung der Bildungsplanung durch die BLK und der Gemeinschaftsaufgabe »Hochschulbau« oder im Verhältnis der beiden Gemeinschaftsaufgaben »Verbesserungen der Agrarstruktur« und »regionale Wirtschaftsförderung«. Es kann heute nicht mehr bezweifelt werden, daß die Strukturprobleme der Landwirtschaft ohne eine auf sie zugeschnittene Industriepolitik nicht gelöst werden können und daß umgekehrt die Industrialisierung »strukturschwacher« Räume durch die Agrarpolitik unterstützt werden müßte, wenn ein hoher Effektivitäts- und Effizienzgrad erreicht werden soll. Der zunächst möglicherweise bestechende Gedanke, solche sektoralen Planungen in die Raumordnung als eine Querschnittsplanung zu integrieren, hat sich als wenig praktikabel erwiesen, weil er die »prozeßpolitischen« Bedingungen vernachlässigt: Die Raumordnung hat keine (etwa verbandsmäßig organisierte) Klientel von Interessenten. Wenn sie innerhalb der Regierungsorganisation nicht an die Richtlinienkompetenz angebunden ist (was nicht geringe organisatorische Probleme aufwirft), wird sie ihrerseits in einem Fachressort (mit geringeren Einflußressourcen) weitgehend abgehängt – es kommt zu neuer Zielkonkurrenz zwischen der Raumordnung und den sektoralen Planungen, die allenfalls deshalb kein dringendes Koordinierungsproblem werden, weil erstere eine mehr »akademische« Angelegenheit bleibt.
In einigen Bundesländern ist man zwar daran gegangen, die Raumordnung zu einer integrierten Landesentwicklungsplanung auszubauen (Großer Hessenplan und »Hessen '80«, Nordrhein-Westfalen-Programm, Landesentwicklungsprogramm »Niedersachsen 1985«). Um so problematischer wird dann aber die vertikale sektorale Verbundplanung der Gemeinschaftsaufgaben, die sich mehr oder weniger unkoordiniert mit dieser horizontalen Entwicklungsplanung auf Länderebene überschneidet.
Neben der fehlenden Koordinierung der *Fach*planungen hat sich zudem die Abstimmung von *Fach*-(Aufgaben-)Planungen und *Finanz*planung als ein Problem erwiesen, das im föderativen Verhält-

nis zu äußerst komplizierten Aushandlungsprozessen mit erheblichen Schwierigkeiten für die Konsensbildung führt. Zwar hat auch die Finanzplanung in der Planungstheorie die Funktion einer »Querschnittsplanung«. Doch ihr Steuerungspotential erweist sich dadurch als eng begrenzt, daß sie stark an die herkömmlichen Routinen des budgetären Aushandlungsprozesses gebunden bleibt und im Zusammenhang damit die politische Programmfunktion hinter der fiskalischen Haushaltssicherungsfunktion zurücktritt. Die Geschichte des Bildungsgesamtplans ist dafür das wichtigste und anschaulichste Beispiel.

Als Bund und Länder am 25. 6. 1970 das Verwaltungsabkommen über die Errichtung der BLK schlossen, hielten sie in einer Protokollnotiz die Absicht fest, den ersten Rahmenplan für das Bildungswesen bis zum 1. 5. 1971 vorzulegen. Tatsächlich dauerte der Planungsprozeß etwa viermal so lang: Ein »Zwischenbericht« wurde (nach der Beratung mehrerer Entwürfe) am 18. 10. 1971, der endgültige Bildungsgesamtplan erst am 15. 6. 1973 vorgelegt. Diese erhebliche Verzögerung war einerseits durch Schwächen des planungstechnischen Instrumentariums bedingt, die von den Regierungschefs nicht einkalkuliert worden waren, andererseits aber auf mehrschichtige, einander überlagernde und äußerst langwierige Konsensbildungs- und Abstimmungsprozesse zurückzuführen. Da gab es zunächst die parteipolitische Auseinandersetzung zwischen den Regierungen der sozialliberalen Koalition einerseits, der CDU/CSU andererseits, die uns weiter unten noch beschäftigen wird. Ferner mußte, da das BLK-Abkommen die Erarbeitung eines »Bildungsbudgets« vorsah, relativ frühzeitig das Verhältnis zwischen Sachplanung und Finanzplanung geklärt werden, und hier ergab sich ein doppelter Interessengegensatz: zum einen der zwischen Bund und Ländern (ein potentieller Dauerkonflikt mit hohem Konsensbedarf, weil die Revisionsklausel des Art. 106 Abs. 4 GG die Steuerverteilung offenhält), zum andern der Ressortgegensatz zwischen Bildungs- und Finanzpolitik. Besonders der letztere wurde für die Öffentlichkeit augenfällig.

In einer Stellungnahme der Länderfinanzminister zum »Zwischenbericht« hieß es am 27. 1. 1972, daß die längerfristig (bis 1985) unterstellte Wachstumsrate des realen Bruttosozialprodukts (jährlich 4,8%) unrealistisch sei, daß ferner die erforderliche Erhöhung der Steuerbelastung und damit der Abgabenquote »gesamt- und finanzwirtschaftlich nicht vertretbar« sei und daß die angestrebte Steigerung des Bildungsanteils am öffentlichen Gesamthaushalt »kaum vereinbar [sei] mit der Forderung, auch in anderen Aufgabenbereichen . . . überproportionale Aufwendungen zu leisten«. In jedem

Falle setzten »Weiterentwicklungen im Bildungsbereich eine entscheidende Verbesserung der Finanzausstattung von Ländern und Gemeinden« voraus. Ein halbes Jahr später erklärte dann der Finanzplanungsrat (in seiner Empfehlung vom 14. 9. 1972), daß der im »Zwischenbericht« für 1975 anvisierte Finanzierungsrahmen von 58 Mrd. DM nicht realisierbar sei, vielmehr nur 53 Mrd. DM Bildungsausgaben finanzpolitisch vertreten werden könnten. (Diese Ziffer hatte zuvor schon innerhalb der BLK deren Ausschuß »Bildungsbudget« empfohlen.) Auch die längerfristigen Projektionen der Bildungsplaner kritisierte der Finanzplanungsrat: Die Erhöhung der Bildungsausgaben von 4,5% des Bruttosozialprodukts in 1970 auf 8% in 1980/1985 (so der »Zwischenbericht«) sei nicht zu erreichen – nicht einmal eine Erhöhung auf 6%. Der Finanzplanungsrat erklärte die Festlegung längerfristiger Eckwerte für die Bildungsplanung überhaupt für »zur Zeit« unmöglich und empfahl, die »langfristige Bildungsplanung stufenweise im Rahmen der Fortschreibung der mittelfristigen Finanzpläne der Gebietskörperschaften zu verwirklichen«. Dieser Empfehlung stellte die BLK ihrerseits Finanzierungsvorschläge gegenüber (verabschiedet am 12. 2. 1973), die für 1975 von einem »erforderlichen Gesamtbetrag von 59,5 Mrd. DM« ausgingen und im einzelnen darstellten, welche Reformmaßnahmen bei einer Beschneidung des Finanzierungsrahmens aufgegeben werden müßten. Schließlich nahmen sich am 23. 2. 1973 die Regierungschefs von Bund und Ländern erneut dieses Problems an und beschlossen, daß der Bildungsgesamtplan für 1975 »zunächst auf der Grundlage eines Finanzierungssockels von 53,6 Mrd. DM mit Alternativen vorgelegt« werden solle, daß aber »die Frage der Finanzierung der weiteren, auch von den Regierungschefs bildungspolitisch für notwendig angesehenen Maßnahmen . . . im Gespräch zwischen Bund und Ländern bis zu den jeweils erforderlichen Entscheidungsterminen zu klären« sei.

Zwei Aspekte dieser Auseinandersetzung sind in unserem Zusammenhang von besonderem Interesse. Der eine ist die schon angeschnittene Problematik einer Querschnittskoordinierung: Nachdem durch die starke Betonung quantitativer Eckwerte der Bildungsplanung die Frage der Finanzierbarkeit in den Vordergrund gerückt worden war, ergab sich das institutionelle Problem, wie die divergierenden Zielvorstellungen der Sach-(Bildungs-)Planung einerseits, der Finanzplanung andererseits aufeinander abgestimmt werden könnten. Auf die Stellungnahme des Finanzplanungsrats reagierte der Vorsitzende der BLK, indem er an die Regierungschefs appellierte. Das lag zwar schon insofern nahe, als ja nach dem BLK-Abkommen diesen die endgültige Beschlußfassung über die

Kommissionsempfehlungen vorbehalten ist. Auch davon abgesehen aber sind die Inhaber der Richtlinienkompetenz die einzig mögliche Schlichtungsinstanz – vorausgesetzt, sie erzielen die erforderliche Übereinstimmung. Das heißt zugleich, daß im Planungssystem des kooperativen Föderalismus letztinstanzlich ein Gremium entscheidet, das in der Verfassung überhaupt nicht vorgesehen ist. Nicht nur trägt sein informeller Charakter dazu bei, die Konsensschwelle hoch zu halten. Zu bedenken ist auch, daß ein solches Koordinierungsverfahren im Wege der Gipfeldiplomatie nur zur konfliktausgleichenden Koordination in gravierenden Fällen geeignet sein kann, aber keinesfalls zu einer fortlaufenden gestaltenden Koordinierung, wie sie für »Systemplanung« unerläßlich wäre. Es bleibt also in der Konstruktion, wie sie die Große Koalition eingeführt hat, ein erheblicher Koordinationsbedarf offen. Das wird auch für die zunehmende Tendenz gelten müssen, die Ministerpräsidenten als Koordinationsinstanz über anderen Fachministerkonferenzen zu bemühen.

Der aus der ressortmäßigen Segmentierung entspringende Koordinationsbedarf aber kann sich noch verschärfen als Folge unbewältigter parteipolitischer Interessengegensätze im bundesstaatlichen System. Das ist ein zweiter wichtiger Aspekt der hier erörterten Kontroverse. Denn diese hatte sich nicht zuletzt deshalb so zugespitzt, weil eben die Ziele der Bildungsplanung vorwiegend quantitativ formuliert waren, unter Vernachlässigung vor allem inhaltlich-curricularer Aspekte. Diese Akzentsetzung auf Quantifizierung war zwar durch die Vorgaben des BLK-Abkommens (Bildungsbudget, Abstimmung mit der Finanzplanung) mit bedingt. Aber sie hat sich offensichtlich noch stärker durchgesetzt als Folge des Dissenses, der sich in der BLK (zwischen SPD/FDP und CDU/CSU) in wichtigen Fragen der inhaltlichen und organisatorischen Ausgestaltung von Ausbildungsgängen ergeben hatte. In der Quantifizierung wünschenswerter (aber relativ willkürlicher) Lehrer-Schüler-Relationen konnten die Bildungspolitiker ihre Einigkeit wiederfinden. Die umstrittenen Eckwerte – hier 53, dort 58 Milliarden – waren angesichts ihrer teilweise recht fragwürdigen statistischen und planungstechnischen Basis im Grunde eher von symbolischem Gehalt, als daß sie eine praktisch brauchbare Entscheidungsgrundlage abzugeben geeignet wären (vgl. dazu *Mäding*). Sie verschoben aber für die Öffentlichkeit das Problem auf die Einigungsprozesse über quantitativ-finanzpolitische Spielräume, während die unbewältigten inhaltlich-politischen Interessenkonflikte dadurch wenigstens teilweise verdeckt wurden.

Es kann nicht verwundern, daß die neuen Strukturen des kooperativen Föderalismus schon sehr bald weiterer Reform bedürftig er-

schienen. Insbesondere von den »reichen« Ländern wurde die Einengung ihres Bewegungsspielraums sehr bald als recht hinderlich empfunden. Verschiedene Ministerpräsidenten aus beiden großen Parteien übten besonders am Institut der »Gemeinschaftsaufgaben« zunehmend und umfassend Kritik, und die Forderung nach einer weitergehenden Neuordnung der Finanzverfassung wurde lauter. Die Kritik an den »Gemeinschaftsaufgaben« richtete sich aber auch gegen die verschärften Segmentierungserscheinungen: Mehr als zuvor waren die Fachressorts in den Ländern in die Lage versetzt, die Landesplanung zu präjudizieren und die Länderfinanzminister zu überspielen, indem sie ihren Forderungen mit dem Hinweis auf die hohen Beteiligungsquoten des Bundes Nachdruck verliehen: Wollte man, so die Darstellung für den Publikumsgebrauch, nicht auf »geschenktes« Geld verzichten, dann mußte man eben den Landesanteil für die Ressortplanungen aufbringen.
In dieser Situation stießen Bemühungen der Planungsabteilung des Bundeskanzleramts um Ansätze zu einer integrierten ressortübergreifenden gemeinsamen Aufgabenplanung von Bund und Ländern bei den Staatskanzleien der Länder auf Interesse, die ebenso wie das Bundeskanzleramt bemüht sein mußten, sich gegenüber den Ressorts stärker in der Aufgabenplanung zur Geltung zu bringen. 1971 wurde von den Regierungschefs ein entsprechender Beschluß gefaßt, wobei von dem Vorhaben allerdings – wegen der Einwände der Bundesländer – nur eine relativ unverbindlich gehaltene »Gesamtproblemanalyse der langfristigen öffentlichen Aufgaben für die Jahre 1976 bis 1985« übrigblieb. Und auch dieses Unternehmen kam nur mühsam voran und blieb stecken, als nach der Bundestagswahl 1972 das Revirement in der Leitung des Kanzleramts und der Planungsabteilung zu einer erheblichen Einschränkung der Planungsambitionen des Bundeskanzleramts führte (vgl. dazu *Reese* 1975).
Sehr viel anspruchsvoller war die Konstruktion, mit der die 1970 eingesetzte Enquete-Kommission des Bundestages zu Fragen der Verfassungsreform das Problem des offengebliebenen Koordinierungsbedarfs im Bund-Länder-Verhältnis hat angehen wollen. In einem Zwischenbericht, den diese Kommission (unter dem Vorsitz des sozialdemokratischen Föderalismus-Experten *Friedrich Schäfer*) zum Ende der 6. Legislaturperiode vorgelegt hat, wurde vorgeschlagen, die Art. 91 a, 91 b und 104 a Abs. 4 GG durch eine »gemeinsame Rahmenplanung« von Bund und Ländern zu ersetzen. Zwar wird dieser Vorschlag heute auch in der Kommission selbst nicht mehr als realisierbar angesehen. Aber da das zugrunde liegende Problem nach wie vor als ungelöst angesehen werden muß und darüber hinaus das

Modell der Enquete-Kommission die Dilemmata der Bund-Länder-Planung besonders deutlich zutage treten läßt, lohnt es sich, auf einige Einzelheiten einzugehen: Bund und Länder sollten zunächst je für sich ressortintegrierte Planungen (»unter Koordinierung und Abstimmung der einzelnen Aufgabengebiete«) erstellen. Die Planungen der Länder sollten also nicht von vornherein – wie im System der Gemeinschaftsaufgaben nach Art. 91 a, 91 b und 104 a Abs. 4 GG – durch isolierte Bund-Länder-Fachplanungen präjudiziert werden. Doch sollten sich Bund und Länder schon in der Anfangsphase in »informellen Kontakten« auf »gemeinsame Grundannahmen« einigen (z. B. über die erwartete Entwicklung der Bevölkerung, des Bruttosozialprodukts, des Steueraufkommens sowie der Lohn- und Investitionsquote). Im nächsten Schritt sollten dann diese (nach Gebietskörperschaften zunächst getrennten) Planungen »in den Sachbereichen, die für die Entwicklung der Bundesrepublik Deutschland von Bedeutung sind«, von einem »Planungsausschuß«, als gemeinsamem Planungsgremium von Bund und Ländern, zu einer gemeinsamen Rahmenplanung »zusammengefügt« werden. Der Planungsausschuß sollte Ziele und (sachliche und zeitliche) Prioritäten festlegen. Bevor er eine Empfehlung beschlösse, sollte den Länderparlamenten Gelegenheit zur Stellungnahme gegeben werden. Durch Beschlüsse des Bundestags und (mit Zweidrittelmehrheit) des Bundesrats sollte schließlich die Empfehlung »verbindliche Richtlinie für die weiteren Aufgabenplanungen des Bundes und der Länder und für ihre Verwirklichung« werden. Es wäre den Ländern also nicht mehr überlassen, ob sie, wie im System der derzeitigen »Gemeinschaftsaufgaben«, sich an gemeinsam geplanten Vorhaben beteiligen wollen oder nicht. Lediglich die »Wahl der Form und der Mittel« sollte den beteiligten Gebietskörperschaften überlassen bleiben. Diese stärkere Bindung würde aber dadurch ausgeglichen, daß keine Festlegung im Detail erfolgen sollte. Vielmehr sollte es bei einem »gemeinsamen Rahmen auf relativ hohem Abstraktionsniveau« sein Bewenden haben.

Man kann nun allerdings fragen – und hier hat denn auch gleich Kritik eingesetzt –, welche Verbindlichkeit eine solche Planung auf »hohem Abstraktionsniveau« eigentlich haben könne. Hier böte sich geradezu der Rückzug in unverbindliche, leerformelhafte Gemeinplätze an, und zwar um so mehr, als der Planungsmechanismus, wie ihn die Enquete-Kommission entworfen hat, ein Übermaß an Konflikten und an sachlicher Komplexität zu bewältigen hätte. Schon der mehrstufige Ablauf des Planungsprozesses würde angesichts des erforderlichen Zeitaufwandes zu außergewöhnlicher Schwerfälligkeit führen, und man müßte gewärtigen, daß in dem

Augenblick, in dem eine verbindliche Empfehlung verabschiedet würde, die zugrunde gelegten »Grundannahmen« schon wieder überholt wären. Vorausgesetzt, es gelänge überhaupt, gemeinsame Grundannahmen zu erarbeiten; schon der Finanzplanungsrat hat ja nach einiger Zeit vor dieser Aufgabe versagt.

Selbst wenn man unterstellte, daß die am Planungsprozeß beteiligten Akteure durch gemeinsame politische Grundorientierungen verbunden wären, würde allein die Aufgabe einer gleichzeitigen (wenngleich in iterativen Annäherungsprozessen erzielten) Koordination sowohl der Ressortplanungen als auch der Ebenen beträchtliche Anforderungen an die Fähigkeit der Planungsinstanzen zur Problemverarbeitung und Interessenberücksichtigung gestellt haben. Hinzu käme aber der durch die hohen Mehrheitsschwellen (Zweidrittelmehrheit des Bundesrats!) ausgeübte Einigungszwang für das Parteiensystem. Die Kritik von *Fritz Scharpf* bezeichnet die möglichen Konsequenzen sehr deutlich: »Wegen ihres hohen Konsensbedarfs wird die gemeinsame Rahmenplanung also entweder scheitern oder, wenn der Zwang zum Erfolg stark genug ist, zu einer am Status quo orientierten und wenig innovativen Politik tendieren.« Insbesondere bei formeller Verbindlichkeit der Planung bedeute das »auch eine Festschreibung heutiger Konzeptionen für die mittlere und längere Frist«, so daß wegen der hohen Konsensschwelle für Änderungen »gegenwärtige konservative Mehrheiten ihre derzeitigen politischen Ziele gegen das Risiko einer Abänderung durch künftige knappe progressive Mehrheiten absichern können« (*Scharpf* 1973, S. 132f.).

Dieser Bevorzugung, sei es des Status quo, sei es des kleinsten gemeinsamen Nenners, durch den »Planungsverbund« kann auch nicht dadurch begegnet werden, daß man – wie vorgesehen – die Stellung der Opposition zu stärken versucht, indem man einer Minderheit (von einem Viertel) des Bundestages das Recht einräumt, von der Bundesregierung »Auskünfte über Planungsunterlagen und über die Auswirkungen näher bezeichneter Alternativen« zu fordern. Es hat über diese Frage in der Kommission eine bezeichnende Diskussion gegeben, wobei der damalige Bundesinnenminister *Genscher* erklärte, daß die Regierung überfordert wäre, wenn sie Alternativen auf entgegengesetzten politischen Grundlagen entwickeln solle. Diese Äußerung führt zu der Frage, inwieweit überhaupt komplexe Planungsprozesse mit Parteienwettbewerb als Konfliktregelungsmuster vereinbar gemacht werden können. Planalternativen gelten zwar zunehmend als ein wichtiges Instrument im Entscheidungsprozeß der politischen Planung. Dabei ist nicht nur an mögliche alternative *Mittel* der Zielerreichung zu denken. Vor allem soll deutlich gemacht werden, welche Voraussetzungen und Folgen mit alternativen *Zielen* verbunden sein würden. Das ist aber zugeschnitten auf das Entscheidungsproblem *eines* Akteurs (etwa eines Unternehmers oder einer Regierung), der vor der Wahl zwischen konkurrierenden Zielen steht und dabei Prioritäten setzen muß; die Planung kann hier diesen Zielen gegenüber prinzipiell neutral bleiben. Wenn wir es aber mit einem Interessenkonflikt zwischen verschiedenen Akteuren zu tun haben, werden diese von vornherein divergierende Ziele verfolgen. Ist dann die Planung einem der Akteure übertragen, so werden die Planer (oder ihre politischen Vorgesetzten) leicht in die Versuchung geraten, etwaige Alternativen im Interesse der eigenen Ziele zu »frisieren«. (Beispiele aus Planungskonflikten, etwa bei Verkehrsplanungen in Gemeinden, lassen sich leicht finden.) Zumal dann, wenn Konflikte auf Dauer angelegt sind wie im institutionalisierten Wettbewerb von Parteien um die Regierungsmacht, werden die Planungsalternativen mit großer Wahrscheinlichkeit in den Dienst dieser Auseinandersetzung gestellt: Planung kann aus dem Parteienkonflikt eben nicht »technokratisch« ausgeklammert werden. Die Versuche in der französischen Entwicklungsplanung, dem Parlament »alternative« Planvarianten vorzulegen, illustrieren diese Problematik (vgl. *Cohen*): Die Regierung wird sich hüten, der Opposition die Waffe ernsthafter Planungsalternativen in die Hand zu geben. Alternativplanungen könnten im Parteienkonflikt nur durch die Opposition selbst entwickelt werden, in dem Maße, als diese über einen ausreichenden eigenen Planungsstab und Zugang zu relevanten Informationen verfügt. Doch das kann dann unter den Bedingungen von dualistischem Parteienwettbewerb nicht auf ein »Zusammenfügen« von Planungen im kooperativen Planungsverbund hinauslaufen.

Das Konzept der Alternativplanungen als parlamentarisches Minderheitenrecht bleibt also im Modell des »Planungsverbundes« ein systemfremdes Element. Wenn beim Planungsprozeß nicht bloß unverbindliche Formelkompromisse herauskommen sollen, setzt das Modell die weitgehende Stillegung des Parteienwettbewerbs voraus. Bei einer funktionierenden Planung erhielte der »gemeinsame Planungsausschuß« eine so zentrale Position, daß er als eine Art von Über-Regierung fungieren würde. (Zweifellos müßten ihm die Regierungschefs von Bund und Ländern angehören, da ihre Richtlinienkompetenz sonst in Frage gestellt wäre.) Und zwar hätten wir es hier mit einer verfassungsrechtlich vorgeschriebenen Über-Regierung der Großen Koalition zu tun – solange jedenfalls, als ein beträchtlicher Teil der Länderregierungen von anderen Mehrheiten getragen wird als die Bundesregierung. Damit aber bringt der Vorschlag der Enquete-Kommission, mag er im konkreten Detail auch überholt sein, die immanente Logik des kooperativen Föderalismus in seiner neueren Entwicklung zum Ausdruck: Entweder läuft der Parteienwettbewerb infolge der zunehmend erforderlich werdenden »Politikverflechtung« leer, oder aber er blokkiert das Funktionieren der bundesstaatlichen Institutionen.

15. Parteienwettbewerb und Bundesrat von Adenauer bis zur Großen Koalition

Die strukturelle Gegenläufigkeit von Parteienwettbewerb und Föderalismus ist in den ersten zwei Jahrzehnten der Bundesrepublik noch nicht deutlich zutage getreten. Doch waren Tendenzen einer parteipolitischen »Polarisierung« auch im bundesstaatlichen Verhältnis schon frühzeitig zu beobachten. Die Befürworter der Bundesratskonstruktion, die darin ein Widerlager zur Parteipolitik sehen wollten, hatten die Interdependenz von Bundesratskompetenzen und Parteienwettbewerb nicht einkalkuliert und daher die letztlich zentralisierenden Konsequenzen dieser Wechselbeziehung nicht vorhergesehen. Wie wir gesehen haben, war der Bundesrat – im Vergleich zum Weimarer Reichsrat – gestärkt, und seine Kompetenzen wuchsen infolge der extensiven Auslegung des Zustimmungserfordernisses nach Art. 84 Abs. 1 GG noch an. Darüber hinaus stellte er wegen des Fehlens einer Hegemonialmacht und der relativen Gleichgewichtigkeit der Länder ein potentielles Gegengewicht zur Bundesregierung dar. Das warf das Problem der politischen Homogenität von Bund und Ländern in viel schärferer Weise auf, als es je in der Vergangenheit der Fall gewesen war.
Die Weichenstellung hin zum dualistischen Parteienwettbewerb im Bunde, wie sie zu Ende der vierziger Jahre vollzogen wurde, schloß aber eine Homogenität durch überlappende Koalitionen, wie sie die Weimarer Republik vor *Papen* gekannt hatte, auf die Dauer aus. Statt daß die Bundesratskonstruktion die Koalitionspolitik in den Ländern absicherte gegen die Versuche der Parteizentralen im Bund, ihren Einfluß auf die Länderpolitik auszudehnen und diese der bundespolitischen Polarisierung unterzuordnen, trug sie im Gegenteil entscheidend dazu bei, daß sich die Großen und Allparteienkoalitionen der Länder auflösten und sich die Mehrheitsbildung in den Ländern zunehmend nach bundespolitischen Gesichtspunkten ausrichtete. Dabei wurde auf die Länderpolitiker vom Bund her zum Teil intensiver Druck ausgeübt.
Adenauer hat offenbar von Anfang an auch den Bundesrat in die Überlegungen zur Sicherung seiner Mehrheitsbasis einbezogen. Dafür spricht der früher schon erwähnte Versuch, das Amt des Bundesratspräsidenten in die Koalitionsabsprache über die Verteilung der Spitzenpositionen einzubeziehen. Daß ihm darin auch die christlich-demokratischen Länderpolitiker nicht folgten, vielmehr unter Führung von *Karl Arnold* den turnusmäßigen Wechsel in diesem Amt vereinbarten, mußte ihm um so deutlicher machen, daß er auf

die Sicherung seiner Mehrheit auch in der Ländervertretung besorgt zu sein hatte. Folglich bemühte er sich um die koalitionspolitische »Gleichschaltung« der Länderregierungen, und zwar in zweifacher Weise: zum einen dadurch, daß er gegenüber den christlich-demokratischen Länderpolitikern seinen Führungsanspruch innerhalb der CDU durchzusetzen suchte, zum andern durch Einflußnahme auf kleinere Koalitionspartner. Der christlich-demokratische Bundestagspräsident *Erich Köhler*, ein Gefolgsmann Adenauers, forderte den hessischen CDU-Vorsitzenden *Werner Hilpert*, einen Befürworter der Großen Koalition, 1950 brieflich dazu auf, die Gegensätze zur FDP im Landtag zu vergessen und an die Bundespolitik zu denken: Man müsse ein »Kräfteparallelogramm zwischen der Regierungskoalition im Bundestag und im Bundesrat« schaffen (*Heidenheimer* 1958, S. 818). Schließlich wurde *Hilpert* ebenso wie der niedersächsische CDU-Vorsitzende *Günther Gereke* (ebenfalls Anhänger der Koalition mit der SPD) von *Adenauer* innerparteilich ausmanövriert. Am spektakulärsten aber war das Eingreifen des Kanzlers nach den Landtagswahlen in Nordrhein-Westfalen 1950, als er den Ministerpräsidenten *Arnold* (vom linken CDU-Flügel) dazu veranlaßte, widerstrebend die Koalition mit der SPD aufzugeben. Andererseits versuchten nach der Südweststaatgründung 1952 die Bonner FDP-Führung und Bundespräsident *Heuss*, die baden-württembergischen Liberalen unter *Reinhold Maier* von der Bildung einer Regierungskoalition mit den Sozialdemokraten abzuhalten – freilich vergeblich.

Aber auch auf sozialdemokratischer Seite wurde die Koalitionsbildung in den Ländern frühzeitig in bundespolitische Zusammenhänge einbezogen. So gingen dem Regierungsbündnis der SPD mit dem BHE 1950 in Niedersachsen auch Verhandlungen zwischen dem Bonner sozialdemokratischen Führungstrio *Schumacher-Ollenhauer-Mellies* sowie Ministerpräsident *Kopf* auf der einen, der BHE-Führung mit dem Bundesvorsitzenden *Kraft* auf der anderen Seite voraus, in denen – als Voraussetzung für die *Landes*koalition – ein Übereinkommen über die Behandlung des Lastenausgleichs im *Bundes*tag getroffen wurde. (*Adenauer* riet seinerseits diesmal der niedersächsischen CDU zu einer Großen Koalition, weil eine »bürgerliche« Regierungsmehrheit nicht möglich war. Vgl. *Götz Roth*, S. 97, 104). Es war nur folgerichtig, daß auch der Regierungswechsel vier Jahre später (die Bildung einer Koalition aus Deutscher Partei, CDU und FDP unter *Hellwege*) in Bonn vorbereitet wurde. Noch die Auflösung der letzten Großen Koalition in einem der größeren Flächenstaaten, in Baden-Württemberg 1960, wurde vom damaligen Ministerpräsidenten *Kiesinger* vor dem Stuttgarter Landtag mit der

Mitwirkung der Länder an der Bundesgesetzgebung im Bundesrat begründet.
Diese zunehmende bundespolitische Ausrichtung der Mehrheitsbildung in den Ländern mußte natürlich sehr bald auch die Landtagswahlkämpfe stark beeinflussen. In der hessischen Wahlkampagne von 1954 brachte die CDU den Zusammenhang sogar in Reimform (zit. nach *Heidenheimer* 1958, S. 820):

»Deine Wahl im Hessenstaat
zählt im Bonner Bundesrat.
Regierung Zinn stützt Ollenhauer,
Wählt CDU für Adenauer.«

Die bundespolitischen Auswirkungen von Landtagswahlen sind so seit den frühen fünfziger Jahren zu einem festen Posten in der Kalkulation der politischen Parteien geworden. Zu einer »Gleichschaltung« des Wählerverhaltens ist es freilich nicht gekommen – jedenfalls nicht in dem Sinne, daß die Bundesregierungen bei Landtagswahlen ihre Anhängerschaft ebenso erfolgreich hätten mobilisieren können wie bei Bundestagswahlen. Vielmehr hat seit jeher die jeweilige Bonner Opposition bei Landtagswahlen tendenziell günstiger abgeschnitten (vgl. dazu u. a. *Liepelt/Mitscherlich*, S. 29ff.). Aber der Widerstand gegen den von Bundespolitikern wiederholt diskutierten Vorschlag, sämtliche Landtagswahlen in der Bundesrepublik auf einen Termin zusammenzulegen, entsprang nicht zuletzt der Sorge, daß damit die Landespolitik in den Wahlen vollends in den Hintergrund treten und diese sich faktisch in indirekte Bundesratswahlen verwandeln würden.
Die Auswirkungen der dargestellten Entwicklung auf die Mehrheitsverhältnisse im Bundesrat sind in der folgenden Tabelle dargestellt (nach *Pinney*, S. 98):

	Stimmen insgesamt (ohne Berlin)	Sichere CDU-Stimmen	Sichere SPD-Stimmen	Nicht festgelegt
September 1949	43	3	10	30
August 1950	43	12	6	25
Juni 1951	43	16	15	12
April 1952	38	18	15	5
Oktober 1953	38	23	15	–
Dezember 1953	38	26	12	–
Februar 1956	38	21	17	–
November 1957	41	26	15	–
Juli 1958	41	31	10	–
Mai 1959	41	26	15	–

Bei diesem Stimmenverhältnis blieb es bis 1966. Die obige Einordnung gibt insofern ein etwas schiefes Bild, als sie die Regierungen der Großen Koalition bis 1952 durchweg als »nicht festgelegt« behandelt. (Für die späteren fünfziger Jahre berücksichtigt sie dagegen den Umstand, daß die dann noch verbleibenden Großen Koalitionen im Bundesrat jeweils im Sinne des stärksten Koalitionspartners abstimmten.) Tatsächlich haben aber auch in den ersten Jahren einige Koalitionsregierungen, die von der CDU geführt wurden, bei parteipolitisch kontroversen Abstimmungen zuverlässig die Bundesregierung unterstützt. Doch sind folgende Tendenzen hier zutreffend dargestellt: (1) wird deutlich, daß im Bundesrat im Laufe der ersten Legislaturperiode des Bundestags eine zunehmende parteipolitische Polarisierung in Erscheinung trat. (2) zeigt die Tabelle, daß jedenfalls seit Oktober 1953 die Bundesregierung auf eine mit ihr politisch konforme Mehrheit im Bundesrat rechnen konnte, wenn eine Angelegenheit zwischen Regierung und Opposition hochkontrovers wurde. (3) aber zeigen die Zahlen für 1952 bis 1953 eine Lage an, in der tatsächlich die SPD von Fall zu Fall in der Lage war, im Bundesrat eine oppositionelle Mehrheit zustande zu bringen. Dabei war das durch den Zusammenschluß der drei südwestdeutschen Länder entstandene Baden-Württemberg ausschlaggebend, das eineinhalb Jahre lang von einer Koalition aus Sozialdemokraten und Liberalen unter *Reinhold Maier* (FDP/DVP) regiert wurde. Dieses Bündnis war ausschließlich landespolitisch bedingt. (Die beiden Parteien wollten in der Verfassunggebenden Landesversammlung gemeinsam insbesondere die Simultanschule durchsetzen.) Aber *Maier*, der zu *Adenauer* ein recht distanziertes Verhältnis hatte, mußte einerseits auf die sozialdemokratische Mehrheit seines Kabinetts Rücksicht nehmen, andererseits dem Umstand Rechnung tragen, daß seine Partei der Bonner Regierungskoalition angehörte.
Diese Konstellation führte insbesondere in der Auseinandersetzung über das Vertragswerk zur Gründung einer »Europäischen Verteidigungsgemeinschaft« zu einer für die Bundesregierung kritischen Lage. Nach längerem Finassieren und Lavieren ließ *Maier* schließlich – vom Bundesvorstand seiner Partei unter starken Druck gesetzt und mit dem Parteiausschluß bedroht – die Verträge im Bundesrat passieren. Doch obwohl das gegen den Mehrheitsbeschluß seines eigenen Kabinetts geschah, blieben die Sozialdemokraten dann in der Stuttgarter Koalition, und zwar entgegen dem Willen ihres Bundesparteivorstands; ihr Einfluß auf die Landespolitik war ihnen wichtiger.
Andere Beispiele für das Oppositionspotential des Bundesrates aus jener Zeit sind das Zustandekommen des Betriebsverfassungsgeset-

zes von 1952 und das Scheitern des Wahlgesetzentwurfs der Bundesregierung im Jahre 1953. Auch beim Betriebsverfassungsgesetz hatte *Reinhold Maier* schließlich gegen die von der Opposition gewünschte Anrufung des Vermittlungsausschusses gestimmt, nachdem die baden-württembergische Entscheidung bis zuletzt offengeblieben war. Der Wahlgesetzentwurf von 1953 dagegen – der auf die Dezimierung der SPD zugeschnitten war – wurde schon im ersten Durchgang von einer Mehrheit aus den sozialdemokratisch geführten Landesregierungen und Baden-Württemberg abgelehnt; er scheiterte dann endgültig im Bundestag am Widerstand auch der FDP.

Das Ende der FDP/SPD-Koalition in Baden-Württemberg im Oktober 1953 befestigte zunächst die Position der Bundesregierung im Bundesrat. Sie wurde noch einmal gefährdet, als im Februar 1956 in Nordrhein-Westfalen die FDP aus der Koalition nach Bonner Muster ausbrach und gemeinsam mit der SPD den Ministerpräsidenten *Karl Arnold* stürzte. Das war ein eindeutig bundespolitisch motiviertes Manöver: Die FDP-Führung in Düsseldorf wollte eine Wahlgesetzänderung, die die unabhängige Existenz der Liberalen bedroht hätte, über den Bundesrat zum Scheitern bringen. Der Vorgang hatte in der Tat erhebliche Rückwirkungen auf die Bonner Koalition und führte dort zum Übergang der FDP in die Opposition. Im Bundesrat war Adenauers Mehrheit schmaler geworden (sie hing in jedem Fall vom Fortbestand der CDU/FDP-Koalitionen in anderen Ländern ab), und die SPD hatte die Sperrminorität gegen Verfassungsänderungen, die sie Ende 1953 eingebüßt hatte, zurückgewonnen. Erst der christlich-demokratische Wahlsieg in Nordrhein-Westfalen im Juli 1958 schuf dann ein relativ klares und – bis zum Jahre 1966 – dauerhaftes Übergewicht der von der CDU geführten Länder.

Unter diesen Bedingungen ließ die parteipolitische Konfrontation im Bundesrat weitgehend nach, bis sie schließlich auch im Bundestag – nach einer Periode der »angepaßten Opposition« der SPD – durch die Bildung der Großen Koalition stillgelegt wurde. Ernsthaften Widerstand im Bundesrat hatte die Bundesregierung am ehesten dann zu gewärtigen, wenn spezifische Länderinteressen auf dem Spiel standen, also beispielsweise und vornehmlich in Fragen der Finanzverfassung und der Verteilung des Steueraufkommens. Dagegen konnte eine an Parteifronten orientierte Opposition ihr nicht mehr gefährlich werden, und in Adenauers letzten Regierungsjahren konnte ein Autor gar beiläufig von der »wohl kaum praktischen Möglichkeit einer Opposition im Bundesrat« sprechen (*Hesse* 1962, S. 24).

Das heißt nicht, daß Parteipolitik aus dem Bundesrat verschwunden wäre. Aber die länderspezifischen Differenzierungen traten wieder stärker hervor. Es gab auf der einen Seite das Land Hessen als konsequentesten Verfechter oppositioneller Politik, während auf der anderen Seite Rheinland-Pfalz und Schleswig-Holstein (die als »arme« Länder ohnehin besonders stark am Einvernehmen mit der Bundesregierung interessiert waren) als treue Paladine des Bundeskanzlers in Erscheinung traten. Die Regierungschefs der sozialdemokratisch geführten Stadtstaaten, aber auch der »rote Welfe« *Kopf* in Niedersachsen und der streng föderalistische bayerische Sozialdemokrat *Hoegner* repräsentierten noch den alten Typus des Länderpolitikers, der auf seine Unabhängigkeit von der Bundespartei bedacht war. Die Bürgermeister *Kaisen* (Bremen) und *Reuter* (Berlin) ließen sogar zur Zeit der schärfsten außenpolitischen Auseinandersetzungen in den frühen fünfziger Jahren erkennen, daß sie der von *Schumacher* und seinem Nachfolger bekämpften Politik der Westintegration mit Sympathie gegenüberstanden. Auf der anderen Seite suchten auch *Ehard* als bayerischer und *Karl Arnold* als nordrhein-westfälischer Ministerpräsident ihren autonomen politischen Entscheidungsspielraum zu bewahren.

Charakteristisch für diese Konstellation und die sich daraus ergebende Flexibilität der Länderpositionen waren die Auseinandersetzungen um den Entwurf eines »Freiwilligengesetzes« im Jahre 1955, das die Wiederbewaffnung der Bundesrepublik vorbereiten sollte: Eine Mehrheit des Bundesrates mit dem nordrhein-westfälischen CDU-Justizminister *Sträter* forderte aus verfassungsrechtlichen und verfassungspolitischen Bedenken und administrativen Zweckmäßigkeitserwägungen einschneidende Änderungen am Regierungsentwurf – ausdrücklich ohne die Wiederbewaffnung als solche in Frage stellen zu wollen. Rheinland-Pfalz und Schleswig-Holstein versuchten dagegen, ihn zu retten, während Hessen, das schon die Pariser Verträge abgelehnt hatte, bis zuletzt konsequent gegen das Gesetz stimmte. In einer solchen Konstellation konnte die Opposition punktuellen Einfluß auf Gesetzgebungsprozesse nehmen, indem sie die residuale Eigenständigkeit der Länderpolitik oder spezifisch landespolitische Interessenlagen ausnutzte. Es konnte beispielsweise zu Bündnissen der SPD-geführten Länder mit den »reichen« CDU-Ländern gegen die Bundesregierung und die sie unterstützenden »armen« Länder kommen.

Das bedeutete zunächst, daß die Austragung von Parteienkonflikten zu einem unter verschiedenen Momenten wurde, die bei der Bildung wechselnder und punktueller Länderkoalitionen eine Rolle spielten. Insgesamt erschien der Bundesrat, durchaus im hergebrachten Sinne, bestimmt durch das Konfliktregelungsmodell des Aushandelns und der Kompromißbildung. Natürlich spielten unter diesen Umständen spezifisch administrative Gesichtspunkte als Entscheidungskriterien des Bundesrats eine besonders große Rolle. Man muß dabei übrigens auch berücksichtigen, daß die SPD seit ihrer Wahlniederlage 1953 auch im Bundestag immer weniger die Konfrontation suchte, vielmehr mit einer Strategie der »angepaßten Opposition« die Entscheidungen in Aushandlungsprozessen zu beeinflussen suchte. Dabei kam ihr der Umstand zustatten, daß auch die Regierungsmehrheit, selbst die CDU/CSU-Fraktion, vielfach – so z. B. in der Wehrgesetzgebung, beim Kartellgesetz oder in der Sozialpolitik – nicht geschlossen auftrat.

Dieses Erscheinungsbild kann aber nicht so gedeutet werden, als habe insgesamt der Parteienwettbewerb seine Bedeutung für die föderative Politik verloren. Ganz im Gegenteil: Durch die »Gleichschaltung« der Mehrheit der Länder im Sinne der Bonner Regierungskoalition war seine Dominanz so fest etabliert, war der Handlungsspielraum des Bundesrats so deutlich eingegrenzt, daß hier (wie auch im Bundestag) Raum für Aushandeln als *sekundäres* Konfliktregelungsmodell blieb. In der Diskussion über die Oppositionsrolle des Bundesrats nach 1969 ist die Formel einer »Überlagerung des Bundesstaatsprinzips durch das Parteienstaatsprinzip« aufgetaucht (*Laufer* 1972, S. 27; *Leibholz/Hesselberger,* S. 111); in dem Maße, wie eine solch abstrakte Betrachtungsweise überhaupt sinnvoll ist, gilt das aber für die gesamte Entwicklung seit 1949. Das Hervortreten von Aushandeln in den Entscheidungsprozessen des Bundesrats beruht nicht mehr in erster Linie auf einer grundsätzlich gouvernemental-administrativen Orientierung der Landespolitik und dem von daher abgeleiteten Kriterium der »Sachlichkeit«, sondern zunächst einmal darauf, daß im Kalkül der Opposition im Bundesrat die politische Homogenität von Bundesregierung, Bundestags- und Bundesratsmehrheit eine feste Größe geworden war, die man – gerade im Interesse punktueller und begrenzter Erfolgschancen – gar nicht mehr prinzipiell in Frage stellte. Diese Homogenität war aber nicht systembedingt, sondern war nur die Folge eines relativ stabilen Wählerverhaltens, dem die CDU die Mehrheit sowohl im Bund als auch in der Mehrzahl der Länder verdankte. Von dem Augenblick an, als knappe Mehrheitsverhältnisse in Bund und Ländern zu divergierenden Konstellationen in Bundestag und Bundesrat führten, mußte die zunehmende strukturelle Inkongruenz zwischen dualistisch-polarisiertem Parteienwettbewerb und den Aushandlungszwängen des bundesstaatlichen Subsystems zutage treten.

Sie wurde freilich noch einmal verdeckt durch das Zwischenspiel der Großen Koalition, die den Parteienwettbewerb zeitweise sistierte. Diese ließ andererseits die Unterordnung des Bundesrats unter das Parteiensystem auf ihre Weise deutlich werden. Solange das Bündnis von CDU und SPD funktionierte, beruhte das auf einer streng durchgehaltenen Koalitionsdisziplin, die wechselnde Mehrheitsbildung durch abweichende Stimmabgabe einer Fraktion mit der FDP-Opposition (wie sie zu Anfang gelegentlich z. B. im Wirtschaftsausschuß vorgekommen war) grundsätzlich ausschloß. Auch die Länderregierungen waren daran gebunden. Sie konnten zwar generelle oder spezifische Länderinteressen nachdrücklich vertreten, und sie haben das insbesondere bei der Finanzreform auch mit beträchtlichem Erfolg getan. Aber dabei waren entweder die meisten oder wenigstens die »reichen« Länder ohne Rücksicht auf ihre jeweilige politische Orientierung einig. Dagegen waren parteipolitisch akzentuierte »Extratouren« nicht gut möglich, weil das zu Spannungen im Regierungsbündnis hätte führen können, die man vermeiden wollte. Dabei war die untergeordnete Rolle der Länder noch dadurch unterstrichen, daß sie in den Entscheidungszentren der Koalition, insbesondere im »Kreßbronner Kreis«, keine Möglichkeit zur Mitsprache hatten. Daß der Parteienwettbewerb in Bundestag und Bundesregierung sistiert war, stellte also wiederum eine wirksame Restriktion für den Handlungsspielraum im Bundesrat dar. Aber schon im letzten Jahr der Großen Koalition zeigte sich, daß die Konzentration des Parteiensystems auf zwei große Parteien auf die Dauer eine Stillegung des Wettbewerbs zwischen ihnen nicht mehr zuließ. Da zunehmend beide einen Führungsanspruch erhoben und da auch die Erwartungen der Basis der Parteien sich zunehmend am Modell der Machtkonkurrenz orientierten, ließ sich im Parteiensystem das Konfliktregelungsprinzip von Aushandeln und Einflußrepartierung nicht mehr halten. Damit aber trat, befördert durch die Mehrheitsverhältnisse im Bundesrat, die Auflösung der Kongruenz von Parteiensystem und Bundesstaat zutage, an die man sich in der Vergangenheit gewöhnt hatte.

16. Die Konfrontation im Bundesrat

Die sozialliberale Koalition hat bis heute nie erreichen können, was *Adenauer* frühzeitig gelungen war, nämlich die parteipolitische »Gleichschaltung« des Bundesrats mit dem Bundestag. Zwar hatte sich dort seit der Bildung einer SPD/FDP-Regierung in Nordrhein-Westfalen am 8. 12. 1966 die Stimmenmehrheit der CDU-geführten Länder auf 21 gegen 20 der SPD-geführten Länder verringert, aber dieses Zahlenverhältnis ist dann (bis zum niedersächsischen Regierungswechsel im Februar 1976, der den Abstand zugunsten der CDU wieder vergrößert hat) unverändert geblieben. Daher gab es 1969 erstmals klar auseinanderlaufende Mehrheiten im Bundestag und Bundesrat, und der CDU-Vorsitzende *Kiesinger* erklärte denn auch bald nach der Bildung der neuen Regierung zu wiederholten Malen, die Opposition werde diese Lage zu nutzen wissen. So sagte er in einem Interview: »Ich sehe im Bundesrat während dieser Legislaturperiode . . . ein wichtiges Instrument für die Opposition. Wir haben eine solche Mehrheit. Es ist dabei auch an Niedersachsen zu denken. Und wir werden diese Mehrheit selbstverständlich benützen. Das ist durchaus legitim.« (Zit. nach *Laufer* 1970, Anm. 8. – In Niedersachsen war damals die CDU durch Übertritte mehrerer Abgeordneter die stärkste Partei innerhalb der sozialdemokratisch geführten Großen Koalition geworden und verlangte daraufhin, daß bei Meinungsverschiedenheiten über die Stimmabgabe im Bundesrat die niedersächsischen Vertreter sich dort der Stimme enthalten sollten.) Die Regierungsparteien SPD und FDP nahmen derartige Ankündigungen zunächst offensichtlich nicht ganz ernst, weil damals in den CDU-geführten Landesregierungen überwiegend auch Parteien der neuen Bonner Koalition vertreten waren (die FDP in Rheinland-Pfalz, Schleswig-Holstein und im Saarland, die SPD in Baden-Württemberg). Sie verließen sich also offenbar darauf, daß das Überlappen der Regierungsbündnisse in Bund und Ländern den Bundesrat neutralisieren würde. Und in der Tat konnte *Heinz Laufer* im Jahre 1970 darauf hinweisen, daß in Ländern wie Baden-Württemberg und Rheinland-Pfalz die Koalitionspartner der CDU darauf achteten, daß die Bundesratsstimmen nicht »obstruktiv« abgegeben wurden.

Was damals aber noch nicht einkalkuliert wurde, war der Umstand, daß es der CDU in der Folge tatsächlich gelang – wie dies *Kiesinger* schon nach der Regierungsbildung von 1969 angekündigt hatte –, die FDP aus einer Reihe von Landtagen »herauszukatapultieren« und

die absolute Mehrheit zu gewinnen: So 1970 im Saarland, 1971 in Schleswig-Holstein. Außerdem gewann sie 1971 in Rheinland-Pfalz und 1972 in Baden-Württemberg die absolute Mehrheit (die die CSU in Bayern schon seit 1962 besaß). In Baden-Württemberg hatten die christlichen Demokraten im übrigen schon seit 1971 zunehmend ihre Mehrheit im Kabinett dazu benutzt, ihren sozialdemokratischen Koalitionspartner bei Beschlüssen über die Stimmabgabe im Bundesrat zu majorisieren. So sah sich die Bonner Regierungskoalition seit 1971 einer zunehmenden Oppositionsfront im Bundesrat gegenüber, vollends aber seit 1972, da nun alle oppositionellen Landesregierungen allein von der CDU gestellt wurden. Und an dieser Front ist eine Reihe von Vorhaben, die im Programm der Koalition bedeutsam waren, jedenfalls insofern gescheitert, als sie nur mit erheblichen Veränderungen verabschiedet werden konnten – vom Städtebauförderungsgesetz über die Steuerreform bis zum Hochschulrahmengesetz.
Tragweite und strategische Zielsetzung dieser Opposition im Bundesrat sind in der öffentlichen Diskussion nicht immer ganz zutreffend eingeschätzt worden. Zumal das Wort von der »Obstruktionspolitik« der CDU trifft die Dinge nicht genau. Hier ist zunächst festzuhalten, daß die alten, länderspezifischen Frontstellungen nach wie vor im Bundesrat eine erhebliche Rolle spielen. In der Frage der Kraftfahrzeugsteuerreform war Einigkeit über ein System, das die herkömmliche Hubraumbesteuerung und zugleich die bisherige Einzahlung über die Finanzämter ablösen sollte, deshalb nicht zu erzielen, weil vor allem die SPD-Bundestagsfraktion im Interesse einer größeren Steuergerechtigkeit nur einer Regelung mit mehreren Steuerklassen zustimmen sollte, während eine Einheitsfront sämtlicher Länder wegen der angestrebten Verwaltungsvereinfachung nur einen einheitlichen Steuersatz zu akzeptieren bereit war, der allerdings zur Vermeidung von Steuerausfällen so hoch hätte liegen müssen, daß Kleinwagenbesitzer erheblich stärker belastet worden wären. Den Vorstellungen der SPD-Fraktion folgte keines der sozialdemokratisch regierten Länder, während sich auch keines der CDU-Länder am Gesetzentwurf der Bundestagsfraktion der CDU/CSU orientierte. In anderen Fällen gab es, wie in der Vergangenheit immer schon, Mehrheitsbildungen quer durch die Parteifronten. Aber auch in den seit 1970 immer häufiger werdenden Fällen, in denen eine CDU/CSU-Mehrheit sich gegen die Vorstellungen der Bundesregierung und Bundestagsmehrheit wandte, kann in der Mehrzahl der Fälle nicht gut davon gesprochen werden, daß hier versucht worden sei, die Arbeit der Gesetzgebungsorgane lahmzulegen (denn das bedeutet »Obstruktion«). Der Vorsitzende der

CDU/CSU-Bundestagsfraktion *Carstens* konnte noch am 20. 5. 1974 in der Debatte über die Regierungserklärung darauf hinweisen, daß an der Opposition im Bundesrat noch kein Gesetz gescheitert sei (was inzwischen freilich nicht mehr zutrifft).

Zwar wird man in einigen Fällen schwerlich um die Feststellung herumkommen, daß das Ergebnis der Auseinandersetzungen im Bundesrat aus anderen Gesichtspunkten als denen der »Kraftprobe« kaum erklärt werden kann: Bei der Beratung der Verordnung über Höchstgeschwindigkeit auf den Autobahnen gingen in den Bundesratsausschüssen die Meinungen noch zunächst quer durch die Parteifronten; erst im Plenum setzte die CDU-Mehrheit geschlossen die »Richtgeschwindigkeit« von 130 Stundenkilometer durch, und es fällt schwer, dafür etwa eine in den politischen Auffassungen der Mehrheit begründete Rechtfertigung zu erkennen. Doch in der Mehrzahl der Fälle haben diese Länder lediglich versucht, ihren von der Regierungskoalition abweichenden politischen Vorstellungen Eingang in die Gesetzgebung zu verschaffen. Sie sind damit übrigens keineswegs immer erfolgreich gewesen. Im Vermittlungsausschuß hatte die Koalition bis zum Regierungswechsel in Niedersachsen von 1976 die Mehrheit, und im Gegensatz zur Vergangenheit, als dort nicht selten ganz unabhängig von Parteizugehörigkeit abgestimmt wurde (Beispiele bei *Reinert*, S. 150f.), sind die Fronten auch im Ausschuß vielfach starr geblieben, so daß die Opposition überstimmt wurde. Sie blieb dann nicht nur bei Einspruchsgesetzen erfolglos, sondern mußte auch bei Zustimmungsgesetzen nicht selten schließlich nachgeben, weil weitere Verzögerungen oder gar das Scheitern der Entwürfe den Interessen der CDU/CSU-Länder geschadet hätten.

Die strategische Zielsetzung, die der Politik der Oppositionsländer zugrunde lag, ist zuerst von dem schleswig-holsteinischen Ministerpräsidenten *Stoltenberg* formuliert worden. Nachdem die CDU-Mehrheit des Bundesrates bei einer Reihe von Gesetzen den Vermittlungsausschuß angerufen hatte, darunter bei einem der wichtigsten Reformprojekte der Regierungskoalition, beim Städtebauförderungsgesetz (wo sie später einschneidende Änderungen durchsetzen konnte), sagte er in einem Interview am 14. 7. 1971: »Die Bundesregierung ist gut beraten, wenn sie einsieht, daß sie mit ihrer schwachen Mehrheit im Bundestag nicht alle Gesetze durchpauken kann, sondern mit unserer Mehrheit im Bundesrat rechnen muß.« Nach Stoltenbergs Vorstellungen sollte der Bundesrat offenbar die Regierungskoalition unter Verhandlungszwang setzen und dazu veranlassen, die Vorstellungen der Minderheit weitgehend zu berücksichtigen. Er machte das auch in der 7. Legislaturperiode – als die Mehrheit der Regierung im Bundestag recht solide geworden war – deutlich und wies am 18. 4. 1974 vor der Bundespressekonferenz darauf hin, daß seit 1969 vierzig Gesetzentwürfe der Bundesregierung und der Koalition aufgrund der Vorschläge des Bundesrats im Vermittlungsverfahren inhaltlich verändert worden seien. Und zwei Tage darauf ergänzte der CSU-Abgeordnete *Höcherl*, der Bundesrat habe in Erfüllung seines Verfassungsauftrags »zahlreiche Gesetze verbessert und damit die Regierung zu Kompromissen veranlaßt. Der Kompromiß – der Ausgleich unterschiedlicher Interessen – ist das Wesen der Demokratie.«

Das bedeutet aber, daß der Konfliktregelungsmechanismus des dualistischen Parteienwettbewerbs infolge der starken Stellung des Bundesrats bei zustimmungspflichtigen Gesetzen umschlägt in einen koalitionsähnlichen Aushandlungsmechanismus. Der Parteienwettbewerb läuft wiederum leer, und es vollzieht sich, durch unterschiedliche politische Mehrheiten bewirkt, eine eigentümliche Systemveränderung: An die Stelle der parlamentarischen Parteiregierung, die der aus den Wahlen hervorgegangenen Mehrheit die Möglichkeit einräumt, während eines befristeten Zeitraums in den von der Verfassung gezogenen Schranken ihr politisches Programm zu verwirklichen, tritt – vom Verfassunggeber zweifellos so nicht vorhergesehen – ein Gleichgewichtssystem. Man wird an das Prinzip von »checks and balances« im Regierungssystem der USA erinnert: Bekanntlich kann es da in dem Gleichgewichtsverhältnis zwischen Präsident und Kongreß durchaus geschehen, daß die Kongreßmehrheit politisch mit dem Präsidenten nicht übereinstimmt. Das zwingt dann zum Aushandeln von Kompromißlösungen, wobei freilich die lockere Struktur der amerikanischen Parteien die Kompromißfindung erleichtern kann. In mancher Hinsicht erinnert die Konstellation auch an jene, der sich in Österreich die Regierung der Österreichischen Volkspartei unter *Josef Klaus* nach dem Bruch der zwanzigjährigen Großen Koalition gegenübersah: Da wichtige wirtschaftspolitische Gesetze, an denen besonders die Klientel der ÖVP interessiert war, aus eigentümlichen verfassungsrechtlichen Gründen nur mit Zweidrittelmehrheit verabschiedet werden konnten, gab dies den oppositionellen Sozialisten die Handhabe, der Regierung im Wege des »Junktim« wichtige Zugeständnisse abzutrotzen. Österreichische Autoren nannten das damals die »Bereichskoalition«. Erst recht gibt der CDU/CSU-Opposition die Mehrheit, über die sie im Bundesrat verfügt, einen nicht geringen Teil der Mitbestimmungsrechte, die sie als Partner einer Großen Koalition haben würde (ausgenommen die Ämterpatronage) – dies aber ohne den Zwang, sich zugleich Mißerfolge zurechnen lassen zu müssen.

Die verfassungsrechtliche Problematik dieses durch das Gegengewicht des Bundesrates denaturierten Parlamentarismus ist bisher nicht wirklich schlüssig behandelt worden. Auf seiten der Regierungskoalition hat man des öfteren verfassungsrechtliche oder verfassungspolitische Argumente gegen die Zulässigkeit des Verhaltens der Opposition vorgetragen; doch sie vermögen nicht zu überzeugen. Der Einwand, über den Bundesrat dürften nur spezifische Länderinteressen geltend gemacht, nicht dagegen die Politik der Bundesregierung durchkreuzt werden, führt nur dann weiter, wenn man als »Länderinteressen« lediglich verwaltungsorganisatorische und fiskalische Interessen der Länderadministration ansieht. Das mag in der Tat, soweit das Zustimmungserfordernis nach Art. 84 Abs. 1 und Art. 85 Abs. 1 GG betroffen ist, seinerzeit die Intention des Parlamentarischen Rats gewesen sein. Aber ein Vierteljahrhundert Verfassungspraxis, die durch den Konsens aller Parteien getragen war, hat dazu geführt, daß die Zuständigkeit des Bundesrats auch bei Zustimmungsgesetzen wesentlich weiter ausgelegt worden ist, und das kann nicht im Wege der Verfassungsauslegung rückgängig gemacht werden. Die Länderregierungen werden als »Länderinteressen« auch die Interessen der von ihnen vertretenen Landesvölker geltend machen dürfen, und sie sind durch das parlamentarische Regierungssystem in den Ländern nun einmal dazu legitimiert, diese Interessen nach ihrem Ermessen zu artikulieren. Brauchbare materielle Abgrenzungskriterien, wann das »Landesvolk« betroffen sein könnte – etwa: beim Bodenrecht ja, beim Abtreibungsparagraphen nein? –, werden sich schwer finden lassen. Und auch der des öfteren beschworene Grundsatz der »Bundestreue« wird schwerlich in diesem Zusammenhang herangezogen werden können.
Die herrschende Meinung scheint denn auch – soweit sich die Verfassungsrechtslehre bisher hat vernehmen lassen – dahin zu gehen, daß das Grundgesetz es durchaus zulasse, über den Bundesrat die Politik der Bundestagsmehrheit zu konterkarieren: Der Bundesrat sei nun einmal »im Gesetzgebungsverfahren bei verfassungsändernden und Zustimmungsgesetzen neben dem Bundestag das zweite, gleichberechtigte Gesetzgebungsorgan«, und wie eine etwaige ablehnende Mehrheit zustande komme, richte sich »allein nach den parlamentarischen Spielregeln und den Abstimmungsvorschriften«. Dagegen sei die Motivation der Landesregierungen für ihr Abstimmungsverhalten »verfassungsrechtlich irrelevant« (*Leibholz/Hesselberger*, S. 110f.; ähnlich *Laufer* 1970, S. 326).
Diese legalistisch zweifellos korrekte Auffassung berücksichtigt jedoch nicht den Umstand, daß sie unter bestimmten politischen Konstellationen schwer lösbare Krisen zulassen würde. Es ist wiederholt

(so z. B. 1974 von Ministerpräsident *Stoltenberg*) darauf hingewiesen worden, daß bei einer Zweidrittelmehrheit der Opposition im Bundesrat die Regierungsmehrheit im Bundestag nicht mehr ausreichen würde, um einen Einspruch des Bundesrats gegen nicht zustimmungspflichtige Gesetze zurückzuweisen (vgl. die Vorschriften des Art. 77 Abs. 3 und 4 GG). Seit dem Regierungswechsel in Niedersachsen würde aber der Sturz oder die Wahlniederlage einer einzigen SPD/FDP-Landesregierung ausreichen, um diese Konstellation herbeizuführen. Damit hätte die Opposition die Möglichkeit, die gesamte Gesetzgebungstätigkeit der Bundesregierung zu konterkarieren. Im Sinne der eben referierten Argumentation wäre auch das durchaus korrekt und die Motivation wiederum verfassungsrechtlich irrelevant.

Nach den Spielregeln des parlamentarischen Regierungssystems müßte die Bundesregierung aber, wenn ihr Programm keine Mehrheit findet, zurücktreten. Es wäre dann der Fall denkbar, daß – bei unüberbrückbaren politischen Meinungsverschiedenheiten zwischen den Parteien der bisherigen Koalition und der Opposition – eine neue regierungsfähige Mehrheit nicht zustande kommt. Das Instrument der Vertrauensfrage kann nur bei der einen der beiden gesetzgebenden Körperschaften eingesetzt werden, beim Bundestag; eine oppositionelle Bundesratsmehrheit könnte damit nicht überwunden werden. Auch der Ausweg von Neuwahlen zum Bundestag könnte in eine Sackgasse führen, falls diese die bisherige Bundesregierung im Amt bestätigen. Die einzige Lösung, die der Logik des parlamentarischen Regierungssystems entspräche, läge darin, daß die Bundesregierung das Recht erhielte, auch im Bundesrat die Vertrauensfrage zu stellen. Erlitte sie dann eine Niederlage, so müßte sie dazu befugt sein, gleichzeitig sämtliche Landtage auflösen und Neuwahlen ausschreiben zu lassen. (Gleichzeitig müßte, wenn die Eventualität erneut auseinanderlaufender Mehrheiten so gering als möglich gehalten werden soll, auch der Bundestag aufgelöst und neu gewählt werden.) Es liegt auf der Hand, daß eine solche Lösung unter föderalistischen Gesichtspunkten äußerst fragwürdig wäre.

Dies führt zu dem Schluß, daß das Grundgesetz entgegen den Intentionen des Parlamentarischen Rates die Möglichkeit unlösbarer Regierungskrisen zuläßt. Zwar hat der Parlamentarische Rat größten Wert darauf gelegt, im Verhältnis zum Bundestag die Handlungsfähigkeit der Regierung sicherzustellen; dem dienen insbesondere die Vorschriften der Art. 63 Abs. 4, Art. 67, Art. 68 und Art. 81 GG. Aber – wie bereits weiter oben gesagt wurde – schon die Konstruktion des »Gesetzgebungsnotstandes« in Art. 81 GG zeigt, daß sich

der Parlamentarische Rat den Bundesrat zwar als »Legalitätsreserve« bei Handlungsunfähigkeit des Bundestags, aber überhaupt nicht als potentielle Opposition vorgestellt hat. (Als 1972 zum ersten Male die Situation eintrat, auf die der Art. 81 gemünzt war – »Patt« im Bundestag, aber auch Scheitern des konstruktiven Mißtrauensvotums –, erwies sich der »Gesetzgebungsnotstand« als nicht praktikabel. Statt dessen mußte der verfassungsrechtlich höchst fragwürdige Ausweg einer vereinbarten Parlamentsauflösung gewählt werden.) Wenn der Göttinger Verfassungsrechtler und CDU-Bundestagsabgeordnete *Hans H. Klein* argumentiert, »das Grundgesetz« habe die Möglichkeit einer oppositionellen Mehrheit im Bundesrat »in Kauf genommen« (*H. H. Klein*, S. 329), dann trifft das allenfalls in dem ganz formalistischen Sinne zu, daß es diese Möglichkeit nicht ausschließt. Dies aber, weil der Parlamentarische Rat eine Struktur des Parteiensystems voraussetzte, wie sie für die Weimarer Republik charakteristisch gewesen war.
Tatsächlich stehen wir eben vor einer zunehmenden Inkongruenz der Konfliktregelungsmuster von Parteiensystem und Bundesstaat als Folge der noch 1949 unvorhergesehenen Konzentrationsbewegung im Parteiensystem. Mit diesem Sachverhalt hat die Verfassungsrechtslehre bisher nichts Rechtes anzufangen gewußt. Die Oppositionsrolle des Bundesrates wird von ihr vielfach auf die Formel gebracht, daß hier »das parteienstaatliche Prinzip das föderalistische . . . überlagert« (*Leibholz/Hesselberger*, S. 113; ähnlich *Laufer* 1972, S. 27). Diese Auskunft ist aber nicht sonderlich hilfreich, weil der Begriff des »Parteienstaats« (zumal in der »phänomenologischen« Version von *Leibholz*) lediglich einen Tatbestand beschreibt, der in den letzten Jahrzehnten selbstverständlich geworden ist – nämlich die Schlüsselposition von Parteien im politischen Entscheidungsprozeß –, hingegen zwischen verschiedenen Strukturtypen des Parteiensystems nicht unterscheidet. (Er vermag übrigens auch nichts über die »Reichweite« des Parteienwettbewerbs auszusagen. Es liegt aber auf der Hand, daß beispielsweise die Konjunkturpolitik vom Parteienwettbewerb nicht erreicht wird: Parteien sind hier keine relevanten Akteure.) Die politikwissenschaftliche Forschung der letzten Jahrzehnte hat nun ganz eindeutig gezeigt, daß die strukturellen Differenzierungen der Parteiensysteme wie im übrigen auch Veränderungen in der internen organisatorischen Struktur der politischen Parteien ganz erhebliche verfassungspolitische Auswirkungen haben. Verfassungsrechtliche Institute, wie z. B. die Vertrauensfrage, das Recht zur Auflösung des Parlaments oder das Recht des Staatsoberhauptes, den Regierungschef zu ernennen (bzw. vorzuschlagen), ändern ihre politischen Funktionen

je nachdem, ob wir es mit einem ausgeprägten Parteiendualismus oder einem komplexen Vielparteiensystem, einem stark alternierenden Parteiensystem oder einem solchen mit Dauerhegemonie einer großen Partei, einem System lockerer Honoratiorenparteien oder straffer, disziplinierter Organisationen zu tun haben. Und davon hängt, wie hier in der Gegenüberstellung von Weimarer Republik und Bundesrepublik gezeigt wurde, eben auch das Verhältnis von Parteiensystem und Bundesstaat ab. Weder das Begriffspaar »Parteienstaatsprinzip«/»Bundesstaatsprinzip« noch die verschwommene begriffliche Konstruktion eines »Parteienbundesstaats« sind geeignet, die daraus resultierenden Probleme zu erfassen.

Dabei müssen übrigens neben den Veränderungen in der Konfiguration des Parteienwettbewerbs (also der weiter oben untersuchten Konzentrationsbewegung) auch Veränderungen der vertikalen organisatorischen Verknüpfungszusammenhänge in den Parteien in die Analyse einbezogen werden. Das sei hier illustriert an den bemerkenswerten Veränderungen in der Funktion eines eigentümlichen Instituts des deutschen parlamentarischen Verfahrens, nämlich dem Rederecht der Bundesratsmitglieder im Bundestag. Es handelt sich hier wiederum um ein aus der Verfassung des Norddeutschen Bundes von 1867 und der Reichsverfassung von 1871 überlieferten Privileg: Jedes Mitglied des Bundesrats mußte auf Verlangen im Reichstag gehört werden, »um die Ansichten seiner Regierung zu vertreten, auch dann – so fuhr die Verfassung in Art. 9 fort –, wenn dieselben von der Majorität des Bundesrates nicht adoptiert worden sind.« Die Weimarer Verfassung gestand in Art. 33, der das Rederecht der Mitglieder und Beauftragten der Reichsregierung im Reichstag regelte, auch den Ländern das Recht zu, »Bevollmächtigte zu entsenden, die den Standpunkt ihrer Regierung zu dem Gegenstande der Verhandlung darlegen.« Es handelte sich hier also ursprünglich ganz deutlich um ein Privileg der *Exekutiven*, das der konstitutionellen Trennung von Regierung und Parlament entstammt. (Bis heute flankieren ja auch Regierungsbank und Bundesratsbank gleichgeordnet das Rednerpult im Bundestag, gegenüber den Abgeordnetenbänken.)

In der Praxis ist in der Weimarer Republik das Rederecht sowohl für einzelne Länderregierungen als auch für den Reichsrat als das die Gesamtheit der Länder repräsentierende Organ in Anspruch genommen worden; die Geschäftsordnung des Reichstags von 1922 räumte neben den Reichsministern und »Regierungsvertretern« auch »Bevollmächtigten des Reichsrats« das Rederecht ein (§§ 96, 97). Das Grundgesetz läßt beides zu, wenn es dieses Recht »den

Mitgliedern des Bundesrats« zuschreibt (Art. 43 Abs. 2): Entweder kann der Bundesrat durch ausdrücklichen Mehrheitsbeschluß ein Mitglied mit der Abgabe einer Erklärung namens des Bundesrats betrauen, oder es kann ein Mitglied des Bundesrats die spezifischen Gesichtspunkte seines Landes vortragen (so der Bundestagsvizepräsident *Carlo Schmid* in der Bundestagssitzung vom 26. 2. 1958). Aber auch Art. 43 GG stellt das in den Zusammenhang der Rolle der Exekutive im parlamentarischen Verfahren: Es müssen, so der Text, »die Mitglieder des Bundesrates und der Bundesregierung« jederzeit im Bundestag gehört werden.

In den letzten Jahren hat sich nun ein deutlicher Funktionswandel des Instituts vollzogen: Immer häufiger greifen Bundesratsmitglieder wie die Ministerpräsidenten *Kohl* und *Stoltenberg* in allgemeinpolitische Debatten über Regierungserklärungen oder außenpolitische Verträge in einer Weise ein, die den Eindruck vermittelt, daß sie in ihrer Rolle als Mitglieder der christlich-demokratischen »Führungsmannschaft« sprechen und nicht im engeren Sinne als Länderpolitiker. Zwar hat in der Regel ein Mitglied der CDU/CSU-Bundestagsfraktion als erster Sprecher der Opposition die Debatte eröffnet, so z. B. in der Debatte über den Jahreswirtschaftsbericht 1976 (am 11. 3. 1976) der Abgeordnete *Müller-Herrmann*. Doch das Interesse der Öffentlichkeit konzentrierte sich naturgemäß auf die folgende Rede Stoltenbergs. Eine Kontroverse entstand bei der ersten Lesung des Rentenabkommens mit Polen am 26. 11. 1975, als *Kohl* nicht nur als erster Debattenredner, sondern auch ganz explizit als Führer *der* Opposition auftrat (»Ich stehe hier aus eigenem Recht und spreche für meine Freunde von der CDU/CSU Deutschlands«). Während sich die Bundestagspräsidentin *Renger* mit einer milden Zurechtweisung begnügte (»Herr Ministerpräsident, nur eine Bemerkung: Sie sind natürlich als Mitglied des Bundesrates hier; Sie sprechen selbstverständlich auch für Ihre Freunde von der CDU/CSU«), hat der sozialdemokratische Abgeordnete *Claus Arndt* die Streichung der Rede aus dem Bundestagsprotokoll verlangt, da *Kohl* nicht in seiner Eigenschaft als Mitglied des Bundesrats, sondern ausdrücklich für die CDU/CSU gesprochen habe, »und dies sei rechtswidrig« (Bericht der Süddeutschen Zeitung vom 5. 12. 1975). Im parlamentarischen Regierungssystem ist es jedenfalls ungewöhnlich, wenn als Führer der »parlamentarischen« Opposition ein Politiker auftritt, der dem Bundestag gar nicht angehört. (Man erinnere sich, daß vor dem englischen Unterhaus nicht einmal ein Minister auftreten darf, wenn er dem Unterhaus nicht angehört. Aus diesem Grunde wurde schon 1922 nicht mehr der bisherige Außenminister Lord *Curzon* zum Premierminister berufen, denn er durfte als erbliches Oberhausmitglied im Unterhaus nicht das Wort ergreifen, sondern *Bonar Law*.)

Gerade wenn man den Umstand berücksichtigt, daß sich in der Entwicklung unseres Föderalismus ein zunehmend enges Verbundsystem zwischen Bundes- und Landesexekutiven entwickelt, wird man zu dem Schluß kommen müssen, daß der Gegensatz heute nicht mehr einfach zwischen »Regierung« und »parlamentarischer Regierungsmehrheit« auf der einen Seite, »parlamentarischer Opposition« auf der anderen Seite verläuft. Vielmehr verläuft die Scheidelinie sowohl durch den im Bund-Länder-Verhältnis verflochtenen Exekutivbereich als auch durch die Parlamente. Und die erwähnten Reden Kohls zeigen das Aufkommen einer Opposition an, in der sich sowohl zwischen Exekutiv- und Legislativbereich als auch zwischen Bundes- und Ländersphäre eine Fusion vollzogen hat. Man wird daher fragen müssen, ob die Bundesrepublik noch als parlamentarisches Regierungssystem im herkömmlichen Sinne bezeichnet werden kann oder ob sich nicht vielmehr hier ein einschneidender Verfassungswandel in Richtung auf eine Mischform vollzieht, in der institutionelle Abgrenzungen weitgehend verschwimmen.

Die Frage der Handhabung des Rederechts kann aber nicht allein unter dem Gesichtspunkt gesehen werden, wie streng oder wie großzügig parlamentarische Konventionen praktiziert werden. Es wäre wohl denkbar, daß die Beteiligten sich entschlössen, die Rollentrennung zwischen Bundestag und Länderpolitik wieder stärker sichtbar zu machen. Doch das würde nichts Wesentliches an dem Strukturproblem ändern, das die eben erörterten Vorgänge bestimmt, nämlich der starken Zunahme vertikaler (Bund-Länder-) Verflechtungen innerhalb der Parteienorganisationen, die auf Kosten der Autonomie der Länderpolitik geht.

17. Bundesstaatliche Aspekte des Wandels der Parteienstruktur

Die eben erörterten Vorgänge zeigen strukturelle Veränderungen in den einzelnen Parteien insbesondere insofern an, als es, vor allem bei der Opposition, zu einer viel engeren Verflechtung von Bundes- und Länderparteien kommt, als man sie in der Vergangenheit gekannt hat. Die Erwartungen des »Ellwanger Kreises« und der ähnlich Gesinnten im Herrenchiemseer Verfassungskonvent und im Parlamentarischen Rat, der Bundesrat werde als Widerlager zur »Parteipolitik« funktionieren, hatten auf zwei Voraussetzungen beruht: erstens – wie wir sahen – der Annahme, daß sich die Länderregierungen wie in der Weimarer Zeit in Bundesangelegenheiten durch eine vorwiegend gouvernemental-administrative Orientierung (»sachliche Arbeit«) auszeichnen würden, zweitens aber – und in Zusammenhang mit dem zuvor Gesagten – auf der Erwartung einer weitgehenden Autonomie der Länderpolitik (auch soweit sie personell von den Parteien getragen war) gegenüber der Politik der »Parteizentralen« im Bund. Die Ministerpräsidenten der ersten Nachkriegsjahre waren ja in der Tat sehr auf ihre Handlungsfreiheit gegenüber *Adenauer* oder *Schumacher* und deren jeweiligen Parteiapparaten bedacht. Eine solche Autonomie der Länderpolitik wird aber nicht mehr vorausgesetzt, wenn sich aus den Reihen der CDU im Zusammenhang mit der Auseinandersetzung um das Rentenabkommen mit Polen die Forderung erhebt, der Kanzlerkandidat *Kohl* müsse die von ihm innerhalb der CDU/CSU in Anspruch genommene »Richtlinienkompetenz« auch gegenüber den Länder-Ministerpräsidenten seiner Partei geltend machen (lt. *Ernst Dieter Lueg*, ARD-Tagesschau vom 12. 2. 1976).

In manchen Parteien, besonders im Liberalismus, war die Autonomie der regionalen Verbände seit jeher fest eingewurzelt. Andere waren stärkeren Zentralisierungsbestrebungen ausgesetzt; aber auch hier wahrten die Länderorganisationen eifersüchtig ihren politischen Entscheidungsspielraum. In der SPD gab es vor dem Ersten Weltkrieg erhebliche Konflikte zwischen *Bebel* und den badischen, württembergischen und bayerischen Sozialdemokraten, die sich ihre Politik nicht vom Berliner Parteivorstand vorschreiben lassen wollten und an der 1908 vom Parteitag mißbilligten parlamentarischen Zusammenarbeit mit »bürgerlichen« Parteien festhielten. Im Zentrum hat es ähnliche Spannungen gegeben; sie fanden ihren Ausdruck u. a. nach 1918 in dem Ausscheiden der Bayern, die sich als

»Bayerische Volkspartei« selbständig machten und 1920 sogar im Reichstag die Arbeitsgemeinschaft mit der Zentrumsfraktion lösten. Die Analogien zur Entwicklung der ersten Jahre nach dem Zweiten Weltkrieg, als sich *Hoegner*, ein erbitterter Gegner Schumachers innerhalb der SPD, zeitweise geradezu einem weißblauen Chauvinismus verschrieb und als auch dann, als sich die Länderparteien in Bundesorganisationen zusammenschlossen, die CSU in Bayern ihre Selbständigkeit bewahrte, liegen auf der Hand. Doch auch vom Sonderfall Bayern abgesehen, blieb in allen Parteien der Bundesrepublik den Regional- oder Landesverbänden ein erheblicher eigener politischer Spielraum. Am deutlichsten tritt das bei der Aufstellung der Kandidaten zu Parlamentswahlen zutage, die bei den deutschen Parteien (auch bei den Sozialdemokraten vor dem Ersten Weltkrieg) stets in der Hand der regionalen Gliederungen gewesen ist. Die Bundesparteileitungen haben daher auf die personelle Zusammensetzung des Bundestags keinen nennenswerten eigenen Einfluß. Selbst in der SPD ist der Partikularismus der Bezirksverbände mitunter nur mühsam durch die hergebrachte sozialdemokratische Solidarität in Grenzen gehalten worden.
Das heißt nicht etwa, daß regionale und zentrale (Reichs- oder Bundes-)Organisationen voneinander streng getrennt gewesen wären. Vielmehr waren die Landes- oder Bezirksverbände der Parteien in den zentralen Führungsgremien in zwar unterschiedlich starkem, aber insgesamt doch beachtlichem Maße vertreten; der Aufbau der Organisation war der föderativen Mitwirkung der Länder an den politischen Entscheidungsprozessen im Zentralstaat angepaßt. Diese vertikalen Verflechtungen zwischen Bundes- und Länderparteien, aber auch horizontale Verflechtungen auf Länderebene haben sich nun seit der Entstehung der Bundesrepublik deutlich verstärkt. Es gibt beispielsweise in allen großen Parteien die Einrichtung von regelmäßigen Konferenzen der Fraktionsvorsitzenden in den Landtagen, bei denen vielfach auch die Führung der jeweiligen Bundestagsfraktion vertreten ist. Auf Regierungsebene gibt es seit jeher sowohl in der Ministerpräsidentenkonferenz als auch in wichtigen Fachministerkonferenzen nach Parteien getrennte Vorbesprechungen der Minister, bei denen man sich bemüht, die Entscheidungen in den Konferenzen oder im Bundesrat abzustimmen; auch hier ist in der Regel die Bundespartei vertreten. Die CDU-Opposition hat sich im Bundesrat nach 1969 naturgemäß auch dieser bewährten Technik der »itio in partes« (wie man in Erinnerung an das »Auseinandertreten« des Corpus Catholicorum und des Corpus Evangelicorum, der Religionsparteien auf dem Reichstag zwischen 1648 und 1806, sagen kann) bedient. So haben die CDU-Kultusminister ihre Stellung-

nahmen zum Hochschulrahmengesetz auf Sitzungen vorbereitet, an denen auch die zuständigen Referenten aus den Ministerien teilnahmen.
Eine besonders wichtige Verbindungsfunktion innerhalb der Parteiorganisation haben die der jeweiligen Partei angehörenden Länderbevollmächtigten beim Bund, besonders dann, wenn sie – was nicht selten der Fall ist – über gute Kontakte in der Parteiorganisation verfügen oder dort gar Führungsfunktionen bekleiden. Auf diese Weise werden nicht nur die Parteiorganisationen auf Bundes- und Länderebene in eine enge vertikale und horizontale Verbindung gebracht, sondern auch die von der betreffenden Partei beherrschten Regierungen und Verwaltungsapparate. Für die Bund-Länder-Verflechtungen werden schließlich noch die Fachausschüsse und Fachtagungen der Parteien recht wichtig, in denen die jeweiligen Experten aus Regierungen und Fraktionen eine führende Rolle zu spielen pflegen.
Ein einflußreiches Mitglied der sozialdemokratischen Bundestagsfraktion, das mit den Beziehungen zwischen Bundes- und Länderorganisationen innerhalb seiner Partei aus eigener Erfahrung besonders gut vertraut ist, hat die Funktion der Kontakte zwischen den Bundes- und Länderpolitikern einer Partei folgendermaßen charakterisiert: »Der Kanzler der im Bund regierenden Mehrheit wird bestrebt sein, für die von ihm und seiner Fraktion durchgesetzten politischen Entscheidungen, soweit sie . . . die Mitwirkung des Bundesrats erfordern, auch in diesem eine Mehrheit zu bekommen und die Ländervertreter seiner Partei entsprechend zu beeinflussen suchen. Andererseits wird die Opposition im Bund sich bemühen, derartige politische Entscheidungen . . . mit Hilfe ihrer Parteifreunde dann im Bundesrat scheitern zu lassen. Beide Seiten müssen zu diesem Zweck mit Hilfe der Parteiorganisation der staatlichen Willensbildung eine politische vorschalten« (*F. Schäfer,* S. 291 f.). Aber daß diese ganzen innerparteilichen Verflechtungen automatisch zur »Gleichschaltung« von Bundes- und Länderorganisationen innerhalb der Parteien und damit zu rigiden Fraktionsbildungen im System des kooperativen Föderalismus führen, ist damit noch keineswegs gesagt. Ein anderer Sozialdemokrat, der langjährige hessische Ministerpräsident *Zinn*, sagte über die Ministerpräsidentenkonferenz, dort bestehe Übereinstimmung, daß die Kooperation ihre Grenzen an der Entscheidung des einzelnen Regierungschefs finde, wie eng auch seine Bindung an die grundsätzlichen Beschlüsse seiner Partei sei – eine Entscheidung, die jeder nur »in eigener Verantwortung für sich« treffen könne. »Ebenso wie die Mitglieder im Bundesrat in einzelnen Angelegenheiten eine andere Auffassung

vertreten als die ihrer Parteizugehörigkeit entsprechende Fraktion des Bundestages, lassen sich auch die Ministerpräsidenten in einzelnen Angelegenheiten mitunter von anderen Erwägungen leiten als denjenigen, die dem Parteibeschluß zugrunde liegen.« Es müsse jedoch auch von den Parteien erwartet werden, daß sie die politische Handlungsfreiheit der Regierungschefs der Länder nicht geringer bewerteten als die der Bundesregierung (*Zinn*, S. 496f.).
Das war zur Zeit der Großen Koalition geschrieben und spiegelte den Widerstand der Länder gegen den Regierungsentwurf zur Finanzreform wider. Doch auch abgesehen von jener spezifischen Konstellation wird man generalisierend sagen können, daß es in den Parteien nicht unbeträchtliche länderspezifische Interessenlagen gibt, so daß sie normalerweise nicht bloß im Wege der Kooperation »auf Vordermann gebracht« werden können. Beschlußkompetenzen, die Bundes- wie Länderorganisationen binden könnten, haben zwar die Bundesparteitage der Parteien. Die erwähnten, zum Teil recht informellen Gremien sind dagegen auf gegenseitige Information, Konsultation und freiwillige Abstimmung beschränkt. Da kann es bei stärkeren Interessengegensätzen durchaus auch dazu kommen, daß die Konsultation überhaupt erst den Aufbau von Fronten oder Allianzen quer durch die Partei ermöglicht, beispielsweise von Länderparteien gegen die Bundespartei oder auch von Ländergruppierungen. Daß die innerparteilichen Verflechtungen so zugenommen haben, hat also ambivalente Auswirkungen. Dafür, daß sie die »Gleichschaltung« von Bundes- und Länderorganisationen langfristig begünstigen, spricht allerdings der Umstand, daß die intensivere Kommunikation die Angleichung von Problemdefinitionen und Standpunkten fördert und damit integrierend wirkt.
Allein durch verstärkte Kommunikation werden aber Interessengegensätze innerhalb einer Partei nicht immer überbrückt werden können. Vielmehr wird man danach zu fragen haben, inwieweit eine verstärkte Integration (insbesondere eine politische »Gleichschaltung«) durch informelle oder formelle Sanktionen herbeigeführt wird. Hier scheinen sich nun in neuerer Zeit wichtige Veränderungen dadurch anzubahnen, daß es auch zunehmend zu einer Verflechtung der politischen Karrieremuster kommt. Wer nämlich eine politische Karriere anstrebt, ist ja starken potentiellen Sanktionen ausgesetzt: Er wird in angestrebte Positionen nur dann gewählt, wenn er die Erwartungen derer erfüllt, die dabei ein gewichtiges Wort mitzureden haben.
Nun unterscheidet sich die jüngere Generation der Länderpolitiker von der älteren zunächst durch ihre vorwiegend parlamentarische Karriere. Die Ministerpräsidenten und Länderminister der ersten

Nachkriegszeit entstammten vielfach der Bürokratie, waren noch von deren Orientierungen beeinflußt und brachten zudem von daher wohl auch eine noch nicht so ausgeprägte Sensibilität gegenüber politischen Sanktionen – besonders Wahlniederlagen – mit, wie das bei den Nachfolgern der Fall ist, die durch die Schule von Parteiorganisation und Parlament gegangen sind.
Dazu kommt ein weiteres: Für die Parteien in der Bundesrepublik war lange Zeit eine weitgehende Trennung bundes- und landespolitischer Karrieremuster charakteristisch. Schon in der Weimarer Republik war ein Hin- und Herwechseln zwischen Regierungspositionen im Reich und den Ländern eher die Ausnahme (*Severing* war jahrelang preußischer, später Reichsinnenminister). Daß das erste Kabinett *Adenauer* eine Reihe ehemaliger Länderminister umfaßte, erklärt sich daraus, daß nach dem Krieg das politische Leben in den westlichen Besatzungszonen zunächst auf die Länderebene beschränkt war und erst allmählich ein institutioneller Rahmen für überregionale politische Karrieren entstand. *Adenauer* hat in späteren Kabinetten nur noch wenige ehemalige Mitglieder von Länderregierungen neu aufgenommen, insbesondere 1953 die beiden BHE-Politiker *Kraft* und *Oberländer* und dann 1963 – nicht lange vor Ende seiner Amtszeit – den schleswig-holsteinischen Ministerpräsidenten *von Hassel* als Nachfolger des der »Spiegel«-Affäre zum Opfer gefallenen Verteidigungsministers *Franz Josef Strauß*.
Gelegentlich kam es in jener Zeit vor, daß ein Bundespolitiker in die Landespolitik ging; so wurde der Bundesminister *Hellwege* von der Deutschen Partei 1955 Ministerpräsident von Niedersachsen. Das konnte auch damit zusammenhängen, daß sich ministerielle Ambitionen nicht erfüllten, wie bei *Kiesinger*, als er Ende 1958 Ministerpräsident von Baden-Württemberg wurde, oder – in der Opposition – bei *Helmut Schmidt*, der 1961 vom Bundestag in das Amt des hamburgischen Innensenators überwechselte. Aber i. allg. ging die Entwicklung dahin, daß man entweder über ein Landtagsmandat in die Landespolitik oder über ein Bundestagsmandat in die Bundespolitik ging. Es gab keinen »cursus honorum«, keinen regelmäßigen »Aufstieg« vom Land zum Bund. Die Verhältnisse hierzulande unterscheiden sich da deutlich von denen, die z. B. im zentralistischen Frankreich verbreitet sind, wo das Mandat eines Parlamentsabgeordneten oder eine Ministerposition vielfach mit lokalen Funktionen (vom Bürgermeister einer Großstadt bis zum Generalrat des Départements) kumuliert wird.
Die Trennung von bundes- und landespolitischen Karrieremustern ist zwar heute noch die Regel. Aber die Ausnahmen werden häufiger, und sie fallen ins Gewicht. Zuerst traten in die Regierung der

Großen Koalition wieder eine größere Anzahl von bisherigen Länderministern ein. Neben *Kiesinger* waren das bezeichnenderweise ausschließlich Sozialdemokraten *(Brandt, Schiller, Lauritzen)*. Dabei hatten *Brandt* und *Schiller* seit geraumer Zeit schon Spitzenpositionen in der Hierarchie der Bundespartei. Hier zeigt sich – wie schon in dem erwähnten Fall von *Helmut Schmidt* –, daß es bei zunehmender Verfestigung des Gegenüber einer Regierungsmehrheit und einer zumindest für die Dauer einer Legislaturperiode in die Opposition verwiesenen Parlamentsminderheit für ehrgeizige Politiker der Oppositionspartei interessant werden kann, in die Regierung eines von dieser beherrschten Landes auszuweichen. Sie können ja nicht mehr, wie in einem instabilen Vielparteiensystem des Weimarer Typus, ihre Chance von einer Regierungskrise erwarten, die jederzeit kommen könnte.

Es ist daher nicht überraschend, daß nach dem Regierungswechsel des Jahres 1969 führende Bundespolitiker der CDU in die Landespolitik überwechselten – sei es direkt in Regierungspositionen wie im Falle des schleswig-holsteinischen Ministerpräsidenten *Stoltenberg*, sei es (in der Hoffnung auf einen Landtagswahlsieg) in führende landespolitische Oppositionsrollen (so insbesondere *Köppler*). Auf der anderen Seite boten landespolitische Regierungspositionen besonders günstige Startchancen für die Führung der Opposition im Bund: erhöhte öffentliche Sichtbarkeit und Verfügung über einen administrativen Apparat. Die Rolle des Ministerpräsidenten *Helmut Kohl* als CDU-Kanzlerkandidat (eine Rolle, die ihm bekanntlich sein Amtskollege *Stoltenberg* streitig gemacht hatte) entspricht hier der Willy Brandts, der bis 1969 zugleich Regierender Bürgermeister von Berlin und Gallionsfigur der SPD war. Aber wenn nicht alles täuscht, ist inzwischen die Verflechtung der Karrieremuster häufiger geworden.

Wenn nun Länderpolitiker wie *Kohl* und *Stoltenberg* bundespolitische Ambitionen verfolgen, dann unterliegen sie hier den Sanktionen, die der alte Typus des reinen Länderpolitikers – ein *Hoegner, Ehard, Kopf, Arnold* oder *Kaisen* – getrost ignorieren konnte. Der Wettbewerb mit den Rivalen erlaubt es nicht mehr, daß ein »Kanzlerkandidat« diese seine bundespolitische Rolle hinter der des Landesregierungschefs zurücktreten läßt – dann vor allem nicht, wenn er in der Spitzenposition nicht unangefochten ist. Während *Willy Brandt* in der SPD vor 1969 eine gefestigte Stellung hatte und zudem im Zeichen der Krise um Berlin schon seinem dortigen Amt eine breite Publizität verdankte, auf Bundestagsauftritte also gar nicht angewiesen war, muß sich für *Helmut Kohl* die Frage stellen, ob er die publikumswirksame Bundestagstribüne ohne Schaden mögli-

chen Konkurrenten aus der CDU/CSU-Fraktion allein überlassen kann, zumal wenn das Fernsehen mit von der Partie ist.
Verstärkend kommt ein weiterer, von den Parteien jedenfalls unterstellter Sanktionsmechanismus hinzu: Ob zu Recht oder Unrecht, jedenfalls gehen sie von der Annahme aus, »daß die politische Identifizierung durch den Wähler nicht nach Aufgaben und Zuständigkeiten abwägt, sondern . . . den Erfolg bzw. Nichterfolg eines Funktionsträgers stets der Gesamtpartei zurechnet und auch dort wieder kritisch abwägt, inwieweit ein Verhalten der von der Gesamtpartei gefundenen und gesetzten Linie entspricht« (*F. Schäfer*, S. 293). Nur aus dem Zusammenwirken dieser beiden Aspekte, der zunehmenden Verflechtung von Karrieremustern und der Annahme, daß der Wähler seine Sanktionen auf Bundes- und Landesparteien ohne Rücksicht auf formelle Kompetenzen verteilt, ist es zu verstehen, wenn die Opposition auch dort im Bundesrat eine einheitliche Linie durchzuhalten trachtet, wo sie – wie 1976 beim Rentenabkommen mit Polen – sich selbst dadurch in eine politische Bewegungsunfähigkeit manövriert, die mit ihren längerfristigen Interessen nur schwer vereinbar sein kann.
Festzuhalten ist natürlich, daß diese Sanktionsmechanismen deshalb eine so ausgeprägte Gleichschaltung bewirken, weil die Mitwirkung des Bundesrats an der Bundespolitik die Länderpolitiker immer von neuem dazu zwingt, zu Bundesangelegenheiten klar Stellung zu beziehen. Daran scheitert unter den Bedingungen eines polarisierten Parteiensystems die Autonomie der Landespolitik, wie sie von manchen Vätern des Grundgesetzes unterstellt worden war. Nur bei stärkerer Verwischung und Überlappung der politischen Frontstellungen könnte sie sich in einem gewissen Maße entfalten.

18. Die kooperativen Planungsgremien im Parteienkonflikt

Das Wort von der »Blockade« im Bundesrat dramatisiert die zutage getretene Gegenläufigkeit von Parteienwettbewerb und Bundesstaat in einer Zuspitzung, die – wie schon gesagt wurde – die Intentionen der Oppositionsstrategie nicht angemessen erfaßt. Denn obwohl der Parteienwettbewerb mit Schärfe weitergeht, läuft die komplexe bundesstaatliche Maschinerie mit unvermindertem Arbeitstempo und produziert nach wie vor eine beachtliche Zahl von Regulierungen, die schließlich einen Konsens gefunden haben. Es bleibt also noch genauer zu bestimmen, welche Entscheidungsbereiche eigentlich von der Gegenläufigkeit der beiden Teilsysteme betroffen sind. Ein Blick auf das Funktionieren der durch die Finanzreform geschaffenen Kooperationsgremien im Zeichen der »Polarisierung« ermöglicht präzisere Aussagen.

Von *Helmut Kohl* als dem Ministerpräsidenten von Rheinland-Pfalz hat »Der Spiegel« (16. 2. 1976) das drastische Wort überliefert, er denke nicht daran, »für die Sozis Konjunkturpolitik zu machen«. Die Bundesregierung bemühte sich damals, die Zuwachsraten der öffentlichen Haushalte niedrig zu halten, um eine Überhitzung der Konjunktur zu vermeiden. Im Laufe des Jahres 1969 hatten sich auch Finanzplanungsrat und Konjunkturrat auf verschiedenen Sitzungen auf eine entsprechende Linie geeinigt (die Ziffern bewegten sich zwischen 7 und 8,8% Zuwachs der öffentlichen Gesamtausgaben gegenüber 1969). Die Bundesregierung hielt dementsprechend die Zuwachsrate des Bundeshaushalts bei 9,1%, und die sozialdemokratisch geführten Länder blieben überwiegend noch darunter. Dagegen überschritten die CDU-Länder diese Rate zum Teil ganz erheblich (s. Tabelle unten). Die Spitze hielt dabei Rheinland-Pfalz mit 22,6%, wie es scheint im Einklang mit dem Ausspruch seines Regierungschefs: »Sollen doch die Hessen antizyklisch steuern« (»Der Spiegel« vom 16.2.1976). Solche Interessengegensätze fanden dann auch darin ihren Ausdruck, daß z. B. im Juli 1970 der Finanzplanungsrat seine Empfehlungen zur Haushaltsführung in den Gebietskörperschaften nur gegen die Stimme von Bayern und bei Stimmenthaltung von Baden-Württemberg, Schleswig-Holstein und dem Saarland verabschieden konnte.

Der von daher naheliegende Schluß, die parteipolitische Konfrontation im Bund führe automatisch dazu, daß die von der Opposition geführten Länder die Haushalts- und Konjunkturpolitik des Bundes unterlaufen, läßt sich aber nicht mehr halten, wenn man die Entwicklung der folgenden Jahre mit heranzieht. Das zeigt folgende Tabelle, die die Zuwachsraten der Haushalte in % anzeigt:

	1970	1971	1972
Bund	9,1	10,1	9,1
SPD-geführte Länder:			
Berlin	7,9	8,3	19,2
Bremen	13,1	7,8	30,5
Hamburg	6,3	8,1	17,9
Hessen	5,1	18,9	12,4
Niedersachsen	13,1	11,0	16,6
Nordrhein-Westfalen	6,3	14,3	13,0
CDU-geführte Länder:			
Baden-Württemberg	14,3	14,1	11,7
Bayern	15,0	13,7	9,8
Rheinland-Pfalz	22,6	14,5	22,0
Saarland	16,3	13,7	16,9
Schleswig-Holstein	21,9	12,8	14,7

(Zahlen nach *Kock*, S. 209)

In längerfristiger Betrachtung scheint sich zu ergeben, daß die Bedingungen und Zwänge, denen die Finanzpolitik von Bund und Ländern unterliegt, zu vielfältig sind, als daß hier auf längere Zeit die Polarisierung der Parteien als bestimmender Faktor dominieren könnte. »Eine eindeutige Beziehung zwischen parteipolitischer Couleur einer Landesregierung und ihrem finanzpolitischen Verhalten ist nicht zu belegen. Man kann allenfalls tendenziell davon ausgehen, daß solche Länder, die der Bundesregierung parteipolitisch verbunden sind, eher zu einer Unterstützung ihrer Stabilitätsbemühungen bereit sein werden« (*Kock*, S. 89).

Gewiß ist es vorgekommen, daß eine SPD-geführte Bundesregierung und christlich-demokratische Länderregierungen gleichsam in schiefer Schlachtordnung gegeneinander zu Felde zogen: In den Auseinandersetzungen vor der Bundestagswahl von 1972 warf der Bundesminister für Wirtschaft und Finanzen, *Helmut Schmidt*, den CDU-Landesregierungen vor, die Stabilitätspolitik des Bundes zu unterlaufen, während andererseits christlich-demokratische Regierungschefs wie *Stoltenberg* und *Goppel* darüber Klage führten, der Bund betreibe haushaltspolitische Konjunkturstabilisierung auf Kosten der Länder mit ihren dringenden Verpflichtungen in der Infrastrukturpolitik. Aber in diesem Konflikt spiegelt sich primär ein institutionelles Problem der Wirtschaftspolitik im Föderalismus: Die Zuständigkeit und Verantwortung für die Konjunkturpolitik liegt beim Bund und wird kurzfristig vielfach den Vorrang erhalten, wenn sich in Zeiten der konjunkturellen Überhitzung ein Gegensatz zu den Interessen der Infrastrukturpolitik bei einer Expansion der öffentlichen Haushalte ergibt. Dagegen ist von der Zuständigkeit der Länder her gesehen hier eine weitaus höhere Priorität für die Infrastrukturpolitik vorauszusetzen. Wenn sich also, wie dies zu Anfang der siebziger Jahre der Fall war, in einer länger anhaltenden Boomperiode ein »Zielkonflikt« zwischen Konjunktur- und Infrastrukturpolitik ergibt, wird er infolge der institutionellen Kompetenzzuweisung in einen Interessengegensatz von Bund und Ländern umgesetzt. Daß gerade in einer Wahlkampfsituation die von der Opposition geführten Länder diesen Gegensatz deutlich artikulieren, ist naheliegend. Aber die politische Bedeutung einer solchen Konstellation darf nicht überschätzt werden. Gewiß kann eine allgemeine Verschärfung des Parteienkonflikts auch in den mit der Globalsteuerung der Gesamtwirtschaft befaßten Kooperationsgremien die Konsensbildung zusätzlich komplizieren. Aber sowohl die bisherigen Erfahrungen als auch die Einschätzung der Interessenlage der Beteiligten lassen den Schluß zu, daß dies in der Regel kein ausschlaggebendes Moment sein wird.

Wenn wir uns nun den »Gemeinschaftsaufgaben« zuwenden, dann läßt sich für die Planungsausschüsse »Regionale Wirtschaftsförderung« und »Agrarstruktur« erst recht kein starker Einfluß des Parteienkonflikts konstatieren. Zwar finden wir hier Bayern und Baden-Württemberg verhältnismäßig häufig in einer Frontstellung gegen den Bund; diese beiden Länder haben auch in der Ministerkonferenz für Raumordnung das am 14. 2. 1975 verabschiedete Bundesraumordnungsprogramm abgelehnt. Und es mag wohl sein, daß eine solche süddeutsche Opposition weniger deutlich in Erscheinung träte, wenn nicht die Bundesregierung von entgegengesetzter Couleur wäre. Und wenn man in Stuttgart und München klagt, man werde bei der Regionalförderung benachteiligt, zumal im Vergleich zu Nordrhein-Westfalen, so klingt dabei nicht selten der Vorwurf an, daß dies mit der parteipolitischen Frontstellung zu tun habe. Aber in der Regel ist es nur eine Minderheit der CDU/CSU-Länder, die so argumentiert, und ihre Kritik richtet sich nicht zuletzt gegen eine (begrenzte) Kursänderung, die schon unter der Großen Koalition mit den Regionalen Aktionsprogrammen vorgenommen wurde: Während bis dahin die Regionalförderung des Bundes vorwiegend auf stark landwirtschaftlich bestimmte strukturschwache Gebiete (von der Art der alten »Notstandsgebiete«, wie Bayerischer Wald, norddeutsches Zonenrandgebiet, Hunsrück und Eifel) konzentriert war, wurde nun das nördliche Ruhrgebiet einbezogen, in dem vor allem die Krise des Steinkohlebergbaus eine zunehmende strukturelle Arbeitslosigkeit verursacht hatte. Andererseits reichen auch die

Meinungsverschiedenheiten zwischen dem Bund und Bayern, das seit langem auf eine stärkere Streuung der Förderungsmittel unter Einbeziehung von weitaus mehr kleineren Gemeinden aus war, in die Zeit vor der sozialliberalen Koalition zurück. Gewiß, die Förderungsmaßnahmen im nördlichen Ruhrgebiet können auch den Zweck erfüllen, Stammwähler der SPD besser bei der Stange zu halten, und die bayerische Linie in der Wirtschaftsförderung ist wohl mehr auf eine mittelständische Klientel der CSU zugeschnitten. Aber grundsätzlich ist es schwer, mit dem Instrumentarium der Regionalpolitik spezifisch parteipolitische Interessenlagen zu verfolgen oder gar politisch gestaltende »Reformpolitik« zu machen. Obwohl Kennziffern wie Einkommensrückstand, Beschäftigungsniveau (»Arbeitsreservequotient«) oder Infrastrukturdefizit einen gewissen Umverteilungseffekt produzieren können, sorgen doch die breite räumliche Streuung der Förderungsmaßnahmen und das Quotensystem dafür, daß diese Politik sich in eine Vielzahl schwach aggregierter Einzelentscheidungen auflöst. Damit repräsentiert die Regionalförderung einen Politiktypus, den man als »distributive« Politik charakterisiert hat (*Lowi* 1964). Nutznießer und etwaige Verlierer treten hier nicht als soziale Gruppen in Erscheinung, die womöglich als kollektiv Handelnde ihr Gewicht in die Waagschale werfen könnten. Je breiter die Streuung der Zuteilungsentscheidungen, desto weniger kann sich gegen eine solche Politik etwa Opposition formieren. Distributive Politik, wie sie von der Regional- und Agrarstrukturpolitik exemplarisch verkörpert wird, zeichnet sich vielmehr durch ein niedriges Konfliktniveau aus. Sie bietet daher praktisch keine Ansatzpunkte für eine Polarisierung im Sinne des dualistischen Parteienwettbewerbs.
Die Erfahrungen mit anderen Gemeinschaftsaufgaben zeigen darüber hinaus aber, daß der kooperative Föderalismus, wenn er funktionieren soll, offenbar darauf angewiesen ist, das politische Konfliktniveau dadurch zu senken, daß potentiell konfliktträchtige Materien auf das Niveau von distributiver Politik heruntertransformiert werden. Der erste Rahmenplan für den Hochschulbau war dafür sehr charakteristisch. Formal war er am Konzept der Gesamthochschule orientiert, aber dieses Ziel wurde »differenzierend angesprochen« (*Feuchte* 1972, S. 212): Die Palette möglicher Varianten reichte vom Ausbau oder Zusammenschluß von Hochschulen (in Form der »integrierten Gesamthochschule«) über die Verbindung der Hochschulen durch gemeinsame Organe bei Aufrechterhaltung ihrer Selbständigkeit bis zum bloßen »Zusammenwirken« in solchen Fällen, »in denen Gesamthochschulen nicht oder noch nicht gebildet werden können«. Damit – so umschreibt es ein baden-württember-

gischer Ministerialdirektor – sollte »offensichtlich dem Stand der politischen Diskussion zur Gesamthochschule in möglichst großer Breite ohne gegenseitige Festlegung Rechnung getragen werden« (*Feuchte* 1972, a. a. O. Das Hochschulrahmengesetz hat übrigens in § 5 diesen Formelkompromiß wörtlich übernommen).
Mit dieser Methode des kleinsten gemeinsamen Nenners hat der Planungsausschuß jene Klippen umschifft, an denen die Beratung des Bildungsgesamtplans in der Bund-Länder-Kommission für Bildungsplanung aufgelaufen war. Hier hatten die Vertreter des Bundes und der sozialliberalen Länder zunächst im Vertrauen auf ihre Dreiviertelmehrheit versucht, eine Reihe von in hohem Grade kontroversen Innovationen durchzusetzen. Deren wichtigste war die Forderung, die integrierte Gesamtschule solle zur Regelschule werden. Schon in der Bundestagsdebatte vom 14. 10. 1970 über den Bildungsbericht 1970 der Bundesregierung hatte die Opposition diese Forderung mit der Begründung abgelehnt, die begonnenen und noch zu unternehmenden Modellversuche müßten erst ihre Tauglichkeit erweisen. Als dann Bundeswissenschaftsminister *Leussink* und die SPD/FDP-Länder in der BLK die Entscheidung zu forcieren versuchten, kam es in der 5. Sitzung am 1. 3. 1971 zu einer Kampfabstimmung, die mit dem Verhältnis von 17 zu 5 Stimmen eine Konstellation vorzeichnete, die für die weitere Arbeit am »Zwischenbericht« charakteristisch werden sollte. Als im Mai 1971 der dritte Entwurf des Zwischenberichts beraten wurde, legten die CDU-Länder dazu acht »Sondervoten« vor. Dieser Widerstand veranlaßte Minister *Leussink* dazu, sich um eine »große Koalition in der Bildungspolitik« zu bemühen, also um Kompromisse mit den Kultusministern der CDU, die es erlauben sollten, eine gemeinsame Front insbesondere gegenüber den Finanzministern aufzubauen. Das rief freilich erhebliche Kritik bei Bildungspolitikern der Koalition und in den nahestehenden Organisationen (insbesondere der Gewerkschaft Erziehung und Wissenschaft) hervor, und es reichte andererseits nicht hin, um den Widerstand der CDU-Länder in den entscheidenden Punkten zu überwinden: Beim »Zwischenbericht« erhielten sie drei Sondervoten aufrecht, nämlich gegen die Einführung der integrierten Gesamtschule als Regelschule vor Beendigung der laufenden Versuche, ferner gegen die Vorschrift, die Orientierungsstufe im Anschluß an die Grundschule (auf die man sich geeinigt hatte) grundsätzlich »schulformunabhängig« zu gestalten, und schließlich gegen die Angleichung der Ausbildung und Qualifikation der Lehrer für die verschiedenen Schulstufen. Die Auseinandersetzung drehte sich also im wesentlichen darum, ob der hergebrachte dreigliedrige Aufbau des Schulwesens und die ihm entsprechende

Differenzierung der Lehrerbildung beseitigt oder in ihren Grundelementen erhalten bleiben sollten.

Das deutliche Ansteigen des Konfliktniveaus, das durch die Forderungen der Bildungsreformer hervorgerufen worden war, zeigt an, daß wir es hier nicht mehr mit »distributiver« Politik zu tun haben, sondern daß vielmehr die Interessen konfliktfähiger und konfliktbereiter sozialer Gruppen berührt werden. Das geschieht in der Regel (wenn wir wieder die Typologie von *Lowi* zugrunde legen) bei »regulativer«, erst recht bei »redistributiver« Politik. Unter »regulativer« Politik wird hier die Setzung allgemeiner Regeln verstanden, die sich zwar konkret erst in der Einzelfallentscheidung auswirken, aber dabei deutlich bestimmbare Kategorien von Individuen in jeweils gleicher Weise benachteiligen oder begünstigen können, etwa durch Eingriffe in Eigentumsrechte, wie z. B. beim Planungswertausgleich in der Bundesbaugesetznovelle. »Redistributive« Politik greift noch unmittelbarer in die Interessen gesellschaftlicher Gruppen oder Klassen ein und ist dementsprechend noch stärker konfliktträchtig. Eine Verschärfung der Einkommensteuerprogression oder die Verstaatlichung des Gesundheitswesens wären denkbare Beispiele. Dabei wird »die Natur eines redistributiven Problems nicht durch das Ergebnis des Kampfes darüber, wie redistributiv eine Politik sein soll, bestimmt. Entscheidend sind Erwartungen, wie dies Ergebnis sein *kann* und zu sein droht« (*Lowi* 1964, S. 691).

Es kann nun kaum ein Zweifel darüber bestehen, daß die Pläne zur Beseitigung des traditionellen dreigliedrigen Schulwesens weithin als potentiell redistributiver Natur angesehen wurden. Nicht daß sie etwa ein Instrument für eine – wie auch immer verstandene – »Überwindung des Kapitalismus« hätten sein können. Dieses Problem hat sich für die Bildungsreformer nie gestellt. Aber mit dem dreigliedrigen Schulsystem wurde eines der seit jeher wichtigsten Instrumente für die ungleiche Verteilung von sozialem Status und damit nicht nur für die gesellschaftliche Rangordnung, sondern auch für die konkrete Zuteilung von Lebenschancen in Frage gestellt. Wie immer man das Programm der integrierten Gesamtschule beurteilen mag – daß es in redistributiver Weise die Interessen breiter gesellschaftlicher Schichten berührte und daher Konflikt provozieren mußte, liegt auf der Hand.

Eingriffe dieser Art sind nun aber im System parlamentarischer Mehrheitsregierung offensichtlich sehr viel eher möglich als in einem System, das auf Aushandlungsprozessen mit hohem Konsensbedarf beruht. Die Gesamtschule hat sich in England (wie auch in Hessen) mit Hilfe einer sozialdemokratischen Parlamentsmehrheit durchset-

zen lassen. Der auf Konsensbildung durch Aushandeln gerichtete kooperative Föderalismus zieht dagegen redistributiver Politik enge Grenzen und macht auch die Durchsetzung von regulativer Politik schwer, wenn diese einflußreiche Gruppeninteressen berührt. Die Planung der »Gemeinschaftsaufgaben« wurde dort, wo es um distributive Politik ging, durch die Polarisierung im Parteiensystem nicht nennenswert beeinträchtigt. Wo aber redistributive Postulate eingeführt wurden, lief die kooperative Planung auf Grund. Nur wenn konfliktträchtige Materien ausgeklammert und auf distributive Probleme reduziert wurden – wie bei der Hochschulplanung –, konnte das vermieden werden. Im großen und ganzen wird man auch die Auseinandersetzungen um zustimmungspflichtige Bundesgesetze im Bundesrat auf diesen Nenner bringen können: Konfliktträchtig waren insbesondere regulative und redistributive Projekte.
Im kulturpolitischen Föderalismus bedeutet also Kooperation – sei es der Länder untereinander, sei es unter Einbeziehung des Bundes – ganz offensichtlich den Zwang zur Kooperation auch quer durch die parteipolitischen Lager. Leussinks Bemühungen um eine »Große Koalition der Bildungspolitik« entsprach den Funktionsbedingungen des kooperativen Bundesstaats; fast ein Jahrzehnt zuvor hatte der bayerische SPD-Vorsitzende *Waldemar von Knoeringen* eine ähnliche Formulierung gebraucht, als er forderte, der Kultusministerkonferenz »die Regierungsfunktion einer großen Koalition der Kulturpolitik« zu übertragen (Die Zeit vom 2. 2. 1962). Das Konzept der »großen Bildungskoalition« lief jedoch den Erwartungen zuwider, die mit dem System des dualistischen Parteienwettbewerbs verbunden sind, und isolierte den Wissenschaftsminister daher von den Bildungspolitikern der Regierungsmehrheit.
In einigen Fällen haben die sozialdemokratisch geführten Länder einen Ausweg gesucht, der den Erwartungen gegenüber Parteienkonkurrenz Rechnung trug, nämlich den Alleingang, bei dem bloß die Länder einer Couleur kooperierten. Ein Abkommen, das die Finanzierung der laufenden Kosten der Universität Bremen durch die Gemeinschaft der Länder vorsieht, haben die CDU/CSU-Ministerpräsidenten nicht unterschrieben mit der Begründung, daß an dieser Hochschule die Meinungsvielfalt in Forschung und Lehre nicht gewährleistet sei. Es wurde daraufhin am 6. 10. 1971 nur von den sozialdemokratischen Länderchefs abgeschlossen. Des weiteren haben sich die sozialdemokratischen Kultusminister, nachdem in KMK und BLK über die Reform der Lehrerbildung ein Konsens nicht zu erreichen war, auf die gegenseitige Anerkennung von Lehramtsprüfungen im Sinne des Stufenlehrer-Konzepts geeinigt (Ausbildung nicht nach Schultypen getrennt, sondern einheitlich nach Schulstu-

fen: Grund-, Mittel-, Oberstufe). Schließlich haben sich Bund und SPD-Länder, nachdem der Gesetzentwurf zur Änderung dienstrechtlicher Vorschriften (über die Behandlung von extremistischen Bewerbern für den öffentlichen Dienst) am 20. 2. 1976 im Bundesrat gescheitert war, darauf verständigt, jeweils nach dem von der Bundesratsmehrheit abgelehnten Entwurf zu verfahren; sie haben damit endgültig die von den Regierungschefs am 28. 1. 1972 beschlossenen Grundsätze zur Behandlung verfassungsfeindlicher Bewerber für den öffentlichen Dienst aufgekündigt.

Alleingänge solcher Art bedeuten natürlich einen Rückfall hinter das auf diesen Gebieten bereits erreichte Niveau kooperativer Unitarisierung. Sie sind aber kaum vermeidbar, wenn nicht in Kauf genommen werden soll, daß den politischen Parteien durch die Unitarisierung der eigene Gestaltungsspielraum, wie er zum System parlamentarischer Parteiregierung gehört, verlorengeht. Doch zugleich scheinen sie einen allgemeinen Anstieg der Konfliktbereitschaft im bundesstaatlichen System anzuzeigen. Darin muß man kein nationales Unglück sehen. Problematisch ist allerdings, daß mit dieser gestiegenen Konfliktbereitschaft eine Neigung zur Frontenbildung einhergeht, die den individuellen politischen Bewegungsspielraum des einzelnen Landes zugunsten von politisch solidarisch handelnden Länderblöcken reduziert. Insbesondere mag solche Frontenbildung dazu führen, daß besonders intransigente Parteigänger in die Lage kommen, ihrem jeweiligen Länderblock das Gesetz des Handelns aufzudrängen. Es kann beispielsweise fraglich erscheinen, ob sich wohl der baden-württembergische Kultusminister *Hahn* mit der Weigerung, das Abkommen über den Deutschen Bildungsrat zu verlängern, auch bei geringerer allgemeiner Konfliktintensität hätte durchsetzen können. So begrüßenswert es sein könnte, wenn die Bundesländer ihren eigenen politischen Gestaltungsspielraum nicht völlig den Kompromissen auf kleinstem gemeinsamen Nenner opfern, so notwendig erscheint es andererseits für die Flexibilität des kooperativen Föderalismus, daß es auch die *einzelnen* Bundesländer und nicht bloß solidarisch agierende Lager sind, die solchen Spielraum in Anspruch nehmen.

19. Perspektiven des Föderalismus

Die Bonner Regierungskoalition hat zeitweise ihre Hoffnungen darauf gerichtet, durch einen Erfolg bei Landtagswahlen die Mehrheitsverhältnisse im Bundestag zu ihren Gunsten ändern zu können. Das hätte sie dann fürs erste des Zwanges enthoben, große Teile ihres Gesetzgebungsprogramms schließlich doch mit der Opposition abstimmen zu müssen. Der Regierungswechsel in Niedersachsen hat solche Aussichten in weite Ferne rücken lassen, denn die CDU/CSU-Mehrheit beträgt nun nicht mehr – wie während eines ganzen Jahrzehnts – nur eine, sondern elf Stimmen. Die Koalition wird also, falls sie sich bei den Bundestagswahlen im Herbst 1976 behaupten sollte, weiterhin mit jenen Restriktionen ihrer Handlungsfreiheit leben müssen.

Sollte hingegen die CDU/CSU als Sieger aus den Wahlen hervorgehen, so hätten wir natürlich fürs erste wieder einheitliche Mehrheitsverhältnisse in Bundestag und Bundesrat. Auch das würde, mit umgekehrten Vorzeichen, parlamentarische Entscheidungsprozesse vereinfachen. Da das Bündnis von SPD und FDP sich durch eine Niederlage lockern, wenn nicht gar ganz auflösen würde, könnte zudem mit einer größeren Flexibilität in den Ländern gerechnet werden. Es wäre also erneut eine Lage vorstellbar, wie sie bis 1966 bestanden hatte.

Aber weder ein Wahlsieg der CDU im Bund noch eine – weniger wahrscheinliche – Umkehrung der Bundesratsmehrheit zugunsten der SPD und FDP würden zu der Erwartung berechtigen, daß damit die strukturelle Gegenläufigkeit von Parteiensystem und Bundesstaat, die wir hier untersucht haben, behoben würde. Vielmehr wäre damit das Strukturproblem allenfalls überdeckt, solange sich nicht im Parteiensystem selbst oder in den bundesstaatlichen Entscheidungsstrukturen einschneidende Veränderungen vollziehen. Denn solange es bei der Inkongruenz der Konfliktregelungsmuster im Parteiensystem einerseits, im Bundesstaat andererseits bleibt, wird eine etwaige politische Homogenität von Bundestag und Bundesrat stets nur zufälligen Charakter haben.

Ganz abgesehen davon, daß die Kompromißzwänge im System der Selbstkoordinierung und der Bund-Länder-Koordination von Veränderungen im Bundestag oder Bundesrat nicht wesentlich berührt werden; vor allem gibt es auch keinerlei Grund zu der Annahme, daß politische Homogenität von Bundestag und Bundesrat unter dem Vorzeichen sei es einer CDU- oder einer SPD-Führungsrolle in Zukunft überwiegen müßte. Nichts berechtigt dazu, die Konstellation seit 1969 als eine Ausnahmesituation anzusehen, nur weil während eines langen Zeitraums in den fünfziger und sechziger Jahren die damalige Opposition auch im Bundesrat eindeutig in der Minderheit geblieben war. Immerhin hat nun schon während zwei von sieben Legislaturperioden der Bundestag andere Mehrheitsverhältnisse aufzuweisen als der Bundesrat. Das ist (unter Berücksichtigung der Verkürzung der 6. Legislaturperiode) mehr als ein Viertel (26%) der bisherigen Lebensdauer der Bundesrepublik, und das kann man nicht mehr bloß als Anomalie behandeln. Dies vor allem deshalb nicht, weil die Hegemonie der CDU/CSU im Bund und in der Mehrheit der Länder während der ersten Legislaturperioden einer relativ großen Stabilität des Wählerverhaltens zu verdanken war, die für die Zukunft nicht mehr ohne weiteres vorausgesetzt werden kann.

Zwar erlaubt der Stand der Wahlforschung keine längerfristige Prognose darüber, ob es bei jener hohen Mobilität in den Parteipräferenzen der Wähler, die in der ersten Hälfte der siebziger Jahre zu beobachten war, auch weiterhin bleiben wird. Aber eine Vermutung erscheint nicht unbegründet: die nämlich, daß auch in Zukunft der Wählertrend bei Landtagswahlen entgegen dem bei Bundestagswahlen verlaufen könnte. In den fünfziger und der ersten Hälfte der sechziger Jahre konnte die SPD vielfach bei Landtagswahlen beachtliche Stimmengewinne verbuchen, blieb bei Bundestagswahlen dagegen dahinter zurück. Seit 1969 schnitten hingegen die christlichen Demokraten in den Landtagswahlen i. allg. besser ab als bei Bundestagswahlen. Zwar ist das kein Gesetz ohne Ausnahmen, und man wird daraus keine sicheren Prognosen ableiten können. Doch spricht der Augenschein für die Vermutung, daß es auch in Zukunft der Bundestagsopposition im großen und ganzen leichter fallen könnte, die Landtagswähler für sich zu mobilisieren, als der jeweiligen Bonner Kanzlerpartei. Das aber würde bedeuten, daß die Eventualität unterschiedlicher Mehrheiten in Bundestag und Bundesrat auch für die Zukunft nicht ausgeschlossen werden darf. Es muß z. B. auch mit der Möglichkeit gerechnet werden, daß sich die Konstellation der beiden letzten Legislaturperioden mit umgekehrten Vorzeichen wiederholt, daß also eine CDU-Bundesregierung es eines Tages mit einer SPD-Mehrheit im Bundesrat zu tun bekäme. Auch in einem solchen Fall würde die Bundesregierung unter starken Kompromißzwang geraten.

Verallgemeinernd läßt sich somit sagen, daß es vom Zufall der jeweiligen politischen Konstellationen auf Länderebene abhängig ist, ob eine Bundesregierung von ihrer parlamentarischen Mehrheit so Gebrauch machen kann, wie es den Erwartungen entspricht, die sich an das System alternierender parlamentarischer Parteiregierung knüpfen. Es wird immer wieder geschehen können, daß bei wichtigen Vorhaben eine Mehrheit nur soviel Handlungsfreiheit genießt, wie die jeweilige Opposition ihr zuzugestehen bereit ist: Sie kann dann zwar die Initiative ergreifen, aber alles Feldgeschrei im Wahlkampf und im Parlament hilft letzten Endes nichts gegen den föderativen Aushandlungszwang. Wenn eine solche Konstellation länger dauert, birgt sie aber die Gefahr in sich, daß der Parteienwettbewerb zunehmend funktionslos wird. Wahlen haben dann zwar zunächst noch eine Legitimationsfunktion: Sie dienen dem geregelten Erwerb von Regierungsämtern, sie absorbieren Protestpotential und kanalisieren politischen Konflikt. Aber der Zurechnungsmechanismus zwischen dem Wahlausgang und den Leistungen der Regierung am Ende der Legislaturperiode wird weitgehend außer Kraft gesetzt: Das Ausbleiben von Erfolgen kann die Regierungsmehrheit auf das Konto der »Blockade« durch die Opposition schreiben. Andererseits aber kann sie gegenüber den Wählern nicht den vollen Beweis für ihre Überlegenheit antreten. Was in den Augen der Befürworter von dualistischem Parteienwettbewerb dieses System vor einem Vielparteiensystem mit Dauerkoalitionen auszeichnet, nämlich die klare Zurechnung von politischer Verantwortung, wird damit unmöglich. Dies birgt auf die Dauer aber die Gefahr in sich, daß auch die Legitimationskraft des Parteienwettbewerbs verlorengeht, weil es den Wählern zunehmend schwerfallen wird, sich mit einem Parteiensystem zu identifizieren, das hinter einer Fassade von Konkurrenz faktisch als widerwillig durchgehaltene Große Koalition funktioniert.

Diese Entwicklung wiegt um so schwerer, als nicht allein das Innovationspotential des Parteienwettbewerbs stillgelegt wird, sondern zugleich, als Folge der zunehmenden Unitarisierung, das spezifisch bundesstaatliche Innovationspotential. Zur Rechtfertigung des Föderalismus wird nicht selten darauf hingewiesen, daß die gesellschaftliche und politische Heterogenität der Länder die Chance zu begrenztem Experiment und zu Wettbewerb biete. Damit verbindet sich dann die Erwartung, daß erfolgreiche Innovationen sich in einem Prozeß, wie er am Fall der »Diffusion von Innovationen in amerikanischen Staaten« empirisch untersucht worden ist (*Walker* 1969), weiter ausbreiten und durchsetzen. Eine geographisch näherliegende Illustration ist die Einführung des Frauenstimmrechts in der Schweiz: Hier kam der entscheidende Anstoß von einigen städtischen oder stark urbanisierten Kantonen der romanischen und

Nordwestschweiz, die durch ihr Beispiel ganz ohne Zweifel dazu beigetragen haben, daß in den folgenden Jahren auch in der Eidgenossenschaft und in der Mehrzahl der übrigen Kantone von den (männlichen) Stimmberechtigten die politische Gleichberechtigung der Frauen akzeptiert wurde. Ein solcher Prozeß der Unitarisierung durch Nachahmung hat gegenüber der Unitarisierung durch Aushandeln den theoretischen Vorteil, daß der Zwang zum Kompromiß über Minimallösungen, wie er mit Aushandlungsprozessen allzu leicht verbunden ist, geringer wird. Damit kann sich andererseits in dem Maße, als gesellschaftliche Bedürfnisse regional variieren, eine breitere und regional differenzierte Berücksichtigung unterschiedlicher Bedürfnisse und Werte verbinden.

Man hat nun zwar mit Recht darauf hingewiesen, daß nicht auf allen Gebieten föderativer Wettbewerb sinnvoll ist. Die Konkurrenz um Industrieansiedlungen kann – wie noch deutlicher die analoge Konkurrenz unter Gemeinden zeigt – zu problematischen unerwünschten Nebenwirkungen führen. Dagegen ist im Bildungssystem die föderalistische Konkurrenz, obwohl sie vielfach einer vordergründigen Kritik ausgesetzt worden war, ein wichtiges vorwärtstreibendes Moment gewesen. Allerdings war in Deutschland die Bereitschaft zum Experiment und zum Wettbewerb in der Regel nicht sonderlich stark entwickelt, zumal nicht bei den Verwaltungsapparaten der Länder. Wie wir gesehen haben, waren vielmehr die Unitarisierungstendenzen gerade im administrativen Föderalismus schon frühzeitig ausgeprägt. Das Übergewicht Preußens im älteren deutschen Föderalismus ließ im Grunde echten »Wettbewerb« zwischen Ländern auch gar nicht zu: Die Innovationen kamen ganz überwiegend aus Preußen, und soweit die übrigen Länder einen eigenen politischen Spielraum hatten, bestand er nicht in der Chance zum autonomen Experiment, sondern eher in der Möglichkeit, in begrenztem Maße den von Preußen initiierten Veränderungen Widerstand zu leisten. Soweit es ein Innovationspotential der Länderpolitik gab, war dies abhängig vom Funktionieren des Parteienwettbewerbs in den Ländern: Ein frühes Beispiel ist die Schulreform in Thüringen, die nach dem Ersten Weltkrieg von den Sozialdemokraten durchgesetzt, jedoch nach dem Wahlsieg der »bürgerlichen« Koalition seit 1924 im wesentlichen wieder rückgängig gemacht wurde. Es fragt sich, ob die Geschichte der Bildungspolitik in der Bundesrepublik in erster Linie eine Erfolgsbilanz des kooperativen Föderalismus darstellt, oder ob nicht vielmehr Veränderung und Fortentwicklung der überkommenen Strukturen gerade auch durch den Parteienwettbewerb in den Ländern vorangetrieben worden sind, der dann erst sekundär eine kooperative Harmonisierung ausgelöst hat. Und es

fragt sich, ob nicht der politische Spielraum für Veränderungen, auf dem das Innovationspotential des Bundesstaates beruhte, um so eher schwindet, je intensiver die Kooperations- und Harmonisierungszwänge werden.
Offenbar entsteht durch die Entwicklung des kooperativen Föderalismus eine Situation, in der das spezifisch bundesstaatliche Innovationspotential der Unitarisierung zunehmend geopfert wird, in der aber auch das Innovationspotential des gesamtstaatlichen Parteienwettbewerbs durch die hohen Konsensschwellen der Politikverflechtung zwischen Bund und Ländern lahmgelegt wird. Politik kann sich zunehmend nur noch als »Durchwursteln« mit Hilfe mühsamer Kompromisse vollziehen. Das gilt dann in besonders starkem Maße, wenn auch die politische Homogenität von Bundestag und Bundesrat fehlt. Aber es gilt unabhängig davon für den Bereich der Gemeinschaftsaufgaben im weiteren Sinne, besonders die Bildungspolitik, soweit hier über bloß distributive Politik hinaus einschneidende regulative oder redistributive Problemlösungen erforderlich werden. Die Fähigkeit eines Gemeinwesens, seine Konflikte in geregelter und legitimer Weise auszutragen und die anstehenden gesellschaftlichen Probleme zu bewältigen, kann davon auf die Dauer nur Schaden nehmen.
Diese Überlegungen gehen von der Prämisse aus, daß im Parteiensystem der Bundesrepublik dualistischer Wettbewerb weiterhin vorherrscht, andererseits aber die institutionellen Kooperationszwänge des Bundesstaates sich weiterhin so verstärken, wie das bisher geschehen ist. Sie haben also den Charakter einer Status-quo-Prognose, die das Fortbestehen der strukturellen Inkongruenz von Parteikonkurrenz und Föderalismus voraussetzt. Es liegt nun nahe, die Frage zu stellen, ob jene Inkongruenz behoben oder aber ihren Auswirkungen gesteuert werden könnte. Die radikale Alternative einer Beseitigung des Föderalismus kann dabei außer acht bleiben, weil sie politisch und verfassungsrechtlich keine Realisierungschance hätte. Zudem zeigt das Beispiel Frankreichs (und zunehmend auch Großbritanniens), daß der zentralisierte Einheitsstaat von strukturellen Problemen bedrängt wird, die dort gerade die Forderung nach »Regionalisierung« der politischen Strukturen auslösen.
Daher wird man zwei andere Entwicklungsmöglichkeiten in Betracht ziehen. Eine bestünde in der Überwindung der strukturellen Inkongruenz des politischen Systems, die sich aus der gegenläufigen Entwicklung von Parteiensystem und Bundesstaat ergeben hat. Dies könnte offensichtlich am ehesten durch eine Rückentwicklung des Parteiensystems zu einer stärkeren Betonung von Aushandlungs-

prozessen, also durch den Abbau der »Polarisierung« geschehen. Eine andere Entwicklungsmöglichkeit läge darin, daß – bei fortbestehender Inkongruenz der Systemstrukturen – die Länderpolitik wieder größere Autonomie gegenüber der Bundespolitik gewinnt. Dabei wäre insbesondere an Veränderungen in den institutionellen Strukturen des Bundesstaates zu denken, die den Verlust dieser Autonomie bedingt haben, aber auch an Veränderungen im Parteiensystem.

Veränderungen im Parteiensystem lassen sich in der Regel nicht gezielt »sozialtechnologisch« herbeiführen oder doch nur in beschränktem Maße. (Auch Wahlrechtsänderungen haben in der Regel nicht auf Veränderung abgezielt, sondern sollten eher ein bestehendes Parteiensystem gegen befürchtete Veränderungen stabilisieren.) Wir werden uns hier vielmehr darauf beschränken, zu fragen, ob strukturelle Wandlungen des Parteiensystems absehbar sind, die eine verminderte Gegenläufigkeit der Konfliktregelungsmuster erwarten lassen.

Für die Möglichkeit einer erneuten Auffächerung des Parteiensystems dergestalt, daß es wieder zur Vorherrschaft von Koalitionsbildungen um die Mitte kommen könnte, gibt es keine konkreten Anzeichen. Zwar ist nicht auszuschließen, daß bei der Bundestagswahl 1976 der (addierte) Stimmenanteil der beiden großen Parteien CDU/CSU und SPD wieder leicht zurückgeht zugunsten der FDP. Aber der Wiederaufstieg der Liberalen hat sich bisher im Rahmen der dominierenden Polarisierungstendenz vollzogen. Auch Erwägungen, wie sie innerhalb der bayerischen CSU angestellt werden, diese Partei in Konkurrenz zur CDU als »Vierte Partei« zu verselbständigen, sind in der Perspektive einer fortdauernden Polarisierung konzipiert worden. Eine Rückentwicklung zu einem Vielparteien- und Koalitionssystem Weimarer Prägung wird wohl auch von denen, die eine Sezession der CSU erwägen, nicht ernsthaft ins Auge gefaßt. Man wird zwar eine solche Möglichkeit nicht ausschließen können, sollte die »Vierte Partei« je Wirklichkeit werden. Aber eben dies erscheint vorerst nicht allzu wahrscheinlich.

Daher werden wir die Vermutung, im Parteiensystem könnten eines Tages Aushandlungsstrategien wieder das Übergewicht gegenüber dem Konfliktregelungsmechanismus des Parteienwettbewerbs gewinnen, für unsere Überlegungen vernachlässigen können. Realistischer erscheint die Frage, ob durch Veränderungen im Parteiensystem die Länderpolitik eine größere Autonomie zurückgewinnen könnte. Hier wäre in erster Linie an abweichende Koalitionen in den Ländern zu denken, die möglicherweise zur Folge haben könnten, daß eine Länderregierung auch dann, wenn in ihr eine im Bund in

Opposition stehende Partei stark vertreten ist, grundsätzlich eher eine (auf die Bundesregierung bezogene) »gouvernementale« Politik betreibt, die im wesentlichen nur insoweit mit der des Bundes kollidieren würde, als spezifische Landesinteressen betroffen sind. Es erscheint allerdings nicht sehr wahrscheinlich, daß dies in absehbarer Zeit in Gestalt großer Koalitionen geschehen könnte. Am ehesten könnte also die FDP eine Politik der abweichenden Koalitionen (mit grundsätzlich gouvernementaler Orientierung) anstreben. Dabei wäre die Frage aber nicht nur, ob Wählerschaft und Mitglieder der FDP die erforderliche »Toleranz für Ambiguität« aufbringen. Es fragt sich darüber hinaus, ob die großen Oppositionsparteien – vorerst die CDU, später vielleicht einmal die SPD – über längere Zeit ihren Aktivisten und Mitgliedern in den Ländern zumuten könnten, der Tolerierung einer Politik (über den Bundesrat) zuzusehen, die sie im Bund bekämpfen.
Nun könnte man überlegen, ob nicht institutionelle Veränderungen im föderativen System denkbar wären, die solche Effekte reduzieren könnten. Wenn die Mitwirkung der Länder an der Bundespolitik über den Bundesrat in so starkem Maße für den Verlust ihrer politischen Autonomie verantwortlich ist, dann böte es sich offensichtlich an, das Bundesratssystem zu modifizieren. Dabei wäre der Übergang zum Senatssystem (etwa in der schon 1949 erwogenen Form, daß die Senatoren von den Landtagen nach dem Parteienproporz gewählt werden) kein Ausweg, weil es hier wiederum zu auseinanderlaufenden Mehrheitsbildungen kommen könnte. Die australische Regierungskrise von 1975, ausgelöst durch den Konflikt zwischen der Labour-Mehrheit im Unterhaus und der konservativen Mehrheit im Senat, ist ein Beispiel für die Problematik solcher Lösungen. Ein Nebeneinander von Volkskammer und föderativem Senat funktioniert ohne die Gefahr größerer Friktionen entweder dann, wenn – wie in den USA oder der Schweiz – das Parteiensystem überlappende und wechselnde Bündnisse begünstigt oder wenn die zweite Kammer ein deutlich geringeres politisches Gewicht hat (wie in Österreich, wo bis 1970 zeitweise die SPÖ-Opposition die Mehrheit im Bundesrat hatte, der ÖVP-Regierung aber nur vorübergehende Schwierigkeiten machen konnte, da sie nur über das suspensive Veto verfügte). Ganz abgesehen davon, daß ohnehin in der Bundesrepublik für einen Übergang zum Senatsprinzip keine ernsthaften politischen Durchsetzungschancen bestehen dürften, wäre er im Hinblick auf die Struktur unseres Parteiensystems auch nur dann sinnvoll, wenn zugleich die Kompetenzen eines solchen Senats stark eingeschränkt würden.
Es würde folglich mit geringerem Aufwand verbunden sein, die

Kompetenzen des bestehenden Bundesrats so zu mindern, daß der indirekte Zwang für die Länderregierungen, sich bundespolitisch stark zu engagieren, beseitigt würde. Eine rigorose Eindämmung der zustimmungspflichtigen Gesetze könnte voraussichtlich stark zur Wiedergewinnung der Autonomie von Länderpolitik beitragen. Auch eine bloße Minderung der Bundesratskompetenzen dürfte aber keine ernsthaften Realisierungschancen haben, da sie von den Ländern blockiert werden kann und mit Sicherheit auch blockiert werden würde. Es würde also nur übrigbleiben, nach gesetzgebungstechnischen Wegen zu suchen, um den Umfang der zustimmungspflichtigen Gesetzgebung zu reduzieren. Das wird nicht zuletzt durch die Entscheidung des Bundesverfassungsgerichts im Streit um das 4. Rentenversicherungsänderungsgesetz erleichtert: Es handelte sich hier um eine Gesetzesnovelle, die zwar selbst keine zustimmungspflichtigen Vorschriften enthielt, die aber ein Zustimmungsgesetz änderte, und das Bundesverfassungsgericht hat nun klargestellt, daß – entgegen der bislang vom Bundesrat vertretenen Rechtsauffassung – solche Gesetzesänderungen nicht der Zustimmung des Bundesrats bedürfen. Der sozialliberalen Koalition wird dadurch die Möglichkeit eröffnet, nicht nur neue Gesetze auch gegen die Bundesratsmehrheit zu verabschieden, solange sie keine zustimmungspflichtigen Bestimmungen enthalten, sondern – unter derselben Voraussetzung – auch Zustimmungsgesetze zu ändern. Einer der Wege, die in der Koalition erwogen worden sind, bestünde darin, ein Gesetzesvorhaben in zwei selbständige Entwürfe zu zerlegen: einen, der die strittigen (aber nicht zustimmungsbedürftigen) Vorschriften enthält, und einen anderen, der sich auf die Verfahrensregelungen beschränkt. Das ist bisher allerdings nur ausnahmsweise praktiziert worden – so bei der Reform des Abtreibungsparagraphen, als die (nicht zustimmungspflichtige) Änderung des § 218 StGB getrennt wurde von den (zustimmungspflichtigen) »flankierenden Maßnahmen« (z. B. Beratung der Schwangeren). Einen Verfahrenstrick, der verfassungsrechtlich oder verfassungspolitisch anstößig wäre, wird man darin nicht unbedingt sehen müssen, zumal der Verfassungsgesetzgeber ja seinerzeit die Ausweitung der Bundesratskompetenzen gar nicht gewollt hat. (Und zumindest bei umstrittenen außenpolitischen Verträgen haben die CDU-regierten Länder der Bundesratsmehrheit selbst erkennen lassen, daß sie die mit der Zustimmungspflichtigkeit verbundene Mitverantwortung für die Regierungspolitik oder für deren Scheitern gar nicht übernehmen wollten, vielmehr Auswegen dieser Art durchaus nicht abgeneigt wären: Beim Rentenabkommen mit Polen entstanden ja die Schwierigkeiten gerade dadurch, daß sich die Bundesregierung

weigerte, die zustimmungspflichtigen Bestimmungen auszugliedern – was gesetzestechnisch ohne weiteres möglich gewesen wäre –, um der Opposition die Mitverantwortung aufzuzwingen und wohl auch, um damit zugleich ihre Führer in Bedrängnis zu bringen.)
Eine weitergehende Überlegung, wie sie Bundeskanzler *Helmut Schmidt* vor dem Bundestag am 19. 2. 1976 (in der abschließenden Lesung des Polenabkommens) angedeutet hat, wäre jedenfalls unbedenklich: Die Bundesregierung könnte in Zukunft »darauf achten . . ., daß die Bundesgesetze auf das materielle Recht, auf die gesellschafts-, wirtschafts- und außenpolitisch relevanten Fragen beschränkt bleiben und die Länder dann zur Ausführung solcher Gesetze verpflichtet bleiben, auch wenn sie damit politisch nicht einverstanden sind, auch wenn sie die notwendigen Verfahrensregelungen dann selbst erlassen müssen.« Es werde »vielleicht der Öffentlichkeit überlassen bleiben müssen, ob und wie lange der Rückfall in administrativen Partikularismus hingenommen werden kann.« Denn damit würde man ja nur den Weg wählen, der in Art. 84 Abs. 1 GG ursprünglich als Regelfall konstruiert war: Daß Bundesgesetze – mit Zustimmung des Bundesrats – auch »die Einrichtung der Behörden und das Verwaltungsverfahren« regeln, ist hier vom Satzbau her als Ausnahme ins Auge gefaßt. Die praktische Schwierigkeit liegt freilich darin, daß der Regelfall, in dem die Verfahrensvorschriften Ländersache bleiben, eher auf die klassischen »Eingriffsgesetze« des liberalen »Gesetzgebungsstaats« zugeschnitten ist als auf sozialstaatliche Leistungsgesetze oder gar auf »Reformen, die kein Geld kosten«. Beispielsweise sind die kontroversen Kernstücke der Novelle zum Bundesbaugesetz, wie insbesondere der Planungswertausgleich, ohne die zugehörigen Verfahrensvorschriften des Entwurfs entweder schwer praktikabel oder können allzu leicht unterlaufen werden. Andererseits sollte man vielleicht die Gefahr eines »administrativen Partikularismus« nicht überbewerten. Zum einen neigen ja die Länderverwaltungen zu einer unitarisierenden Verwaltungspraxis auch im Wege der Kooperation, und zum andern wären auch oppositionelle Länder durch den Grundsatz der Bundestreue gehindert, den Willen des Bundesgesetzgebers allzu offenkundig im Wege der Verwaltungspraxis zu unterlaufen.
Sicherlich muß aber zugegeben werden, daß der inzwischen erreichte Einfluß des Bundesrates auf die Gesetzgebung (und der damit indirekt bewirkte Verlust an Autonomie der Länderpolitik) allenfalls korrigiert, aber nicht entscheidend reduziert werden kann. Bei der in der Vergangenheit vollzogenen Intensivierung der Bund-Länder-Verflechtungen, die ja ganz überwiegend als unvermeidlich angesehen worden ist, ergab es sich aus der Logik der über-

lieferten deutschen Bundesstaatskonstruktion, den Bundesrat und damit die Länderregierungen stärker einzuschalten. So hat nicht nur die Gesetzgebungspraxis (über Art. 84 Abs. 1 GG) den Einfluß des Bundesrates gestärkt. Es hat parallel dazu auch eine ganze Reihe von Verfassungsänderungen gegeben, die als Kompensation für erweiterte Zuständigkeiten des Bundes das Erfordernis der Zustimmung des Bundesrates auf die betreffenden Materien ausweiteten (so zuletzt durch Art. 74 a GG bei der konkurrierenden Gesetzgebungszuständigkeit des Bundes für die Beamtenbesoldung). Welche Konsequenzen diese Entwicklung bei einer parteipolitischen Polarisierung im Bundesrat haben könnte – diese Überlegung ist in den Jahren der »angepaßten« SPD-Opposition und der Großen Koalition um so weniger ins Gesichtsfeld getreten, als damals erst recht auch die Eventualität einer Oppositionsmehrheit im Bundesrat nicht vorhergesehen wurde.

Nach den Erfahrungen der beiden letzten Legislaturperioden wird jedoch eine Intensivierung dieser Kompensationstechnik – Erweiterung der Bundeskompetenzen gegen erweiterte Mitwirkungsrechte des Bundesrates – nicht mehr als so unproblematisch erscheinen können. Eine solche Kompensation knüpft ja an ein Konstruktionsprinzip der Bismarckverfassung an, das auf die Kooperation von Beamtenregierungen abzielte und daher mit dem Prinzip geregelter Konfliktaustragung durch parlamentarische Parteiregierung eben nur unter günstigen Bedingungen vereinbar ist. In den vergangenen Jahren sind jedoch in der verfassungspolitischen Diskussion Überlegungen aufgetaucht, in denen eben jene Kompensationstechnik ein zentraler Gesichtspunkt ist, bis hin zu dem Vorschlag, als Entschädigung für den Verlust autonomer Gestaltungsmöglichkeiten der Länder alle Bundesgesetze zustimmungspflichtig zu machen.

Das impliziert auf der einen Seite natürlich einen weiteren Kompetenzverlust der Länder und wirft die Frage auf, ob das Parteiensystem in den Ländern nicht überflüssig zu werden droht. Die Zweifel, ob das parlamentarische Regierungssystem in den Ländern überhaupt sinnvoll sei (so zuletzt bei *Hennis* 1971, S. 289 f.), könnten damit neue Nahrung erhalten. *Theodor Eschenburg*, der diese Kritik am Länderparlamentarismus aus der Erfahrung der südwestdeutschen Länderpolitik Anfang 1952 in die Diskussion einführte, hatte sie damals – vor dem Übergreifen der bundespolitischen »Polarisierung« auf die Länder – einerseits damit begründet, daß es in den Ländern mit ihren breiten und heterogenen Koalitionen keinen echten Parteienwettbewerb (wie im englischen Zweiparteiensystem) gäbe. Andererseits meinte er, daß dort ja die Verwaltungsfunktionen überwögen (*Eschenburg* 1952, S. 59 ff.). Beide Erwägungen könnten

jedenfalls durch den Kompetenzverlust der Länder an Aktualität gewinnen.
Auf der anderen Seite würde die vorgeschlagene Ausweitung der Bundesratskompetenzen bedeuten, daß auch in jenen Materien, die den föderativen Aushandlungszwängen bisher in geringerem Maße unterlagen (beispielsweise in der Außenpolitik oder dem Straf- und Zivilrecht), die Konsensschwellen höhergesetzt werden. Gegen eine Oppositionsmehrheit im Bundesrat könnte dann kaum noch regiert werden, und es entstünde praktisch der Zwang zur Bildung großer Koalitionen. Die Allparteien-Proporzregierung könnte so, gewissermaßen auf dem föderativen Umweg, von Verfassungs wegen eingeführt werden. Die Entwicklung könnte insofern analog zu der in der Schweiz verlaufen: Dort war das Referendum das Instrument, mit dem die Opposition immer wieder von neuem die Regierungspolitik konterkarieren konnte, und die Allparteienregierung verdankt dort ihre Entstehung eben dem Wunsch, die Opposition und ihre Referendumswaffe zu neutralisieren. Die Rolle des Referendums würde aber in der Bundesrepublik der Bundesrat spielen. Um solche Konsequenzen abzumildern, könnte man allenfalls auf die Erwägungen von *Eschenburg* und *Hennis* zurückkommen, das parlamentarische Regierungssystem in den Ländern durch das schweizerische System der auf Zeit gewählten Exekutive zu ersetzen. *Hennis* verbindet damit die Erwartung, daß die Länderwahlen »entbundespolitisiert« wären und der Bundesrat nicht mehr vom »Gegeneinander der verschiedenen Parteikonstellationen« beherrscht würde. Es fragt sich aber, ob das nicht auch ein lockeres Vielparteiensystem wie in der Schweiz voraussetzen würde. (Die Erfahrungen mit der Proporzregierung in den österreichischen Bundesländern stützen nicht unbedingt die Erwartung, daß ein Konflikt zweier Großparteien in den Länderregierungen auf solche Weise neutralisiert werden kann.)
Was hier an der Frage einer Erweiterung der Mitwirkungsrechte des Bundesrats diskutiert worden ist, gilt – mutatis mutandis – natürlich auch für die Selbst- und die Bund-Länder-Koordinierung. Es sollte genau überlegt werden, ob und inwieweit eine Verstärkung von »Verbundplanung« die dann zu erwartenden politischen Kosten rechtfertigt: den Verlust an Konfliktregelungskraft des Parteienwettbewerbs, die Erschwerung von geregelter Legitimationszuweisung und Legitimationsentzug und die Einbuße an politischem Innovationspotential. Zwar kann es sicherlich nicht darum gehen, die inzwischen vollzogene Politikverflechtung wieder rückgängig zu machen. Es fragt sich aber, ob die gesellschaftlichen Bedürfnisse nach »Einheitlichkeit der Lebensverhältnisse« nicht vielfach über-

schätzt, ja dogmatisch postuliert werden. Ein höheres Maß an Toleranz für regionale Differenzierung und »Gefälle« – das besonders von den Verwaltungen, insbesondere der Bundesbürokratie, aber auch den Länderministerien, aufgebracht werden müßte – ist wahrscheinlich die Voraussetzung dafür, daß der Föderalismus noch seine politische Rechtfertigung behält.

20. Die Lehre von der bundesstaatlichen Gewaltenteilung und das Problem der Kongruenz von Parteiregierung und Föderalismus

Die vertikale Gliederung des Staates in Bund und Länder wird vielfach als eine spezifische Erscheinungsform der Gewaltenteilung angesehen. Diese Vorstellung einer vertikalen Gewaltenteilung erhält besondere Bedeutung für das Funktionieren des Parteienwettbewerbs. Es ist des öfteren darauf hingewiesen worden, daß bei föderativem Staatsaufbau auch die Opposition Gelegenheit erhält, sich auf Länderebene in der Regierungsverantwortung zu bewähren. Angesichts des Umstandes, daß die Chancengleichheit von Regierung und Opposition durch den Einflußzuwachs des von der Regierung kontrollierten Verwaltungsapparats prekär geworden ist, bekommt dieser Umstand besonderes Gewicht. Insbesondere jenes Handikap, welches darin besteht, daß die parlamentarische Opposition nicht über die Prognose- und Planungskapazitäten der Regierung verfügt, kann dadurch wenigstens teilweise ausgeglichen werden.
Ein anderer Aspekt, der weniger häufig gesehen wird, ist die Konfliktentlastung, die bei föderativer Aufgabentrennung eintreten kann. Wenn in einem unitarischen politischen System mehrere gravierende Konflikte, womöglich mit sich überschneidenden Interessenlagen, gleichzeitig bewältigt werden müssen, kann dies die Fähigkeit des Parteiensystems zur Konsensbildung überfordern. Das kann dann dazu führen, daß Konflikte nicht ausgetragen, sondern kaschiert und vertagt werden. Ein Beispiel aus der neueren Vergangenheit ist die Schulpolitik, insbesondere die (erst seit den sechziger Jahren weitgehend obsolet gewordene) Frage der Konfessionsschulen: Sie hat in den zwanziger Jahren einige Kabinette der Weimarer Republik in Bedrängnis gebracht und – noch stärker – die Mehrheitsbildung in der französischen Vierten Republik immer wieder erheblich erschwert. Wenn dagegen im Bundesstaat die Konfliktmaterien auf Zentralstaat und Gliedstaaten aufgeteilt sind, bietet sich die Chance einer das System entlastenden Fraktionierung der Konflikte. So wird man im Hinblick auf die Frage der Konfessionsschule zweifellos sagen können, daß den Regierungsmehrheiten Adenauers die Kulturhoheit der Länder hier einiges an Belastungen erspart hat.
Das Beispiel legt freilich auch den Hinweis nahe, daß solche Konfliktentlastung nur in dem Maße eintreten kann, als den Ländern ein eigener effektiver Gestaltungsspielraum verbleibt. Zugleich muß

aber – in Zusammenfassung des früher Gesagten – festgehalten werden, daß auch die in den letzten Jahren zutage getretene Gegenläufigkeit von Parteienwettbewerb und Bundesstaat nur dann in erträglichen Grenzen gehalten werden kann, wenn zum ersten das Ausmaß von Bund-Länder-Verflechtungen im Bereich der Bundespolitik reduziert oder zumindest eingegrenzt wird, und wenn zum zweiten die Länder einen eigenen und gegenüber der Bundespolitik hinreichend autonomen Gestaltungsspielraum behalten.

Nun ist aber ja problematisch geworden, ob eben dies in Zukunft überhaupt noch möglich sein wird. Daraus hat *Konrad Hesse* 1962 in einer einflußreich gewordenen Schrift die Folgerung gezogen, die verbreitete Auffassung vom Bundesstaat als einer spezifischen Ausprägung des Prinzips der Gewaltenteilung in folgenschwerer Weise zu modifizieren: Nicht der vertikalen Gewaltenteilung zwischen Bund und Ländern komme das stärkste Gewicht zu, denn im »unitarischen Bundesstaat« seien ihre Wirkungen zwangsläufig abgeschwächt. Vielmehr bestehe die gewaltenteilende Wirkung der bundesstaatlichen Struktur im heutigen Verfassungsleben vornehmlich »in einer Ergänzung und Verstärkung der horizontalen Gewaltenteilung in dem Element der Balancierung von Gewalten«. Neben die Balancierung der »realen politischen Kräfte«, Parlamentsmehrheit und Regierung einerseits, Opposition andererseits, trete im Bundesstaat der Gegenwart »diejenige zwischen Bundestag und Bundesregierung einer-, Bundesrat andererseits, wobei . . . der reale Faktor, der sich im Bundesrat zur Geltung bringt, weniger das spezifisch föderalistische Element der Länder als Individualitäten als das Element der Landesministerialbürokratien« sei. »Mit der politischen und rechtlichen Kontrolle innerhalb der obersten Bundesorgane verbindet sich auf diese Weise eine Kontrolle der wichtigsten dieser Organe durch die Länderexekutive« (*Hesse* 1962, S. 27f.).

Diese These setzt einerseits voraus, daß im Bundesrat zwar politische und administrative Funktionen einander »zugeordnet« seien, daß andererseits aber der Bundesrat sich bei »grundlegenden politischen Entscheidungen« kaum wirksam zur Geltung bringe. Insofern der Bundesrat zur »Balancierung« der Gewalten beiträgt, wird dies also offenbar dem administrativen Element zugerechnet, das so ein Gegengewicht zur Politik bildet. *Darin* liege die spezifische Legitimation des Einflusses der »bestimmenden Kräfte der Länder« auf den Gesamtstaat, während von einer unmittelbaren *demokratischen* Legitimation nicht gesprochen werden könne. (Die neueren Versuche, für den Bundesrat als spezifisch *politisches* Gegengewicht eine demokratische Legitimation in Anspruch zu nehmen, können sich daher auf *Hesse* nicht berufen.)

Für unsere Fragestellung ist nun besonders bedeutsam, daß die These von der Balancierungsfunktion der Länderexekutiven im Bundesrat eine weitgehende Stillegung des Parteienwettbewerbs voraussetzt. Wenn *Hesse* von ihnen seinerzeit eine Ergänzung der horizontalen Gewaltenteilung erwartete, beruhte das u. a. auf einer Diagnose, die in den späten fünfziger und frühen sechziger Jahren viel Anklang gefunden hatte: daß nämlich der Alternierungsmechanismus der parlamentarischen Parteiregierung nicht mehr funktioniere. Insbesondere Autoren, die in der Tradition des demokratischen Sozialismus standen, hatten damals gemeint, das »Versickern der Oppositionsfunktion« *(Otto Kirchheimer)* oder gar das »Ende des Parteienstaates« *(Ekkehart Krippendorff)* konstatieren zu können. Im Sinne solcher Auffassungen nun sagte *Hesse*, die ergänzende Kontrollfunktion der Länderexekutiven müsse »desto größere Bedeutung gewinnen, je weniger die demokratische Gewaltenbalancierung zwischen Regierungsmehrheit und Opposition im Zeichen der Auflösung aller echten politischen Gegensätze zur Wirkung gelangt. Sie tritt weithin an die Stelle der demokratischen Gewaltenbalancierung, wo wirksame politische Opposition im Hafen einer Allparteienregierung ihr Ende gefunden hat. Denn sie wird um so bedeutsamer, je weniger echte politische Entscheidungen getroffen werden. Wenn die politische Substanz schwindet, tritt die Administration an ihre Stelle.«

Es dürfte aber schon durch die geschichtliche Entwicklung der letzten eineinhalb Jahrzehnte deutlich geworden sein, daß die Behauptung vom »Ende der Opposition« – ebenso wie die verwandte Behauptung vom »Ende der Ideologie« – nicht länger aufrechterhalten werden kann. Es zeigt sich heute, daß die »Auflösung aller echten politischen Gegensätze« nur eine vorübergehende Ruhelage der Wiederaufbaujahre nach dem Zweiten Weltkrieg darstellte, als ein noch aus starken Reserven gespeister lebhafter wirtschaftlicher Wachstumsprozeß es erlaubte, durch eine breit gestreute Verteilungspolitik soziale Konflikte zu pazifizieren. Seither hat der Parteienwettbewerb als Vehikel wieder aufgebrochener gesellschaftlicher und kultureller Gegensätze neue Intensität gewonnen, und infolge der dualistischen Konzentrationsbewegung im Parteiensystem hat er eine Form angenommen, die mit einer föderativen »horizontalen Balancierung« nur unter günstigen Mehrheitskonstellationen kompatibel bleibt.

Die Behauptung, daß über den Bundesrat die Länderexekutiven eine Balancierung bewirkten, die als Surrogat für Kontrolle durch Parteienwettbewerb fungiere, ist aber auch in sich höchst problematisch. Angesichts der starken Stellung, über die die Verwaltung heute auch in Einheitsstaaten sowohl im legislativen Vorverfahren als auch bei der Implementation verfügt, ist nicht recht zu sehen, warum durch den Bundesrat ihr Gewicht gegenüber der Politik noch verstärkt werden sollte. Der mögliche Beitrag, den die Länderverwaltungen im Bundesrat leisten, mag eher, wie *Neunreither* hervorgehoben hat, in der innerbürokratischen Kontrollfunktion gegenüber der Bundesverwaltung und in der »Neutralisierung« der Bürokratie innerhalb des politischen Systems liegen: Es gebe keine in sich geschlossene Bürokratie, die gegenüber den repräsentativen Institutionen eine autonome politische Kraft werden könne (*Neunreither* 1959b, S. 242ff.).

Hesse hat inzwischen seine These von der Balancefunktion der Länderbürokratie als Element horizontaler Gewaltenteilung stark abgeschwächt. Statt dessen taucht aber neuerdings – und zum Teil unter Berufung auf Hesses Bundesstaatslehre – eine modifizierte Lesart auf: Hier wird in der staatsrechtlichen Föderalismusdiskussion gerade die politische Konstellation, die sich aus der Oppositionsmehrheit im Bundesrat ergibt, mit dem Begriff der Kontroll- und Balancefunktion gerechtfertigt. »An die Stelle des zunehmend ineffektiv werdenden Kontrollmechanismus von Parlament und Regierung tritt im Bund weitgehend derjenige von Regierung und Bundestagsmehrheit auf der einen Seite und Bundestagsopposition und Bundesratsmehrheit auf der anderen Seite«, heißt es bei *Klaus Stern*. Die föderative Ordnung sei »heute als die wirksamste aller checks and balances of power zu bezeichnen, worin sich zugleich ihre rechtsstaatliche und freiheitssichernde Bedeutsamkeit offenbart. Sie kann je nach der politischen Konstellation zum Ansatz eines politischen Gegen- oder Abstützungsgefüges werden, was sich sinnfällig in der bundespolitischen Relevanz von Landtagswahlen und ihrer daraus resultierenden Regierungsbildung zeigt« (*Stern*, S. 32 und 25). Inwiefern auch ein »Abstützungsgefüge« als Machtbalance bezeichnet werden kann, bleibt hier freilich unklar. Zurückhaltender argumentiert *Frowein*, verfassungsrechtlich sinnvoll sei »die Einschaltung des Bundesrates nur, wenn durch die Stimmen der Länder und damit der sie regierenden Koalitionen oder Einparteienregierungen zusätzliche Gesichtspunkte und neue Bewertungen in die Diskussion kommen.« Der Bundesrat stelle gegenüber dem Vorwiegen der parlamentarischen Konfrontation von Mehrheit und Minderheit eine »moderierende Kraft« dar, was freilich »eine Unabhängigkeit der Landesregierungen gegenüber einer der gleichen Koalition angehörenden Bundesregierung oder anderen Landesregierungen voraus[setze], die automatische Gleichschaltungen verhindert.« Daß sich aber, wie *Frowein* meint, »Bund und Länder dieser Problematik

voll bewußt« seien, ist zweifellos eine allzu optimistische Einschätzung (*Frowein* 1974, S. 119ff. und 126).
Man kann in der Tat die bundesstaatliche Konstellation der 6. und 7. Legislaturperiode nur mit einiger Gewaltsamkeit als Gleichgewichtsmechanismus im Sinne des klassischen verfassungstheoretischen Modells interpretieren. Das Argument ruht entweder logisch (wie bei *Stern*) oder empirisch (wie bei *Frowein*) auf einer brüchigen Grundlage. Wie oben gezeigt worden ist, handelt es sich bei jener Konstellation darum, daß die Konfrontation im Bundestag von der Opposition dank ihrer Vetoposition im Bundesrat in eine (erzwungene) »Bereichskoalition« übergeleitet wird. Wer diesen Vorgang in eine »Balance« mit »freiheitssichernder« Funktion umdeutet, nimmt eine unhistorische Harmonisierung vor, die über den entwicklungsgeschichtlichen Strukturbruch im politischen System hinwegtäuscht. Zwar ist »Dualität der Entscheidungsträger« in der Tat ein »sehr altes Entscheidungsprinzip« (wie *Stern* in Anm. 22 unter Hinweis auf die römischen Konsuln und auf Polybios' Lehre von der »gemischten Verfassung« bemerkt). Nur läßt das nicht den Schluß zu, daß ein solches Prinzip unter allen historisch-gesellschaftlichen Rahmenbedingungen und in jeder politischen Konstellation »freiheitssichernd« wirkt. »Duplex regimen« (wie *Stern* mit *Ludolph Hugo* den Bundesstaat nennt) ruft auch Lenins »dvojevlastije« (Doppelherrschaft) in Erinnerung. Und die Verfassungsgeschichte kennt manche Beispiele dafür, daß eine Zuordnung zweier »Entscheidungsträger« in Verfassungskrisen ausmündet, wenn sie von entgegengesetzten politischen Kräften beherrscht werden. Das kann mit der Entmachtung des einen Organs enden, wie dies 1911 mit dem House of Lords oder 1877 mit dem Amt des Präsidenten der Dritten Republik in Frankreich (nach dem Konflikt des royalistischen Präsidenten *MacMahon* mit der republikanischen Parlamentsmehrheit) geschehen ist. Ein solcher Konflikt kann aber auch den Verfassungsstaat insgesamt in Mitleidenschaft ziehen oder zerstören; das letzte große Beispiel dafür war der politische Gegensatz zwischen dem chilenischen Kongreß und dem Präsidenten *Allende*. »Balancierungen« dieser Art sind naturgemäß instabil.
Darüber hinaus übersieht die Auffassung, derzufolge die parlamentarische Parteiregierung einer externen »Mäßigung« bedürfe, daß dieses System schon als solches auf Gleichgewichtsvorstellungen beruht: Nach der Theorie alternierender Parteiregierung wird entweder die Regierungsmehrheit die Sanktion möglicher Wahlniederlagen antizipieren und ihre Politik entsprechend »mäßigen«, oder die Opposition benutzt einen Wahlsieg, um Maßnahmen der bisherigen Regierung rückgängig zu machen (so z. B. die Konservativen in

England die Stahlverstaatlichung, die Labourregierung die Reglementierung der Gewerkschaften). Das sieht sich in der Praxis natürlich mitunter ein wenig anders an, und Kritiker mögen im einen Falle – wie seinerzeit *Hesse* – das Fehlen der »echten politischen Gegensätze« oder im andern Fall, wie heute vielfach in Großbritannien, den Mangel an Kontinuität beklagen. Doch hat das System jedenfalls seine eigene Logik, die die Voraussetzung für die Zurechnung wenigstens halbwegs klarer Verantwortlichkeit ist. Diese Idee eines »responsible government« wird in den hier referierten Verfassungsinterpretationen verwischt. Eine institutionelle Konstruktion, die der Ländervertretung eine Vetoposition einräumt, kann zwar dann als stabil angesehen werden, wenn – wie in der Schweiz oder den USA – das Parteiensystem es zuläßt, mögliche Blockierungen immer wieder in Aushandlungsprozessen und durch wechselnde Allianzen aufzulösen. Bei Konkurrenz zweier disziplinierter Parteien oder Parteikoalitionen ist ihre Funktionsfähigkeit aber prekär.

Es ergibt sich, daß die – der klassischen Mechanik entstammende – Gleichgewichtsmetapher dem hier behandelten Strukturproblem nicht angemessen ist. Wir müssen davon ausgehen, daß es sich darum handelt, die Beziehungen zweier Subsysteme zu analysieren, die sich durch jeweils spezifische Strukturmuster und Entscheidungsregeln, insofern auch durch relative Autonomie, auszeichnen. Diese Beziehungen lassen sich auch nicht mit der allzu simplen Vorstellung einer hierarchischen Über- und Unterordnung beschreiben, wie sie in der Staatsrechtslehre begegnet, wenn von der »dominanten Parteienstaatlichkeit« die Rede ist (*Stern*, S. 32), die das Bundesstaatsprinzip »überlagere«. Wenn die Verknüpfungen von Entscheidungsstrukturen erfaßt werden sollen, dann muß davon ausgegangen werden, daß wir es nicht mit einfachen physikalischen Größen, sondern mit zielgerichteten Handlungssystemen zu tun haben. Dem versucht der hier verwendete Begriff der »Kongruenz« Rechnung zu tragen: Wir fragen danach, inwieweit die Entscheidungsregeln, die in den verschiedenen Subsystemen des politischen Systems vorherrschen, zueinander »passen«.

Dabei liegt auf der Hand, daß die Differenzierung eines entwickelten »modernen« Gemeinwesens in funktionelle Teilbereiche oder »Subsysteme« auch eine gewisse interne Differenzierung der Entscheidungsregeln impliziert. Im Verwaltungsapparat spielt in der Regel das hierarchisch-autoritäre Konfliktregelungsmuster eine erhebliche Rolle, anders als beispielsweise im Parteiensystem. Soweit einzelne Subsysteme institutionell gegeneinander abgeschottet sind, braucht Inkongruenz der Entscheidungs- und Konfliktregelungsmuster keine Friktionen hervorzurufen. Die Probleme beginnen an

den Verknüpfungsstellen, wo die Akteure verschiedenen Subsystemen mit inkongruenten Konfliktregelungsmustern gleichzeitig angehören. Denn hier werden sie durch ambivalente oder inkonsistente Verhaltenserwartungen möglicherweise erheblichen Spannungen ausgesetzt, die in Anomie – also eine Störung des Systems der geltenden Verhaltensnormen – ausmünden können. Solche Spannungen werden um so stärker sein, je intensiver die Akteure sich den spezifischen »Stil« eines Subsystems in Sozialisationsprozessen angeeignet haben.
Nun kann i. a. von stabilen politischen Systemen, deren Entwicklung in neuerer Zeit keine starken Kontinuitätsbrüche aufweist, vermutet werden, daß sich im Entwicklungsprozeß ihre verschiedenen Funktionsbereiche oder Subsysteme überall da, wo sie miteinander verflochten sind, mit ihren spezifischen Entscheidungsregeln oder Konfliktregelungsmodellen aufeinander einspielen. So paßte sich die bürokratische Hierarchie der preußisch-deutschen Verwaltung dem dominant werdenden Modell des Aushandelns in ihren Außenbeziehungen zum Parteien- und Verbändesystem zunehmend an. Kongruenz der Konfliktregelungsmuster und Entscheidungsregeln bedeutet also nicht notwendig Isomorphie, sondern meint, daß die Subsysteme in dem Maße, in dem sie nicht institutionell gegeneinander isoliert, sondern in Entscheidungsprozessen miteinander verknüpft sind, diese ihre Strategien einander so annähern, daß die Akteure nicht länger übermäßigen Spannungen zwischen inkonsistenten Verhaltenserwartungen ausgesetzt sind.
Unsere Hypothese aber lautete eben, daß in der Bundesrepublik zwischen dualistisch-polarisiertem Wettbewerb im Parteiensystem einerseits und den institutionell bedingten Aushandlungsnormen im bundesstaatlichen Gefüge andererseits eine schwache und unzureichende Kongruenz besteht – im Unterschied etwa zur Schweiz, wo die Kongruenz der Konfliktregelungsmuster zwischen den Subsystemen stark ausgeprägt ist (vgl. dazu *Lehmbruch* 1968). Die politischen Akteure, zumal die der mittleren und unteren Ebene in den Parteiorganisationen, aber auch die Wähler, werden dadurch erheblichen Spannungen ausgesetzt, die unter Umständen anomische Konsequenzen – wie Legitimitätsverlust – haben können. Beispielsweise entsprechen Mobilisierungskampagnen wie im Bundestagswahlkampf 1972 zwar dem Typus der Parteienkonkurrenz, der sich in der Bundesrepublik ausgebildet hat. Aber die so mobilisierten Mehrheiten stoßen dann an die Aushandlungszwänge, die sich gegenüber dem System parlamentarischer Parteiregierung aus den Vetopositionen der Minderheit im föderativen System ergeben. Gewiß ist das nicht die einzige Schranke des Parteienwettbewerbs,

doch muß sie um so stärkere Spannungen auslösen, als sie in eng verzahnten Entscheidungsabläufen immer wieder besonders sinnfällig im Wege steht. Vielleicht ist es nur dem Umstand zu verdanken, daß schon der abgeschlaffte Regierungsstil Brandts nach dem Wahlsieg von 1972 jenen Mobilisierungseffekt weitgehend hatte versickern lassen, wenn die dargestellte strukturelle Gegenläufigkeit noch keinen empfindlicher fühlbaren Legitimitätsentzug für das Gesamtsystem bewirkt hat.

Eine Analyse, wie sie hier versucht worden ist, beruht auf der Verbindung von funktionaler und genetischer Strukturanalyse. In dieser Perspektive ist die Lage der Bundesrepublik dadurch ausgezeichnet, daß sich hier die Kongruenz der Subsysteme durch einen entwicklungsgeschichtlichen Kontinuitätsbruch aufgelöst hat. Die politischen Systeme der westeuropäischen und nordatlantischen Region haben sich überwiegend dank größerer entwicklungsgeschichtlicher Kontinuität auch zu größerer Kongruenz der Subsysteme entwikkelt. Auf die Dauer, so läßt sich vermuten, führt ihre funktionale Interdependenz zu gradueller Angleichung der Konfliktregelungs- und Entscheidungsmuster, wenn der Entwicklungsprozeß ohne starke krisenhafte Brüche abläuft, wobei vielfach ein bestimmter Typus (z. B. der hierarchisch-autoritäre oder Aushandeln) eine dominante Position erlangt. Ob sich solche Kongruenz in der Bundesrepublik auf längere Sicht wieder ausbilden und welches Muster dabei dominieren wird, ist eine offene Frage. Auf kürzere Frist jedenfalls scheint die zunehmende Politikverflechtung eher in Sackgassen zu führen.

Hinweise zur Literatur

Der Verfasser ist im Text mit Einzelnachweisen zur Literatur und Auseinandersetzungen sparsam umgegangen, um die Lesbarkeit des Buches nicht zu beeinträchtigen. Daher folgen hier einige ergänzende Hinweise zum Forschungsstand.

Bei *Theodor Eschenburg* hat der Verfasser gelernt, auf die entwicklungsgeschichtliche Dimension politikwissenschaftlicher Strukturanalyse zu achten. Im übrigen ist der hier vorgelegte Versuch insbesondere an jenen Entwicklungen in der funktionalen Theorie sozialer Systeme orientiert, die deren genetische Dimension einbeziehen. Ein Beispiel, auf das im Text Bezug genommen wird, ist die Analyse bürokratischer Konfliktregelung in Frankreich durch *Crozier.*

Zu Abschnitt 2:

Eine Typologie von vier »central sociopolitical processes«, die gewisse Berührungspunkte mit der hier skizzierten Typologie innerpolitischer Konfliktregelung aufweist, findet sich zuerst bei *Dahl-Lindblom* (1953). Zur Theorie der Konkordanzdemokratie (»consociational democracy«) vgl. *Lehmbruch* (1967, 1968) und die Beiträge bei *McRae.* Daß »bargaining« und »partisan mutual adjustment« als »policy-making method« dem Wettbewerb disziplinierter Parteien um alternierende Parteiregierung überlegen seien, hat insbesondere *Lindblom* (1965) zu zeigen versucht.

Zu Abschnitt 3 und 4:

Die Entwicklung des Parteiensystems seit dem 19. Jahrhundert ist jetzt (unter besonderer Berücksichtigung der Rolle des Wahlrechts) eingehend von *Fenske* (1974) dargestellt worden. Aus der älteren Literatur ist insbesondere die Arbeit von *Sigmund Neumann* (1965; erstmals 1932) nach wie vor von Bedeutung. Die sozialgeschichtlich fundierte Strukturanalyse des deutschen Parteiensystems von *Lepsius* (1966) führt die zuerst von *Duverger* (für Frankreich) entwickelte These weiter, daß die komplexe Struktur des Vielparteiensystems der Überlagerung von Konfliktfronten zu verdanken sei, die verschiedenen Entwicklungssequenzen entstammen. *Lipset/Rokkan* (1967) haben darüber hinaus in ihrer (eng verwandten) Analyse die Metapher vom »Einfrieren« dieser sich überlagernden Konflikte eingeführt. Zum Konzentrationsprozeß im Parteiensystem nach dem Zweiten Weltkrieg vgl. jetzt besonders die Daten in dem materialreichen Werk von *Kaack* (1971) und die Ausführungen von *Hennis* (1974).

Zu Abschnitt 6, 7 und 8:

Auf die strukturelle Komplexität des politischen Systems des wilhelminischen Deutschland hat schon *Richard Thoma* (1930, insbes. S. 79f.) aufmerksam gemacht. Das Funktionieren der bundesstaatlichen Institutionen unter der Bismarckverfassung und die Zusammenhänge mit der Entwicklung des Parlamentarismus sind von *Manfred Rauh* (1973) eingehend dargestellt worden. Die vorliegende Analyse stützt sich insbesondere auf diese wichtige Arbeit, wenngleich nach der hier skizzierten Auffassung die von Rauh rezipierte These von der »Parlamentarisierung« ebensowenig ausreicht wie die zugespitzten Gegenthesen vom »Cäsarismus« oder Bonapartismus im bismarckisch-wilhelminischen System (dazu zuletzt *Stürmer* 1974).

Daneben sind aus der älteren Literatur noch *Bilfinger* (1923) sowie *Kaufmann* (1917), *Smend* (1916) und *Triepel* (1907, 1938) von Bedeutung. Für die Weimarer Republik sind insbesondere die grundlegende Untersuchung von *Gerhard Schulz* (1963) sowie *Besson* (1959) herangezogen worden. Den bundesstaatlichen Aspekt der Auseinandersetzung um den Panzerkreuzer A hat *Bilfinger* (1929) behandelt.

Zu Abschnitt 9:

Hier liegt insbesondere die Untersuchung von *Foelz-Schroeter* (1974) zugrunde. Zur Orientierung der Länderpolitik nach dem Zweiten Weltkrieg vgl. außerdem *Niethammer* (1967) und jetzt *Eschenburg* (1976).

Zu Abschnitt 10:

Die Studie von *Konrad Hesse* (1962) wird man – auch wenn man ihren verfassungstheoretischen Wertungen kritisch gegenübersteht – als die noch immer wichtigste Analyse der Entwicklungstendenzen im Föderalismus der Bundesrepublik bezeichnen müssen. Für die Zentralisierung der Verwaltung siehe die beiden Berichte von *Köttgen* (1954, 1962).
Die grundlegende Monographie über den Bundesrat ist nach wie vor die Arbeit von *Neunreither* (1959 a); daneben ist auf *Pinney* (1963) und *Laufer* (1972) zu verweisen. Die informelle Koordinierungspraxis außerhalb des Bundesrats hat *Fröchling* (1972) eingehend dargestellt. Über die Rolle der Ländervertretungen siehe jetzt noch *Laufer/Wirth* (1974).

Zu Abschnitt 11:

Zur verfassungsrechtlichen Problematik der Selbst- und Bund-Länder-Koordinierung vgl. insbes. *Kisker* (1971). Die Koordinierungspraxis ist insbesondere in zwei Dissertationen aus der Schule von *Hennis* untersucht worden, wobei die neuere Arbeit von *Fröchling* (1972) sehr viel ergiebiger ist als die von *Kunze* (1968). Einen detaillierten Überblick über Aktivitäten der Ministerkonferenzen (bis 1966) findet man bei *Hirschmüller* (1967).
Zur älteren Koordinierungspraxis in der Kulturpolitik vgl. außer der Denkschrift von *C. H. Becker* (1919) die Darstellungen von *Führ* (1972, 1973) sowie die Dokumentation der *Konferenz der Kultusminister* (1965). Über die institutionellen Formen der Länderkooperation vor Gründung der Bundesrepublik unterrichtet *Friedrich Klein* (1949).

Zu Abschnitt 12:

Ein bezeichnendes Beispiel für Begründungen der Forderung nach Unitarisierung (hier: des Kommunalrechts) stellt der Aufsatz von *Pappermann* (1972) dar: Es wird vor allem mit verwaltungsinternen Gesichtspunkten argumentiert, daneben mit Interessen der »privaten Wirtschaft« und – der Wissenschaftler (weil sie Schwierigkeiten haben, sich einen Überblick über das Kommunalrecht zu verschaffen . . .).
Auf die Fragwürdigkeit einer Vereinheitlichung des Abiturs hat *Andreas Flitner* in der »Süddeutschen Zeitung« vom 14. 1. 1976 (»Zerstörung der humanen Schule«) aufmerksam gemacht.

Zu Abschnitt 13, 14 und 18:

Zur »systempolitischen« Problematik der Finanzreform vergleiche man neben dem Gutachten der *Kommission für die Finanzreform* (1966) insbesondere *Haller* (1968). Für die Wirtschaftspolitik hat *Fritz Weller* (1967) solche Überlegungen am ausführlichsten vorgetragen. Zur Praxis der Finanzplanung ist neben *Schmidt/Wille* (1970) und *Zunker* (1972) insbesondere *Matze-*

rath (1972) für unsere Fragestellung wichtig, während der föderative Aspekt der Stabilitätspolitik jetzt von *Kock* (1975) behandelt worden ist. Über die Arbeit der Gremien findet sich auch bei *Fröchling* (1972) eine Reihe von Hinweisen. Zu einzelnen Gemeinschaftsaufgaben siehe die Beiträge von *Peter Becker* (1972), *Feuchte* (1972) und *Pruns* (1973), zur Bildungsplanung und ihren Koordinationsproblemen *Mäding* (1974) und *Staff* (1973). Für den Gesamtzusammenhang ist auf *Feuchte* (1973) zu verweisen.

Zu Abschnitt 15 und 16:

Welche Rolle der Parteienkonflikt im Bundesrat gespielt hat, haben für die Vergangenheit vor allem *Heidenheimer* (1958), *Neunreither* (1959 a, b, c) und *Pinney* (1963) untersucht.

Gewisse Korrekturen an *Neunreither* hat *Stoltenberg* (1965, bes. Anm. 82) angebracht. Vergleicht man das Fazit dieses Aufsatzes (S. 270) mit der Haltung, die der Verfasser später als Ministerpräsident von Schleswig-Holstein eingenommen hat, so werden die Veränderungen im Verständnis des Verhältnisses von Parteienwettbewerb und Bundesstaat anschaulich, die in der Zwischenzeit eingetreten sind: »Die Möglichkeiten der politischen ›Disziplinierung‹ oder auch nur ›Harmonisierung‹ der Länderkabinette durch die Zentralen der Parteien und die Bundesregierung sind also erheblich begrenzter, als in vielen Urteilen angenommen wird. Dies sind im Grunde ermutigende Feststellungen.« Konstant bleibt dabei aber augenscheinlich ein Denken in Aushandlungsprozessen, denn die Verhandlungen über die Finanzverfassung 1954/55 haben nach *Stoltenberg* gezeigt, »wie auf mühsamen Wegen zwischen sehr konträren Ansichten und Interessen politische Kompromisse erreichbar sind, denen der Glanz einer großen schöpferischen Leistung abgeht, die aber doch eine zureichende Basis für das wirtschaftliche Geschehen und die staatliche Ordnung in Bund und Ländern geben« (S. 271). Das verbindet sich mit dem Zweifel, »ob unsere Verfassung eine gute Grundlage für wirklich große, weitgreifende Reformen darstellt, und ob unsere Gegenwart überhaupt den Beruf zu ihnen hat« (ebd.).

Die Auseinandersetzungen über den EVG-Vertrag sind bei *Baring* (1969) behandelt. Vgl. außerdem die Erinnerungen von *Reinhold Maier* (1966). Die einzige politikwissenschaftliche Untersuchung über das Problem der Opposition im Bundesrat ist bisher der Aufsatz von *Laufer* (1970), der freilich spätestens seit 1972 (Landtagswahl in Baden-Württemberg und Ende der dortigen Großen Koalition) zumindest teilweise überholt ist.

Stoltenberg hat die verfassungspolitische Begründung für die Haltung der CDU im Bundesrat u. a. in der Bundestagssitzung vom 5. 4. 1973 ausgeführt.

Zu Abschnitt 19:

Die vorliegende Untersuchung stimmt mit den Überlegungen von *Scharpf* (1973, S. 123 ff.) darin überein, daß die Fähigkeit des politischen Systems zur »Konsensbildung« (zu diesem Begriff vgl. *Etzioni* 1968, dt. 1976) und sein »Konfliktregelungs-Potential« für die Leistungsfähigkeit des bundesstaatlichen Systems ein zentrales analytisches Problem darstellt. Der (»systempolitisch« orientierten) Forderung nach verstärkter »vertikaler Konzertierung« als Antwort auf die Komplexität »interdependenter Problemzusammenhänge« (so inbes. in *Scharpf* 1974, S. 107 ff.) steht sie jedoch zurückhaltend gegenüber. *Scharpf* tendiert offenbar dazu, Probleminterdependenzen prinzipiell als extern bedingt zu behandeln und vernachlässigt den Umstand, daß sie zu einem guten Teil administrationsintern (infolge der geschichtlich überlieferten organisatorischen Verschränkungen) erzeugt sind. Andererseits wird zwar stark hervorgehoben, daß Subsysteme zur Vernachlässigung ex-

terner Effekte tendieren (dies dürfte für Länder in geringerem Maße gelten als für Kommunen und ist weitgehend nicht Folge der Subsystembildung als solcher, sondern spezifischer organisatorischer Verflechtungszusammenhänge). Dagegen wird aber der Chance der effizienteren Interessenberücksichtigung, Problemverarbeitung und Konfliktreduktion durch föderative Subsystembildung bei *Scharpf* u. E. nicht hinreichend Rechnung getragen (vgl. dazu u. a. *Etzioni* 1968, S. 477 ff.).
Zur Frage des parlamentarischen Regierungssystems in den Ländern vergleiche man neben *Eschenburg* (1952) und *Hennis* (1971 u. ö.) noch *Siegloch* (1972) und *Manfred Friedrich* (1975).

Zu Abschnitt 20:

Konrad Hesse hat die im Text referierte These (aus *Hesse* 1962) später teilweise zurückgenommen (*Hesse* 1970, S. 153 f.; *Hesse* 1973). Die Kongruenzhypothese wird hier in Anlehnung an *Harry Eckstein* (1960, 1969) entwickelt, der »Kongruenz von Autoritätsstrukturen« als eine Bedingung für Stabilität und Effektivität von Regierungssystemen ansieht.

Literaturverzeichnis

Anschütz, Gerhard (1924): Der deutsche Föderalismus in Vergangenheit, Gegenwart und Zukunft, in: VVDStRL 1

Barbarino, Otto (1973): Zur Revision des Grundgesetzes. Planerische Aspekte des Bund-Länder-Verhältnisses unter besonderer Berücksichtigung der Gemeinschaftsaufgaben, in: DÖV 26

Baring, Arnulf (1969): Außenpolitik in Adenauers Kanzlerdemokratie

Bayer, Hermann-Wilfried (1961): Die Bundestreue

Becker, Carl-Heinrich (1919): Kulturpolitische Aufgaben des Reiches

Becker, Peter (1972): Die Gemeinschaftsaufgabe »Verbesserung der regionalen Wirtschaftsstruktur«, in: Die Verwaltung 5

Bericht über den Verfassungskonvent auf Herrenchiemsee v. 10.–25. 8. 1948 (1948)

Besson, Waldemar (1959): Württemberg und die deutsche Staatskrise 1928–1933

Bilfinger, Carl (1923): Der Einfluß der Einzelstaaten auf die Bildung des Reichswillens

Bilfinger, Carl (1924): Der deutsche Föderalismus, in: VVDStRL 1

Bilfinger, Carl (1929): Der Streit um das Panzerschiff A und die Reichsverfassung, in: AöR 16

Binder, Hans-Otto (1971): Reich und Einzelstaaten während der Kanzlerschaft Bismarcks 1871–1890

Blümel, Willi (1968): Bundesstaatsrechtliche Aspekte der Verwaltungsvorschriften, in: AöR 93

Born, Karl-Erich (1967): Preußen und Deutschland im Kaiserreich

Der Bundesrat als Verfassungsorgan und politische Kraft (1974), Beiträge zum 25jährigen Bestehen des Bundesrats, Hg. v. Bundesrat

Cohen, Stephen (1969): Modern capitalist planning

Dahl, Robert/Lindblom, Charles (1953): Politics, economics and welfare

Duverger, Maurice (1959): Die politischen Parteien

Eckstein, Harry (1960): A theory of stable democracy (wiederabgedruckt als Anhang in: ders., Division and cohesion in democracy: A study of Norway, 1966)

Eckstein, Harry (1969): Authority relations and governmental performance: A theoretical framework, in: Comparative Political Studies, Vol. 2

Edinger, Lewis J. (1967): Kurt Schumacher: Persönlichkeit und politisches Verhalten

Ehringhaus, Henner (1971): Der kooperative Föderalismus in den Vereinigten Staaten von Amerika

Eschenburg, Theodor (1952): Verfassung und Verwaltungsaufbau des Südweststaates

Eschenburg, Theodor (1956): Staat und Gesellschaft in Deutschland

Eschenburg, Theodor (1964–1972): Zur politischen Praxis in der Bundesrepublik, Bd. I–III

Eschenburg, Theodor (1976): Regierung, Bürokratie und Parteien 1945–1949, in: VjHZG 24

Etzioni, Amitai (1968): The active society (dt. 1976)

Fenske, Hans (1974): Strukturprobleme der deutschen Parteiengeschichte

Feuchte, Paul (1972): Hochschulbau als Gemeinschaftsaufgabe, in: Die Verwaltung 5

Feuchte, Paul (1973): Die bundesstaatliche Zusammenarbeit in der Verfassungswirklichkeit der Bundesrepublik Deutschland, in: AöR 98
Foelz-Schroeter, Marie Elise (1974): Föderalistische Politik und nationale Repräsentation 1945–1947: Westdeutsche Landesregierungen, zonale Bürokratien und politische Parteien im Widerstreit
Friedrich, Carl J. (1964): Nationaler und internationaler Föderalismus in Theorie und Praxis, in: PVS 5
Friedrich, Carl J. (1968): Trends of federalism in theory and practice
Friedrich, Manfred (1973): Opposition im Deutschen Bundestag: Phasen oppositionellen Verhaltens 1949–1972, in: ZParl 4
Friedrich, Manfred (1975): Landesparlamente in der Bundesrepublik
Fröchling, Helmut (1972): Der Bundesrat in der Koordinierungspraxis von Bund und Ländern
Frowein, Jochen A. (1973): Gemeinschaftsaufgaben im Bundesstaat, in: VVDStRL 31
Frowein, Jochen A. (1974): Bemerkungen zu den Beziehungen des Bundesrats zu Bundestag, Bundesregierung und Bundespräsident, in: Der Bundesrat als Verfassungsorgan und politische Kraft
Führ, Christoph (1972): Zur Schulpolitik der Weimarer Republik, 2. Aufl.
Führ, Christoph (1973): Kompetenzverteilung und Bildungsreform, in: Bildung und Bildungspolitik in der Bundesrepublik Deutschland, Hg. v. Christopher Dannemann u. a.
Germann, Raimund E. (1975): Vollzugsföderalismus als Forschungsobjekt
Grawert, Rolf (1967): Verwaltungsabkommen zwischen Bund und Ländern in der Bundesrepublik Deutschland
Grawert, Rolf (1968): Finanzreform und Bundesstaatsreform, in: Der Staat 7
Grodzins, Morton (1966): The American system
Grosser, Dieter (1970): Vom monarchischen Konstitutionalismus zur parlamentarischen Demokratie
Habermas, Jürgen (1973): Legitimationsprobleme im Spätkapitalismus
Häfelin, Ulrich (1969): Der kooperative Föderalismus in der Schweiz, in: ZSR 88
Haller, Heinz (1968): Wandlungen in den Problemen föderativer Staatswirtschaften, in: Finanzarchiv, N. F., 27
Harbich, Jürgen (1965): Der Bundesstaat und seine Unantastbarkeit
Haungs, Peter (1973): Die Bundesrepublik ein Parteienstaat?, in: ZParl 4
Heclo, Hugh (1974): Modern social politics in Britain and Sweden
Heidenheimer, Arnold (1958): Federalism and the party system: The case of West Germany, in: APSR 52
Heidenheimer, Arnold (1960): Adenauer and the CDU: The rise of the leader and the integration of a party
Hempel, Wieland (1969): Der demokratische Bundesstaat
Hennis, Wilhelm (1971): Diskussionsbeitrag, in: Haben Länderparlamente eine Zukunft?, in: ZParl 2
Hennis, Wilhelm (1974): Die Rolle des Parlaments und die Parteiendemokratie, in: Die Zweite Republik, Hg. v. R. Löwenthal/H. P. Schwarz
Hesse, Konrad (1962): Der unitarische Bundesstaat
Hesse, Konrad (1970): Aspekte des kooperativen Föderalismus in der Bundesrepublik, in: Festschrift für Gebhard Müller
Hesse, Konrad (1973): Bundesstaatsreform und Grenzen der Verfassungsänderung, in: AöR 98
Hirschmüller, Martin (1967): Die Konferenzen der Ministerpräsidenten und Ressortminister der Länder in der Bundesrepublik Deutschland (Diss. jur. Tübingen)

Huber, Ernst Rudolf (1963, 1969): Deutsche Verfassungsgeschichte seit 1789 (Bd. 3 und 4)
Jacob, Herbert (1963): German administration since Bismarck
Kaack, Heino (1971): Geschichte und Struktur des deutschen Parteiensystems
Kaufmann, Erich (1917): Bismarcks Erbe in der Reichsverfassung 1917 (Wiederabdruck in: Autorität der Freiheit, Gesammelte Schriften, Band I, 1960)
Kewenig, Wilhelm (1968): Kooperativer Föderalismus und bundesstaatliche Ordnung, in: AöR 93
Kirchheimer, Otto (1957): Wandlungen der politischen Opposition, in: ARSP 63
Kisker, Gunter (1971): Kooperation im Bundesstaat
Kisker, Gunter (1975): Neuordnung des bundesstaatlichen Kompetenzgefüges und Bund-Länder-Planung, in: Der Staat 14
Klein, Franz (1968): Gemeinschaftsaufgaben zur Bewältigung der Staatsaufgaben im föderativen Staatsaufbau, in: DÖV 21
Klein, Friedrich (1949): Neues deutsches Verfassungsrecht
Klein, Hans H. (1971): Parteipolitik im Bundesrat?, in: DÖV 24
Knoke, Thomas (1966): Die Kultusministerkonferenz und die Ministerpräsidentenkonferenz
Kock, Heinz (1975): Stabilitätspolitik im föderalistischen System der Bundesrepublik Deutschland
Kommission für die Finanzreform (1966): Gutachten über die Finanzreform in der Bundesrepublik Deutschland
Köttgen, Arnold (1954, 1962): Der Einfluß des Bundes auf die deutsche Verwaltung und die Organisation der bundeseigenen Verwaltung. Berichtszeit: Legislaturperiode des 1. Bundestages, in: JöR 3; Berichtszeit: 2. und 3. Legislaturperiode, in: JöR 11
Konferenz der Kultusminister (1965): Zur kulturpolitischen Zusammenarbeit der Länder 1868–1918, Dokumentation Nr. 16
Kunze, Renate (1968): Kooperativer Föderalismus in der Bundesrepublik
Laufer, Heinz (1970): Der Bundesrat als Instrument der Opposition, in: ZParl 1
Laufer, Heinz (1972): Der Bundesrat
Laufer, Heinz (1974): Der Föderalismus der Bundesrepublik Deutschland
Laufer, Heinz/Wirth, Jutta (1974): Die Landesvertretungen in der Bundesrepublik Deutschland
Lehmbruch, Gerhard (1967): Proporzdemokratie
Lehmbruch, Gerhard (1968): Konkordanzdemokratie im politischen System der Schweiz, in: PVS 9
Lehmbruch, Gerhard (1970): Parteiensysteme, in: Staatslexikon, 6. Aufl., Erg. Bd. 2
Lehmbruch, Gerhard (1971): The ambiguous coalition in West Germany, in: Studies in Opposition, Ed. Rodney Barker
Leibholz, Gerhard/Hesselberger, Dieter (1974): Die Stellung des Bundesrats und das demokratische Parteiensystem in der Bundesrepublik Deutschland, in: Der Bundesrat als Verfassungsorgan und politische Kraft
Leisner, Walter (1968): Schwächung der Landesparlamente durch grundgesetzlichen Föderalismus, in: DÖV 21
Lepsius, Rainer M. (1966): Parteiensystem und Sozialstruktur. Zum Problem der Demokratisierung der deutschen Gesellschaft, in: Wirtschaft, Geschichte und Wirtschaftsgeschichte, Festschrift für Friedrich Lütge

Lerche, Peter (1964): Föderalismus als nationales und internationales Ordnungsprinzip, in: VVDStRL 21
Lerche, Peter (1968): Aktuelle föderalistische Verfassungsfragen
Liepelt, Klaus/Mitscherlich, Alexander (1968): Thesen zur Wählerfluktuation
Lindblom, Charles (1965): The intelligence of democracy
Lipset, Seymour M./Rokkan, Stein, ed. (1967): Party systems and voter alignments: Cross national perspectives
Loewenberg, Gerhard (1969): Parlamentarismus im politischen System der Bundesrepublik Deutschland
Lowi, Theodore (1963): Towards functionalism in Political Science: The case of innovation in party systems, in: APSR 57
Lowi, Theodore (1964): American business, public policy, case studies and political theory, in: World politics 14
Luhmann, Niklas (1969): Legitimation durch Verfahren
Mäding, Heinrich (1974): Bildungsplanung und Finanzplanung
Maier, Reinhold (1966): Erinnerungen 1948–1953
Mangoldt, Hermann v./Klein, Friedrich (1957 ff.): Das Bonner Grundgesetz
Matzerath, Horst (1972): Konjunkturrat und Finanzplanungsrat, in: AfK 11
Maunz, Theodor/Dürig, Günter/Herzog, Roman (1969 ff.): Grundgesetz, Kommentar
McRae, Kenneth, ed. (1974): Consociational democracy
Morsey, Rudolf (1957): Die oberste Reichsverwaltung unter Bismarck 1867–1890
Morsey, Rudolf (1974): Die Entstehung des Bundesrats im parlamentarischen Rat, in: Der Bundesrat als Verfassungsorgan und politische Kraft
Naschold, Frieder (1974): Schulreform und Gesellschaftskonflikt
Neumann, Sigmund (1965): Die Parteien der Weimarer Republik
Neumark, Fritz (1967): Planung in der öffentlichen Finanzwirtschaft, in: Rationale Wirtschaftspolitik und Planung in der Wirtschaft von heute, Hg. v. E. Schneider
Neunreither, Karlheinz (1959 a): Der Bundesrat zwischen Politik und Verwaltung
Neunreither, Karlheinz (1959 b): Federalism and West German bureaucracy, in: Political Studies 7
Neunreither, Karlheinz (1959 c): Politics and bureaucracy in the West German Bundesrat, in: APSR 53
Niethammer, Lutz (1967): Die amerikanische Besatzungsmacht zwischen Verwaltungstradition und politischen Parteien in Bayern 1945, in: VjHZG 15
Nymann, Olle (1969): Der westdeutsche Föderalismus
Pappermann, Ernst (1972): Rahmenkompetenz zur Vereinheitlichung des Kommunalrechts?, in: DVBl. 87
Parsons, Talcott (1959): »Voting« and the equilibrium of the American political system, in: E. Burdick/A. Brodbeck, eds.: American voting behavior
Paulsen, Friedrich (1921): Geschichte des gelehrten Unterrichts, 3. Aufl., 2. Bd.
Pelinka, Anton (1973): Zweikammersystem im Parteienstaat. Ein Vergleich aus österreichischer Sicht, in: ZParl 4
Pinney, Edward (1963): Federalism, bureaucracy and party politics in West Germany: The role of the Bundesrat
Politikverflechtungen zwischen Bund, Ländern und Gemeinden (1975), Schriftenreihe der Hochschule Speyer, Bd. 55
Pruns, Herbert (1973): Zur Revision des Grundgesetzes. Gemeinschafts-

aufgabe, Verbesserung der Agrarstruktur und des Küstenschutzes (GemAgrG). Erfahrungen und Probleme der Rahmenplanung, in: DÖV 26
Pünder, Tilman (1966): Das bizonale Interregnum. Die Geschichte des Vereinigten Wirtschaftsgebiets
Rauh, Manfred (1973): Föderalismus und Parlamentarismus im wilhelminischen Reich
Reese, Jürgen (1975): Eine Strategie zur Erhöhung der »relativen Autonomie« des politischen Systems?, in: PVS Sonderheft 6
Reinert, Harri (1966): Vermittlungsausschuß und Conference Committees
Röhl, John C. G. (1967): Germany without Bismarck
Roth, Götz (1954): Fraktion und Regierungsbildung
Roth, Guenther (1963): The Social Democrats in Imperial Germany
Rudolf, Walter (1968): Bund und Länder im aktuellen deutschen Verfassungsrecht
Schäfer, Friedrich (1971): Die Funktion von Bundesparteitagen im föderativen modernen Parteienstaat, in: Demokratisches System und politische Praxis der Bundesrepublik Deutschland, hg. v. G. Lehmbruch u. a.
Schäfer, Hans (1955): Der Bundesrat
Scharpf, Fritz (1973): Planung als politischer Prozeß
Scharpf, Fritz (1974): Politische Durchsetzbarkeit innerer Reformen
Scheuner, Ulrich (1962): Struktur und Aufgaben des Bundesstaates in der Gegenwart, in: DÖV 15
Scheuner, Ulrich (1966): Wandlungen im Föderalismus der Bundesrepublik, in: DÖV 19
Scheuner, Ulrich (1972): Kooperation und Konflikt. Das Verhältnis von Bund und Ländern im Wandel, in: DÖV 25
Schick, Allen (1969): System politics and systems budgeting, in: PAR 29
Schindler, Dietrich (1964): Das Zusammenwirken zwischen Bundesverwaltung und Kantonalen Verwaltungen, in: Jahrbuch der schweizerischen Vereinigung für Politische Wissenschaft 4
Schmidt, Kurt/Wille, E. (1970): Die mehrjährige Finanzplanung. Wunsch und Wirklichkeit
Schneider, Hans (1961): Verträge zwischen Gliedstaaten im Bundesstaat, in: VVDStRL 19
Schnur, Roman (1970): Politische Entscheidung und räumliche Interessen, in: Die Verwaltung 3
Schröder, Dieter (1971): Wachstum und Gesellschaftspolitik
Schulz, Gerhard (1963): Zwischen Demokratie und Diktatur, Bd. 1
Siegloch, Klaus P. (1972): Kritik und Alternativen zum parlamentarischen Regierungssystem in den Bundesländern, in: ZParl 3
Smend, Rudolf (1916): Ungeschriebenes Verfassungsrecht im monarchischen Bundesstaat, in: Festgabe für O. Mayer zum 70. Geburtstag (hier zit. nach: Staatsrechtliche Abhandlungen, 2. Aufl., 1968)
Smend, Rudolf (1928): Verfassung und Verfassungsrecht (hier zit. nach: Staatsrechtliche Abhandlungen, 2. Aufl., 1968)
Soell, Hermann (1972): Sind die Gemeinschaftsaufgaben nach Art. 91 a GG ein geeignetes Instrument zur Weiterentwicklung des föderativen Systems?, in: Festschrift für Ernst Forsthoff zum 70. Geburtstag
Staff, Ilse (1973): Neue Perspektiven der Bildungsplanung, in: DÖV 26
Stern, Klaus (1975): Die föderative Ordnung im Spannungsfeld der Gegenwart, in: Politikverflechtungen, a. a. O.
Stoltenberg, Gerhard (1965): Legislative und Finanzverfassung 1954/55. Parlamentarische Willensbildung in Bundestag, Bundesrat und Vermittlungsausschuß, in: VjHZG 13

Streeck, Sylvia und Wolfgang (1972): Parteiensystem und Status quo
Stürmer, Michael (1974): Regierung und Reichstag im Bismarckstaat 1871–1880
Thoma, Richard (1930): Das Staatsrecht des Reiches, in: HdBDStR, Bd. I
Tiemann, Burkhard (1969): Gemeinschaftsaufgaben von Bund und Ländern in verfassungsrechtlicher Sicht
Triepel, Heinrich (1907): Unitarismus und Föderalismus im Deutschen Reich
Triepel, Heinrich (1917): Die Reichsaufsicht
Triepel, Heinrich (1926): Quellensammlung zum Deutschen Reichsstaatsrecht, 4. Aufl.
Triepel, Heinrich (1938): Die Hegemonie
Varain, Heinz Josef (1964): Parteien und Verbände. Eine Studie über ihren Aufbau, ihre Verflechtung und ihr Wirken in Schleswig-Holstein 1945–1958
Veen, Hans Joachim (1973): Die CDU/CSU-Opposition im parlamentarischen Entscheidungsprozeß
Wagener, Frido (1969): Neubau der Verwaltung
Walker, Jack L. (1969): The diffusion of innovation among American states, in: APSR 63
Weber, Max (1964): Wirtschaft und Gesellschaft (hier zitiert nach der »Studienausgabe«)
Weber, Werner (1966): Die Gegenwartslage des deutschen Föderalismus
Weller, Fritz (1967): Wirtschaftspolitik und föderativer Staatsaufbau in der Bundesrepublik Deutschland
Wettmann, Reinhard (1971): Diskussionsbeitrag, in: Grundfragen der Infrastrukturplanung für wachsende Wirtschaften, Hg. v. H. Arndt/D. Swatek
Wott, Peter Christian (1970): Die Finanzpolitik des Deutschen Reiches von 1903 bis 1913
Zinn, Georg August (1969): Die Ministerpräsidentenkonferenz – ein Element bundesstaatlicher Kooperation, in: Festschrift für Adolf Arndt zum 65. Geburtstag
Zunker, Albrecht (1972): Finanzplanung und Bundeshaushalt